Les St. Charles

DU MÊME AUTEUR

La Revenante, Jean-Cyrille Godefroy, 1984

Chassés-croisés, Le Promeneur, 1992

Les Renards de pierre, Le Promeneur, 1993

Amours sans retour, Quai Voltaire, 1994

Un beau mariage, La Table Ronde, coll. « La Petite Vermillon », 1996

Et la vague les emporta…, Jean-Cyrille Godefroy, 1985 ; La Table Ronde, coll. « La Petite Vermillon », 1999

L'Amour sans larmes, La Table Ronde, 2000 ; coll. « La Petite Vermillon », 2013

Fragiles Serments, La Table Ronde, 2012 ; coll. « La Petite Vermillon », 2013

Chasse au trésor, La Table Ronde, 2014

Molly Keane

LES ST. CHARLES

Traduit de l'anglais (Irlande)
par Simone Hilling

La Table Ronde
26, rue de Condé, Paris, 6e

Titre original : *Good Behaviour.*

Première édition : Éditions Jean-Cyrille Godefroy, 1983.

ISBN 978-2-7103-7101-4.

www.editionslatableronde.fr

1

Rose renifla, cherchant à définir ce qu'elle sentait ; des miasmes de reproches inexprimés, de dénigrement, s'élevèrent en brume dans l'air qui nous séparait. Je savais qu'elle mourait d'envie de critiquer ma cuisine, mais je l'ai mâtée avec le temps. Ses épaules épanouies et ses hanches voluptueuses lui donnaient autrefois quelque chose d'ailé – qualité bien amoindrie et corrigée à l'heure actuelle, je m'empresse de le dire.

— Je me demande si *c'est* bien sage, mademoiselle Aroon, de lui donner du lapin ?

— Pourquoi pas ?

Je sais prendre un ton qui oblige les gens à rester à leur place, et, généralement, réduit Rose au silence. Mais pas ce jour-là.

— Le lapin la rend malade. Même le premier de monsieur Hubert, tué avec son premier fusil. Elle n'a pas pu l'avaler.

— Il y a bien longtemps de ça. Et depuis, je l'ai souvent vue apprécier le lapin.

— Elle n'a jamais supporté le lapin.

— Surtout quand elle croyait que c'était du poulet.

— Impossible de lui donner le change, mademoiselle Aroon.

Elle prit le plateau. Je le lui arrachai aussitôt. Je savais exactement ce qu'elle allait dire en le posant sur le lit de Maman. J'avais préparé ce plateau moi-même. Je n'ai pas confiance en Rose. Je n'ai confiance en personne. Parce que j'aime que les choses soient bien faites. Il était charmant, ce plateau, brillant, avec un napperon empesé et couvert d'objets qui luisaient doucement. Je soulevai le couvercle en argent pour sentir les quenelles dans leur sauce à la crème. Bouffée légèrement parfumée au laurier et au poivre, sans le moindre relent de lapin. Et d'ailleurs, qu'aurais-je pu lui donner de plus délicieux et délicat qu'un lapereau ? Surtout après l'avoir passé au chinois et haché pendant dix minutes à la moulinette.

— Je lui monterai son plateau moi-même, dis-je. Quand l'eau bouillira, remplissez la bouillotte rose. Ça la changera un peu de sa couverture électrique. Vous m'entendez ? Rose ?

C'est exaspérant, cette fausse surdité. Ce n'est pour elle qu'une façon parmi d'autres de m'ignorer. Je le sais. Je l'ai su toute ma vie.

— J'ai lu dans le journal d'aujourd'hui qu'une femme de Kilmacthomas est morte brûlée dans sa couverture électrique. Elle a dû se transformer en cage enflammée.

Je ne prêtai aucune attention à la femme à la couverture, et je répétai :

— Quand l'eau bouillira, et pas avant.

Cela me donnerait le temps d'installer confortablement Maman devant son déjeuner, avant que Rose n'arrive dans sa chambre avec sa bouillotte et son histoire de la femme de Kilmacthomas (qui, je parie, avait fait quelque chose de particulièrement stupide, et la couverture était innocente).

Gulls' Cry – le Cri des Mouettes –, où nous vivons actuellement, Maman et moi, est construit au bord d'une falaise. Ses fenêtres s'avancent au-dessus d'une anse profonde où s'ancrent les bateaux, comme des seins sur la figure de proue d'un antique navire. Parfois je pense (mais je n'irai jamais jusqu'à le dire) combien il est agréable que ce ne soit plus une tare d'avoir des seins : dans les années vingt où j'ai grandi, je me bandais la poitrine pour la cacher. Les seins n'étaient pas à la mode, à l'époque. Pas du tout. Il est trop tard pour les miens à présent.

J'aime chanter quand personne ne peut m'entendre et me déranger. Je chantai ce jour-là en montant. Notre cuisine et notre salle à manger se trouvent au rez-de-chaussée de cette petite folie gothique. L'escalier, avec sa frêle rampe en fer forgé, conduit au hall et au salon, où j'ai exposé tous les souvenirs de Papa quand nous sommes venues habiter ici en quittant Temple Alice. Les murs sont couverts de tableaux et de photos de lui, monté sur ses pur-sang gagnants. Sur le manteau de la cheminée, ses coupes d'argent sont sagement alignées sur plusieurs rangées, sans parler du moulage d'une truite saumonée de sept livres et de plusieurs instantanés assez flous représentant des gibecières remplies de grouse, déposées sur l'escalier d'honneur de Temple Alice.

Maman n'a jamais manifesté le moindre intérêt pour cette pièce, et quand son cœur a commencé à faiblir, et que je l'ai transformée en un charmant boudoir pour elle, elle m'a toujours semblé détourner les yeux de tout ce qu'elle aurait pu se rappeler avec plaisir et affection. Les malades et les vieillards, on le sait, peuvent se montrer difficiles et ingrats, quoiqu'on fasse pour eux ; ingrats n'est peut-être pas le mot, simplement exaspérants. Mais je me plais dans cette pièce, chaque fois que j'y entre. Elle est entièrement mon œuvre, et Maman, couchée dans son nid de coquets oreillers, est mon œuvre également – j'insiste pour qu'elle soit toujours méticuleusement propre, lavée et parfumée.

— Le déjeuner, annonçai-je joyeusement, dans le léger cliquetis du plateau. Voulez-vous que je redresse un peu vos oreillers ?

Elle était couchée dans son lit, comme noyée au milieu de ses coussins. Elle ne fait jamais aucun effort par elle-même. C'est parce que je suis là.

— Je n'ai pas très faim, dit-elle.

Sottise. Elle prétend toujours ne pas avoir faim, et dès que j'ai le dos tourné, elle demande à Rose de lui faire des œufs sur le plat, des toasts beurrés et tout ce que le docteur lui interdit.

— Voyez comme ça sent bon, dis-je en soulevant le couvercle de mes admirables quenelles.

— Voudrais-tu baisser un peu le store – pas un mot de mes quenelles –, le soleil me fait mal aux yeux.

— Vous voulez vraiment que je baisse le store ?

Elle hocha la tête.

— Jusqu'en bas ?

— S'il te plaît.

Puis je m'approchai d'elle et l'aidai à s'asseoir pour son repas : je la relevai un peu, plaçai un oreiller là où il faut, au creux de son dos, un autre plus petit derrière sa tête. Elle refusait tout simplement d'avoir l'air confortablement installée. J'ai l'habitude. Je calai le plateau en osier – de chez Harrods – sur ses genoux, et posai dessus le plateau du déjeuner.

— Et maintenant, dis-je – il faut savoir être ferme –, une délicieuse mousse de poulet.

— De lapin, je parie, dit-elle.

La patience ne m'avait pas encore abandonnée.

— Goûtez, rien qu'une bouchée.

— La myxomatose, dit-elle. Te rappelles-tu ? Je ne peux pas.

Je me cramponnai à ma patience.

— Il était beaucoup trop jeune pour avoir la myxomatose. Allons, Maman – j'essayai de prendre un ton plus doux –, une bouchée seulement.

Elle leva la petite fourchette en argent (nos armoiries, renard rampant, presque effacées par l'usage) comme si elle soulevait un lourd fardeau de poisson puant.

— L'odeur, je…

Elle poussa un petit cri chevrotant, déchirant, vomit horriblement, et retomba dans le nid de ses coquets oreillers.

Je me sentis plus que contrariée pendant un moment. Puis je la regardai et je pris peur. Je me penchai sur elle et sonnai. Puis je hurlai et appelai Rose, toujours dans la cuisine. Elle monta rapidement, bien que ses pieds et ses souliers ne semblent jamais marcher ensemble ; même en cet instant, ça ne m'a pas échappé. Il faut dire que rien ne m'échappe.

— Elle a vomi, dis-je.

— Elle n'a pas supporté le lapin ?

Encore le lapin.

— C'était une mousse, hurlai-je à cette vieille folle, une mousse crémeuse. Parfaite. Je l'ai faite moi-même, alors je le sais. Elle était très réussie. Et Maman la trouvait bonne.

Rose se pencha sur Maman.

— Mademoiselle Aroon, elle a passé.

Elle se signa et se mit à prier de cette façon fluide et aisée des catholiques :

— Sainte Marie, mère de Dieu, priez pour nous, pauvres pécheurs, maintenant et à l'heure de notre mort… Jésus-Christ, Notre Seigneur…

Ces élucubrations paysannes la rapprochaient trop de Maman. Il nous aurait fallu le doyen.

— Emportez le plateau, dis-je.

J'enlevai la main de Maman du vomi et la posai dans un endroit propre. Elle était molle comme le cou d'un canard mort. J'avais envie de hurler. De crier « Oh, non... ».

Je me dominai. Je pris trois mouchoirs en papier dans la boîte en carton que j'ai recouverte de brocart rose coquille, et je m'essuyai les doigts. Quand ils furent propres, la vérité se fit en moi, monstruosité nouvelle et horrible. J'ai dû chanceler. J'avais l'impression que ma chute allait durer toujours. Rose m'aida à atteindre une chaise qui grinça quand je m'assis, bien que je ne sois pas lourde du tout pour ma taille. Je désirais ardemment que quelqu'un me vienne en aide, me guide ; il fallait remplir cet abîme de quelque chose d'importance – de quelque chose d'utile.

Que dois-je faire maintenant ? me demandais-je.

Rose nous tournait le dos, à moi et au lit. Elle ouvrait la fenêtre en grand – ça fait partie de leurs superstitions, soi-disant pour que l'esprit puisse s'envoler librement. C'est comme ça. On n'en parle pas. Elle a fait la même chose à la mort de Papa.

— Vous devez appeler le docteur immédiatement, mademoiselle Aroon, et Kathie Cleary pour l'habiller. Il n'y a pas de temps à perdre.

Elle dit cela d'un air glouton. Ils se complaisent dans la mort... Administrer les derniers sacrements... Elle était impatiente de s'emparer de Maman, de me chasser de la pièce pendant qu'elle aiderait Mme Cleary dans sa tâche nécessaire et repoussante. Que pouvais-je faire contre elles ? Il fallait se soumettre. Je ne pouvais pas m'interposer. Mais pourtant...

— J'appellerai le docteur, dis-je. Et l'infirmière Quinn. *Pas* Mme Cleary.

Elle me regarda, de l'autre côté du lit, ses yeux bleus lançant des éclairs.

— Mademoiselle Aroon, madame détestait l'infirmière Quinn. La seule fois où elle lui a fait une piqûre, madame a eu un malaise. Elle ne voulait plus qu'elle vienne. Elle ne voulait plus qu'elle la touche. Kathie Cleary sait y faire avec les morts, il n'y a rien à redire à ses méthodes et madame l'aimait ; elle adorait bavarder avec Kathie Cleary.

J'étais hors de moi. Pourquoi cette scène ? Pourquoi les gens ne font-ils pas ce que je dis ? Je n'en demande pas plus.

— En voilà assez, Rose, dis-je.

Mes forces m'étaient revenues.

— Je téléphonerai au docteur et lui demanderai de prévenir Mlle Quinn. Descendez le plateau et tenez la mousse au chaud pour mon déjeuner.

Rose se pencha vers moi, brusquement, par-dessus le lit, par-dessus les pieds immobiles de Maman. Je crois que si elle avait pu me broyer entre ses mains, elle l'aurait fait.

— Votre déjeuner, dit-elle. Vous allez manger tandis qu'elle est là, à se refroidir de minute en minute. Du lapin – le lapin lui reste en travers de la gorge, le lapin la rend malade, et le lapin l'a tuée –, admettons que ce soit le lapin. Mais le lapin a bon dos – si vous aviez voulu l'étouffer, vous ne vous y seriez pas prise autrement. Et puis, qui donc l'a fait quitter Temple Alice par la ruse ? Dites un peu…

— Rose, comment osez-vous ?

J'essayai de l'interrompre mais elle était lancée.

— ... qui a amené ma maîtresse dans cette horrible petite ruine avec des mouettes affamées qui crient toute la sainte journée, et deux vieux fantômes (Dieu ait leur âme) qui tapent sur le plancher la nuit...

Je gardai mon calme en face de ces sottises.

— Qui entend taper ? demandai-je avec calme. Vous seule.

— Comme j'ai entendu les cris et les sanglots de M. Hamish, de Mlle Enid, quand vous les avez mis à l'hôpital, dans des services séparés, pour mourir tout seuls, chacun de son côté.

— À l'époque, c'était absolument nécessaire.

— Nécessaire ? Pour prendre cette maison en main, et nous commander, nous faire marcher à la baguette pendant toutes ces années. Madame est bien mieux où elle est. Elle était fatiguée de vous ; fatiguée à mourir. C'est bien qu'elle soit morte. Vous nous tuez tous, et c'est dommage que vous ne soyez pas étendue à sa place, déjà toute raide pour la tombe. On n'entendrait plus parler de vous, Dieu vous maudisse !

Oui, debout à côté du lit, elle proférait ces paroles injurieuses, incroyables. Bien sûr qu'elle aimait Maman, tous les domestiques l'aimaient. Bien sûr qu'elle était bouleversée. Je sais tout ça – et qu'elle n'a presque aucune instruction, j'en tiens compte. Bien que ses remarques eussent une force percutante, elles n'avaient ni rime ni raison. J'avais l'impression de dominer, comme un arbre, ce flot d'élucubrations passionnées. J'étais résolue à me montrer bonne envers Rose. Et compréhensive. Et généreuse. Je suis sa patronne, pensai-je. J'augmenterai substantiellement ses gages. Et alors, elle ne pourra pas me résister, car elle aime l'argent. Je peux me permettre d'être bonne envers Rose. Elle apprendra à s'appuyer sur moi. Plus personne au monde n'a besoin de moi maintenant, et il me faut quelqu'un envers qui être bonne.

— Vous êtes bouleversée, dis-je doucement. C'est naturel. Vous aimiez Mme Saint-Charles, et je sais que vous ne pensiez pas un mot de ce que vous venez de dire.

— Si, mademoiselle Aroon.

Elle avait l'air d'une noyée qui remonte à la surface pour avaler une dernière goulée d'air.

— Dieu vous garde, c'est la vérité vraie.

— Ne vous inquiétez pas, répondis-je. J'ai oublié... je n'ai pas entendu... je comprends. Maintenant, il faut que nous conservions notre sang-froid. Il faut faire preuve de courage. Je vais appeler le docteur, vous descendrez le plateau à la cuisine, et vous poserez la mousse sur une casserole d'eau bouillante – nous ne sommes pas près de déjeuner.

Elle prit le plateau, le visage inondé de larmes. Évidemment, je m'attendais à ce qu'elle m'obéît, mais je ne nierai pas que, avant qu'elle ne se détournât du lit, le plateau, comme il se doit, dans les mains, j'avais, un instant, été consciente du danger. Maintenant, à part le choc et le chagrin pour Maman, un sentiment de satisfaction me traversa – une sorte de frisson dont j'avais besoin. J'en avais besoin et il était là.

J'allai dans l'entrée et décrochai le téléphone. Le temps d'obtenir le standard (toujours criminellement lent) je pus réfléchir et me dire que la rigoureuse application des convenances est la seule façon de se comporter en de telles circonstances. Et, croyez-moi, je sais comment me comporter – je le sais. Je l'ai toujours su. Toute ma vie jusqu'à présent, j'ai agi pour les meilleures raisons et les motifs les plus désintéressés. J'ai vécu pour les êtres qui m'étaient chers, et je ne comprends pas pourquoi leurs vies ont été par moments si étrangement malheureuses. Je leur ai tant donné, je leur ai tout donné, tout ce que je savais donner – à Papa, à Hubert, à Richard, à Maman. À cinquante-sept ans, j'ai une intelligence assez brillante, plus brillante que jamais, m'arrive-t-il de penser, et j'ai une mémoire d'éléphant. Si je regarde en arrière, par-delà les ombres, jusqu'aux incertitudes et aux gloires de notre jeunesse, peut-être comprendrai-je mieux ce qui nous est advenu.

2

Quand nous étions enfants, Hubert et moi, et après avoir grandi, nous vivions à Temple Alice. Temple Alice avait été construit par un ancêtre de Maman, avant qu'il héritât de son titre et de ses domaines. Il fit édifier la maison pour sa jeune épouse et lui donna son nom. Puis, le titre éteint et les domaines vendus, Temple Alice servit de dot aux jeunes filles de la famille, et, après plusieurs générations, échut à Maman à la mort de sa mère. Papa cultiva les quelques malheureuses centaines d'arpents restant de la propriété. Maman adorait jardiner. Quand il faisait beau, elle travaillait dans le parc, accaparant le jardinier qui en négligeait le potager. Quand il pleuvait, elle passait des heures dans les immenses serres branlantes et glacées, qui avaient autrefois abrité pêches, brugnons et stephanotis. Un cep avait survécu – elle savait le tailler et éclaircir ses grappes, des muscats. Papa les adorait.

L'intérêt qu'elle portait à la peinture prenait la place des mondanités qu'elle abhorrait. Dommage pour elle qu'elle fût si réservée. *Recluse* conviendrait mieux pour décrire son caractère. Elle aurait pu avoir une vie si agréable, à courir partout avec Papa – la chasse, les champs de course et tout le bazar. Mais elle avait vraiment peur des chevaux, et si elle allait aux courses, à l'époque où Papa montait, elle fermait les yeux pendant qu'il courait ; un jour qu'il devait monter un mauvais sauteur, elle s'était enivrée au bar et était tombée dans le paddock. L'angoisse qu'elle éprouvait à son sujet lui était insupportable.

Je me demande ce qui les retenait ensemble – ils n'avaient jamais grand-chose à se dire. Lui ne comprenait pas plus son jardinage ou sa peinture qu'elle ne comprenait les chevaux, la pêche ou la chasse – alors, de quoi pouvaient-ils bien parler ?

Il y avait eu une exposition de ses tableaux dans une galerie de Londres. Toute l'année, elle n'avait peint que pour ça. Aucun critique d'art ne s'y était intéressé. Pratiquement personne n'était venu – un seul tableau avait été vendu. Mais cette expérience désastreuse ne l'avait pas découragée. Elle avait continué, mettant dans tout ce qu'elle peignait un air absurde et curieusement hideux. Donnez-lui à peindre un bouquet de roses – de ravissantes roses de juin brillantes de la rosée du matin – et elle en faisait des formes anguleuses, desséchées dans une atmosphère de cimetière, laides au-delà de tout ce qu'on peut imaginer ; et pourtant ces roses contemplées dans une muette répulsion ne se laissaient pas oublier. Elle riait, frictionnant ses petites mains en frissonnant – il faisait un froid glacial dans son studio.

Il n'y avait nulle part où s'asseoir dans ce studio, autrefois un entrepôt dallé situé dans les profondeurs de la maison. Pyramides de boîtes en carton pleines de vieilles lettres, piles de journaux et de photographies, vieilles bottes de chasse, boîtes en cuir qui pouvaient contenir des chapeaux, ou peut-être encore des lettres, tout menaçait de s'écrouler. Un hérisson empaillé, la poussière des ans solidifiée entre ses piquants, trônait en haut d'un meuble autrefois plein d'une collection d'œufs d'oiseaux, mais dont les minuscules tiroirs, maintenant vides, ne renfermaient plus que des coussinets de coton légèrement déprimés en leur centre et une forte odeur de camphre. Des maillets de polo suspendus par grappes et d'antiques cannes à pêche dans leurs poussiéreux étuis de toile, soigneusement fermés par des cordons moisis, révélaient que la maison avait été habitée par des gentilshommes désœuvrés – la famille de ma mère.

Des loisirs, ils en avaient sans doute, mais ils ignoraient pratiquement tout du confort. Il y avait assez peu d'eau sur la propriété, et mon grand-père en avait détourné la plus grande part vers un étang sur lequel, à l'ombre d'un bosquet de rhododendrons, il aimait canoter. C'est là qu'il fuyait pour échapper à l'agent immobilier et aux autres tourmenteurs caquetants d'une vie consacrée à l'oisiveté.

Je crois maintenant que, pour Maman, son studio était le lieu où elle esquivait ses responsabilités. Elle éprouvait une aversion épouvantable pour sa charge de maîtresse de maison. Ce que nous mangions ne devait rien aux admirables Elizabeth David de notre époque. Je crois que le moindre effluve d'ail aurait fait tomber Papa en faiblesse. C'est pour lui seul que Maman se faisait une extrême violence à rudoyer et encourager sa précieuse cuisinière, Mme Lennon. Je l'ai vue trembler et verdir, obligée d'affronter à la fois les provisions du jour sur la table de la cuisine et le terrible mutisme de la cuisinière, debout à son côté, lugubre. Bien qu'uniquement animée du désir d'enfiler ses gants de jardinage et, munie de son panier et de son plantoir, de se réfugier dans le jardin ou dans l'isolement béni de son studio, Maman pénétrait les intentions de sa cuisinière – complimentant juste ce qu'il fallait, exigeant toujours un effort supplémentaire, la perfection absolue pour le Major.

Quand nous étions enfants, l'ordinaire de la nurserie était résolument infect. Ni jus de fruits, ni vitamines comme aujourd'hui – des oranges uniquement à Noël et tous les matins du porridge à la consistance variable rapidement préparé par la fille de cuisine, suivi de pain, de beurre et de sirop d'érable. Les œufs durs étaient réservés aux dimanches, et les saucisses aux anniversaires. Maman ne nous accordait pas une pensée – elle laissait la composition des repas de la nurserie au bon plaisir de la cuisinière, qui nous faisait monter ce qui lui tombait sous la main, souvent des ragoûts de lapin et du flan plein de trous. Pas étonnant que les nurses se soient succédé à un rythme accéléré.

Pourquoi détesté-je le mot « coagulé » ? Parce que je sens encore sur mes lèvres le lait bouilli, avec sa peau coagulée depuis la veille, déposant un rond sur la tasse dans laquelle je devais finir mon lait du matin… Je me retrouve dans la pénombre de la nurserie, les rideaux tirés contre le froid de l'hiver. Sous son ample chemise de nuit, Nannie s'introduit péniblement dans son corset. Bébé Hubert marche dans son berceau, en chemise sale. La bonne verse de l'alcool à brûler sur le feu maussade. Je fixe mon regard sur le rai de lumière qui pénètre à la jonction des rideaux et je pense à mes poules naines… Je savais déjà ignorer certaines réalités. Je savais bien me tenir.

Maman n'y est pour rien. Ce qui se passait à la nurserie ne la regardait pas. Elle nous avait mis au monde, et elle voulait oublier l'horreur de cette expérience, une fois pour toutes. Elle engageait, l'une après l'autre, des nannies pourvues d'excellentes références, et si elles n'étaient pas capables de s'occuper de nous, Maman l'était encore moins. Elle n'aimait pas vraiment les enfants ; elle n'aimait pas les chiens non plus, et ne tirait aucun plaisir de la nourriture, car elle ne mangeait presque pas.

Elle fut sincèrement choquée et consternée le jour où la bonne vint lui dire que notre dernière nannie gisait sur son lit, ivre morte, mon frère Hubert à ses côtés, ivre mort lui aussi, tandis que j'allumais le feu dans la salle d'études à l'aide d'un bidon d'alcool. La nannie fut chassée, avec toutefois de bonnes références qui ne faisaient aucune allusion à son alcoolisme ; détail désobligeant et inutile, puisqu'elle avait promis de s'amender. Son pupille suivant (un bébé quelconque de Dublin) faillit mourir d'avoir trop bu, et sa mère écrivit une lettre vulgaire et hystérique que Maman jeta au feu, naturellement, et oublia aussitôt. Lasse, excédée et dégoûtée des nannies, elle engagea une gouvernante qui commencerait mon éducation tout en surveillant la bonne chargée des quatre ans d'Hubert et de leurs plus modestes exigences.

3

Notre gouvernante s'appelait Mme Brock, et nous l'avons tendrement aimée du début à la fin de son règne. Pour commencer, l'ère des déjeuners à la salle à manger s'ouvrit pour nous avec Mme Brock, et avec elle un monde de désir et de satisfaction, car nous étions aussi gloutons que Papa. Les gouvernantes déjeunaient à la salle à manger, mais le soir, elles dînaient dans leur chambre – c'était la règle, et Maman doit l'avoir appréciée, car ces déjeuners entamaient affreusement les moments d'intimité vécus avec Papa. Il passait le plus clair de sa journée loin d'elle. Pendant les mois d'hiver, il tirait et chassait, et au printemps, c'était la pêche au saumon – toutes entreprises où il excellait et auxquelles il se consacrait davantage comme à un devoir ou une carrière que comme aux plaisirs d'une vie dédiée aux loisirs. En été, il y avait un cheval, parfois des chevaux, à préparer pour le Dublin Horse-Show, et, toujours, la surveillance de la fenaison et de la moisson, avec leur cortège de soucis apportés par le mauvais temps. Aussi le déjeuner et le dîner devaient-ils être les moments les plus lumineux de sa journée.

Le dîner était un moment cérémonieux, presque sacré, qui durait souvent plus de deux heures. À sept heures et demie, ils montaient prendre un bain et se mettre en smoking et robe du soir. Pendant les mois d'été, l'eau du bain posait souvent des problèmes, car chaque maison dépendait de ses propres sources, ruisseaux et puits. Il n'y avait pas d'eau courante à la campagne. Mais cet inconvénient n'était pas de nature à décourager des gens qui considéraient le bain avant le dîner comme partie intégrante d'une vie structurée. Il existait également une austérité qui interdisait de se plaindre. Le bain allait de pair avec les loofah, le savon Brown Windsor et de grosses éponges naturelles qui égouttaient leur eau dans des filets suspendus au rebord de la baignoire.

Nous ne descendions jamais pour dîner, naturellement, mais je savais que les chandeliers étaient toujours allumés sur la table, et qu'avant le dessert on enlevait cuillères, fourchettes, assiettes, salières et poivrières. Je ne crois pas qu'ils prirent jamais un verre au salon, pas même un doigt de sherry – servi avec le potage –, mais ils buvaient toujours du vin et du porto, et avec le café souvent du cognac.

Je ne descendis qu'une seule fois, parce que Mme Brock était sortie, et que je croyais qu'Hubert allait mourir, tant il était malade. Malgré l'urgence désespérée de la situation, je restai une grande minute sur le seuil, stupéfaite et muette devant la magnificence de leur intimité.

La fenêtre la plus éloignée d'eux était ouverte, et les effluves musqués, femelles, des lauriers du Portugal entraient, forts parmi les senteurs délicates des fraises, des bougies et des restes d'un fumet de poulet rôti. Ils étaient assis tout au bout de la longue table claire. Elle avait la tête inclinée, attitude accablée que contredisaient ses yeux levés vers lui. Elle était assise à sa droite. Derrière lui, l'obscurité lumineuse et verte se prolongeait jusqu'à l'intérieur d'une vitrine occupant toute la largeur de la pièce. Maman l'avait tapissée de lin vert, et toute la verrerie qu'elle contenait semblait flotter à l'intérieur. C'était comme si l'eau et l'air formaient une toile de fond, comme si le mur s'ouvrait à l'eau et à l'air. L'expression austère que je connaissais à Papa avait comme fondu, tels les verres flottant dans la vitrine. Immobile, il semblait extraordinairement adouci, adouci et heureux. Leurs verres étaient pleins, et Papa fixait le bras de Maman, ferme comme une aile de perdrix. Il lui parlait, lui posait une question que je n'entendis pas.

Quand ils me virent sur le seuil, quand je dis « Je crois qu'Hubert est mort », les yeux de Papa quittèrent le bras de Maman (cela me sembla long, alors qu'Hubert et moi étions exclus de ses pensées), remontèrent à ses épaules, à ses yeux, puis se détachèrent. Si ma chemise de nuit avait été en feu, il leur aurait fallu tout aussi longtemps pour se séparer. Ils n'étaient pas près l'un de l'autre, mais je n'aurais pas pu approcher davantage du cercle qu'ils formaient sans y être conviée.

Ce qui se passa ensuite est resté moins clair dans mon esprit que cette impression de leur intimité impénétrable. Je ne la comprends pas. Même maintenant que je suis devenue une femme sophistiquée et aguerrie. Je ne comprends pas, alors qu'il me faut bien admettre ses constantes escapades avec toutes les autres femmes qui, au cours des ans, le désirèrent et le séduisirent facilement.

Maman dit :

— Ma chère enfant, qu'est-ce que cela *peut* signifier ?

— Seulement qu'Hubert a vomi dans son lit, qu'il a très mal. J'ai peur.

— Et Mme Brock ? demanda-t-elle.

— Elle est à la chorale.

— Quel charmant euphémisme, dit Papa.

— Tout le monde est sorti. Il y a un bal chez le portier. Oh, venez vite. Il est peut-être déjà mort.

— Les gens sont incroyables, vraiment, dit-elle.

Papa se leva, glissa les mains sous la dentelle voilant les épaules de Maman, et la força à se rasseoir.

— J'y vais. Vous n'êtes pas faite pour vous occuper d'un malade. Finissez votre verre, dit-il.

Papa fut merveilleux. Il sortit le pauvre Hubert de son lit, lui ôta son pyjama et l'enveloppa dans une grande serviette chaude. J'étais aux anges, m'affairant à vider les pots et à trouver des draps propres.

Quand, enfin, Mme Brock reparut – il devait être près de dix heures, et elle était pleine d'explications –, il n'écouta pas et n'eut pas un mot de reproche. Simplement :

— Asseyez-vous et tenez-lui chaud. Je crois que je ferais bien d'aller chercher le docteur.

Mme Brock fit exactement ce qu'il lui avait dit. Toujours coiffée de son ravissant chapeau couvert de roses, elle s'assit, Hubert sur les genoux, immobile comme une statue enfiévrée dans son odeur d'ambre et d'aisselles, jusqu'au retour de Papa avec le docteur.

Ils emmenèrent Hubert à Cork le soir même, il eut une appendicite et des tuyaux partout, et il faillit mourir. Je priais nuit et jour pour sa guérison, et pour que ses souffrances s'adoucissent. L'image de ses cheveux noirs ne me quittait pas – ébouriffés sur le front, lisses sur le crâne, comme peints sur un œuf. Quand je nettoyais ses perruches et ses souris, ses yeux me hantaient – ses yeux qui ne s'éclairaient et n'étincelaient jamais comme l'auraient dû des yeux bleus, comme je savais qu'auraient étincelé les miens si seulement ils avaient été grands et bleus.

Quand il revint enfin à la maison, je fus très déçue. Les religieuses de la clinique l'avaient tant gâté qu'il était vraiment insupportablement exigeant, m'envoyant en mission dans toutes les directions et m'inventant sans cesse des tâches, tandis qu'il reposait sur une chaise longue à l'ombre du grand cèdre, un pichet de citronnade à portée de main. À cette époque, on n'avait pas encore entendu parler de thrombose, et les convalescents, jeunes et vieux, se reposaient longuement après une opération. Hubert disposait même d'un pot de chambre, caché dans les buissons, « au cas où ». Ces bonnes religieuses lui avaient aussi appris à dire « le cabinet » quand il voulait dire le pot ou les toilettes, vulgarité que personne ne fut capable de lui faire passer. Si les circonstances forçaient Mme Brock à mentionner la chose, elle disait les Lieux. « Avez-vous été aux Lieux aujourd'hui, mon chéri ? » ou « Avez-vous *été* ? », ou encore « Hubert, ne devriez-vous pas aller dans le couloir ? » quand Hubert dansait d'un pied sur l'autre.

J'avais sept ans, et Hubert quatre quand Mme Brock succéda à notre dernière nannie, l'ivrognesse. Sa présence dans la salle d'études nous apporta la sécurité quotidienne dans le bonheur, et la perspective merveilleuse que cette situation se prolongerait jusqu'à un avenir indéterminé – avenir dans lequel les perruches prononceraient leur premier mot, où la Nature Magique donnerait une famille aux souris récemment unies par le mariage, où je chanterais *Two Little Girls in Blue, Dears*, d'une voix parfaitement juste. Et, d'un intérêt plus puissant que ces perspectives mêmes, il y avait les histoires de Mme Brock sur ses anciens élèves, leurs parents et leur vie – histoires aussi détaillées et colorées que les illustrations de Caldecott pour John Gilpin.

Même les domestiques, qui se chamaillaient toujours avec les nannies, aimaient Mme Brock et lui apportaient de bonne grâce et à n'importe quelle heure des tasses de thé. Elle était plutôt petite et assez rondelette, mais propre comme un oiseau. Ou peut-être comme une fleur, une marguerite blanche teintée de rose. Elle avait les joues roses et fermes, les cheveux nets et plus blonds que gris, et ses fausses dents brillaient, fraîches comme la rosée, tous les matins de sa vie. Elle était veuve d'un organiste qui avait très peu économisé avant de mourir dans la force de l'âge, la laissant (heureusement sans enfants, bien qu'elle désirât ardemment des petits bouts bien à elle) seule pour gagner sa vie dans un monde où elle avait été jusque-là confortablement nichée dans une gentille maisonnette, avec un gentil mari pourvu d'un gentil emploi – quoique assez considérable – dans une grande paroisse londonienne. Mme Brock était musicienne, elle aussi ; à quel point, je ne sais pas, mais elle avait chanté dans la paroisse de son mari, et quand elle arriva chez nous, notre piano droit Bechstein résonna des accords vigoureux des *Indian Love Lyrics*, suivis de près par le *Rustle of Spring*.

Après la mort de son mari, elle avait obtenu un premier poste de gouvernante dans la famille d'un évêque, où, avec l'aide de l'*Histoire d'Angleterre* de Mme Markham et de la *Géographie* de Gill, elle avait donné toute satisfaction jusqu'à ce que l'âge scolaire mît un terme à son emploi dans cette famille. Ensuite, elle avait eu pour élèves

Richard, Sholto et Raymond, fils du grand ami de Papa, Wobbly Massingham, maître d'équipage et seigneur du manoir de Stoke Charity. Là, le Major Massingham, dans une splendeur devenue légendaire, menait une vie consacrée à la chasse, à la pêche, au cricket, à Espom Ascot, Goodwood, Newmarket et Doncaster – vie qui réduisait considérablement l'héritage que pouvaient espérer les trois élèves de Mme Brock. Mais ils étaient quand même inscrits à Eton, et Eton est une expérience qu'on ne peut enlever à personne. La tâche de Mme Brock consistait à les préparer pour le collège. Ce n'était pas difficile, car M. Entwhistle n'était que trop heureux d'accueillir les garçons de bonne famille ; et si le père et les oncles étaient d'Anciens Élèves, les enfants pouvaient être des idiots de bonne famille et néanmoins bienvenus. Des trois élèves de Mme Brock, Sholto avait le plus de chances de réussir dans la vie. Enfant laconique, rapace avec bonne humeur, et d'une détermination brutale avec son poney, il irait plus loin avec moins d'efforts que son frère aîné Richard.

Richard était le préféré de Mme Brock, et, des années plus tard, elle fut à l'origine de mon premier lien intime avec lui. Sa curiosité à l'égard de Mme Brock créait une complicité aussi excitante pour Hubert et moi que celle des cabanes dans les arbres ou des rythmes rudes et secrets de l'enfance. Nous essayions de la reconstituer, jeu au cours duquel nos mémoires entrelaçaient ou contredisaient nos souvenirs. Il disait sur elle des choses étrangement désobligeantes, et il m'arrivait de la renier, moi aussi. Mais je ne lui parlai jamais des souris. Quelle jeune fille convenable l'aurait fait ?

Richard était un enfant très beau, et malgré l'intérêt et les aptitudes qu'il manifestait pour les activités au grand air, il y avait des moments où il se blottissait contre Mme Brock quand elle jouait du piano, ou même se joignait à elle pour chanter *Speed Bonnie Boat*, *Yip-i-addy*, ou *Now the Day is Over*. Il préférait Mme Tiggy-Winkle au comique plus subtil, et aimait s'attarder sur l'idée qu'elle avait transporté la blanchisseuse dans la brousse. Il aimait aussi se déguiser, mais Mme Brock trouvait que ces jeux ne convenaient pas aux petits garçons. Parfois, elle se laissait aller à lui lire ses poèmes préférés tirés du *Trésor de la poésie pour les enfants*, grâce auxquels ils chargeaient avec la Brigade Légère, ou bien se penchaient aux balcons dorés du ciel en compagnie des Damoiselles Bienheureuses.

Raymond était le plus jeune des trois, et le moins aimable. C'était un enfant délicat, le chouchou de Nannie. Il détestait son poney. Il donnait des coups de pied aux chiens quand il était sûr de n'être ni vu ni mordu. Il n'avait rien de gentil ou d'ouvert, et ressemblait nullement à ses deux aînés. Bien qu'il abordât à peine aux études – simples contes de la Bible, et une heure de jeu de cubes –, il repartait presque toujours en geignant à la nurserie, où ruminait Nannie, en raccommodant du linge, fileuse dans sa tour. Nannie était assez âgée pour avoir été la nannie de lady Grizel Massingham et n'avait jamais été encline à la sympathie envers les gouvernantes.

Mme Brock avait conçu pour lady Grizel la passion aveugle et irrationnelle que certains portent aux vedettes. Elle repaissait ses yeux et ses oreilles de la vue de cette dame calme et bien dans sa peau, dont le langage, aussi naturel que celui d'une paysanne, était aux antipodes de celui de Mme Brock. Elle observait la vie des inférieurs, et parlait un peu comme une enfant. Elle ignorait des mots simples d'adultes, tels que « jardinage ». Lady Grizel (et maintenant Mme Brock, naturellement) disait à la place « elle retourne le jardin ». Je n'arrive pas à comprendre pourquoi Mme Brock n'a jamais appris d'elle le mot convenable pour w.-c.

Quand lady Grizel donna à Mme Brock non pas un, mais deux tailleurs de flanelle, Nannie ne fit pas mystère de sa désapprobation. Mais Mme Brock accepta ces cadeaux avec simplicité et ravissement. Ils sortaient, nous dit-elle, de chez Busvine – nom sacré entre tous dans le monde sacré de la chasse – qui les avait confectionnés trois et cinq ans plus tôt, bien sûr, mais les tailleurs classiques ne se démodent jamais. Parmi les autres cadeaux qu'elle reçut, figurait une paire de chaussures bon chic bon genre et indestructibles de chez Peter Yapp. Pour une raison restée mystérieuse, ces souliers, bien que confectionnés d'après la forme de lady Grizel, n'avaient jamais été confortables à porter, et le vieux Yapp n'avait jamais pu remédier à ce défaut. Ils ne furent jamais tout à fait confortables pour Mme Brock non plus, mais elle les porta avec courage et persévérance jusqu'à ce qu'ils devinssent des amis dociles.

Chose étrange, quand Mme Brock, qui avait par nature une démarche assez lourde, portait ces souliers, elle adoptait le long pas glissé de lady Grizel, et la même attitude frivole et désinvolte. Une illusion gracieuse s'emparait de Mme Brock quand elle se déplaçait de cette façon élégante, assurée. Une partie d'elle-même devenait lady Grizel – elle absorbait lady Grizel et l'expirait dans l'atmosphère autour d'elle, qui en devenait moins solitaire.

En remerciement de ces faveurs, tout ce que purent concevoir le cœur reconnaissant et la minuscule cervelle de Mme Brock, ce fut de tricoter – et pour le tricot, elle avait un flair et un génie véritables. Assise toute seule dans la salle d'études, éclairée par le rayonnement de l'amour, des nuages de laine se transformaient sous ses mains habiles en châles et liseuses pour l'anniversaire ou les étrennes de lady Grizel.

Nannie ne manifestait qu'un froid amusement quand elle devait admirer ces nuages voluptueux tricotés avec tant de vitesse et de dextérité. Elle trouvait que le temps de Mme Brock serait mieux employé à organiser des activités de grand air pour les garçons. Nannie jouait elle-même aux boules avec eux, et on l'avait souvent entendue crier, couvrant le tapage des enfants : « Allons,

allons, plus de disputes, et parlons plutôt de chasse. »

Vint un jour où l'on fit appel à tous les occupants de la grande demeure pour chercher une bague qu'avait perdue lady Grizel – sa bague de fiançailles –, diamants et saphirs étoilés. Mais les saphirs et les diamants n'étaient rien en regard de sa valeur sentimentale. Personne ne l'avait volée. Personne ne soupçonnait personne de l'avoir volée, et tout le monde brûlait du désir ardent de la retrouver.

Nul ne brûlait d'un désir plus ardent que Mme Brock, et elle se lança dans les recherches avec le soin méticuleux d'un général en campagne. Elle reconstitua point par point la journée de lady Grizel le jour de la perte, la revivant à sa place, minute par minute. Et ce jour-là, plus que tout autre, elle se projeta dans la vie de lady Grizel.

Nous aussi nous participions au déroulement de cette journée, longue et monotone s'il en fût, jusqu'au moment paradisiaque où, dans le crépuscule de la salle des fleurs dans laquelle, non contente de composer ses bouquets, lady Grizel préparait, à partir de restes quotidiennement envoyés de la cuisine, la pâtée des chiens, Mme Brock avait trouvé la bague pendue au robinet de l'évier, les pierres scintillantes tournées vers le sol, l'or de l'anneau invisible sur le cuivre de la poignée. Là, lady Grizel – elle s'en souvenait maintenant – s'était lavé les mains après avoir manipulé en le pinçant entre ses doigts le dîner de Peke, éliminant le danger des os de poulet. Comme lady Grizel aimait ce chien !

— Oh, Changy, pourquoi tes petites pattes sentent-elles la souris ? lui demandait-elle, les larmes aux yeux.

Mais revenons, comme nous le faisions si souvent, à ce jour extraordinaire, à ce soir de mai où Mme Brock avait fait une apparition inattendue à la bibliothèque. La bibliothèque était un territoire étranger et terrible où elle n'avait pas sa place. C'était, selon la description de Richard, une pièce ordinaire pour le genre et l'époque, décorée sans autre souci qu'un confort onéreux. Il régnait une grande monotonie dans les nombreux tableaux, comme si l'ignorance où l'on était de leur intérêt et de leur valeur les avait estompés. Les gentilshommes du dix-huitième siècle en pourpoints ajustés avaient regagné, boudeurs, leur époque. Toute l'importance avait été donnée aux chevaux de course de l'École d'Herring, aux chiens fidèles, et à un célèbre étalon. Suspendus aux places où l'on pouvait les voir et les apprécier, ils partageaient la meilleure lumière avec des dessins humoristiques de Spi. Éliminés, les causeuses et les canapés dix-huitième d'Hepplewhite. Les meubles modernes avaient un air de permanence confortable et confiante. Des boutons fixaient solidement le cuir rouge sombre des canapés et des poufs. Des fauteuils bas, sagement rebondis sous leurs housses empesées, invitaient au repos. Des jardinières cerclées de cuivre, pleines de fleurs venues des serres, étaient disposées aux endroits appropriés – fiertés du jardinier à profusion, mais aucune variété exotique. Envahissant de son parfum romantique tout ce prosaïsme, l'odeur du muguet (arrangé dans des vases d'argent en forme de tulipes par lady Grizel elle-même) s'élevait, entêtante, mêlée à l'arôme persistant du thé.

C'était l'heure où les hommes avaient disparu dans le fumoir, où les femmes bavardaient et bâillaient, et où les chiens s'agitaient et se retournaient dans leurs paniers. Deux amies de lady Grizel, Mme Gladwyn-Chetwynd et lady Skendleby, étaient assises sur le canapé en cuir. Un nuage de blouses froufroutantes s'élevait de leurs tailles ceinturées jusqu'à leurs hauts cols baleinés. Elles étaient absorbées dans une réflexion somnolente sur leurs paris hippiques du jour, dans l'attente des résultats que donneraient le lendemain les journaux du matin. Incertaines si Mme Brock devait leur être ou non présentée, elles prirent *Racing Form* et le dernier *Calendar*, et retournèrent à Newmarket, Doncaster ou Epsom – Mme Brock ne se souvenait plus exactement du nom de l'hippodrome.

Le groupe était aussi loin que possible de Mme Brock, debout sur le seuil. Lady Grizel se leva, grondant et renvoyant les chiens dans leurs paniers tout en approuvant leur réaction ; il s'agissait bien là d'une surprise, d'une intrusion.

— Couchés, couchés, allons, couchés – mon Dieu, vous connaissez bien Mme Brock, quand même ? Oui, Mme Brock ?

La question resta suspendue dans l'air, dans l'air parfumé, dans l'air distant de la vie de lady Grizel au milieu de ses amies. Mais Mme Brock surmonta ses réserves et sauta par-dessus les distances.

— Il me semble que vous avez perdu quelque chose, lady Grizel.

Ce fut tout ce qu'elle parvint à articuler en tendant la bague.

— Madame Brock ! C'est merveilleux ! C'est divin !

Tous les chiens se mirent à aboyer. L'air vibrait d'excitation. Lady Grizel rayonnait de gratitude. Les diamants brillaient de tous leurs feux. Les meilleures amies bondirent de leur canapé et vinrent jouer leur rôle dans la pièce. « Quelle intelligence », « Et comment avez-vous eu l'idée de regarder dans la pâtée des chiens ? » s'exclamèrent-elles, comprenant tout de travers et se repassant l'anneau sans le regarder.

C'est alors que Mme Brock fut prise d'une inspiration qui devait plus tard être la cause à la fois de son bonheur et de sa perte. C'est alors que ses pieds quittèrent la terre et qu'elle s'envola dans l'irréel. Négligeant tout souvenir de sa laborieuse enquête policière, des heures passées à reconstituer tous les mouvements de lady Grizel, elle répondit d'une voix rêveuse :

— Vraiment, je ne saurais le dire moi-même. J'ai fermé les yeux, et l'image s'est présentée d'elle-même à mon esprit.

— Ha ! Ha ! Hallucinations de pâtées pour toutous ! Trop drôle !

— Chang-Chang vous a entendue dire « pâtée », n'est-ce pas, mon chien ?

— Dites-moi, Mme Brock, cela marcherait-il pour les courses ? Le gagnant de la course de trois heures trente demain après-midi se présenterait-il à votre esprit ?

— Ne dites pas de sottises, Violet...

— La course est si incertaine – son jugement vaudra le mien. Écoutez, je vais vous lire la liste des participants, fermez les yeux et laissez-vous flotter... Peeping Thomas...

Peeping Thomas, lui fit répéter d'une voix mystérieuse. Et, par miracle, ce fut la bonne réponse ; car la victoire de cet outsider resta pour tout le monde le renversement le plus mystérieux des pronostics, le plus grand embarras des pronostiqueurs, la providence légendaire des bookmakers, de même que de lady Grizel, de ses meilleures amies, de la plus grande partie des domestiques de Stoke Charity, et de bien des gens employés sur le domaine. Ensemble, la découverte de la bague et ce triomphe des courses placèrent Mme Brock dans la classe des visionnaires. Hubert et moi l'implorions d'essayer ses pouvoirs pour les courses de Limerick Junction ou de Mallow.

— Non, disait-elle avec fermeté. Plus jamais. Ce jour-là, j'avais entendu le martèlement des sabots. J'avais vu l'éclair des couleurs...

— Et vous aviez entendu le jockey jurer, madame Brock ? demandions-nous.

Nous désirions ardemment participer à la magie de la vision.

— Non, mes enfants. J'ai simplement entendu la foule crier : « Allez, allez Peeping Thomas ! »

— Pourtant, en général, les gens ne crient pas si fort quand c'est un outsider qui gagne.

— Ils ont crié ce jour-là. À mon oreille, déclara Mme Brock avec autorité.

Malheureusement, le cheval qu'elle sélectionna pour le Derby de cette année-là termina bon dernier. Bien que chacun continuât à lui manifester beaucoup d'indulgence et de considération après cet échec, la déception fut générale, et pas totalement effacée quand elle annonça le deuxième à Oaks, prenant toutefois la précaution de ne lui attribuer que cinquante pour cent de chances. Après ça, ses questionneurs et ses suiveurs mêlèrent ses pronostics à ceux de leur tuyauteur attitré. Mais avec les pertes domestiques, la comédie se renouvelait quotidiennement. Les objets les plus étranges étaient perdus et retrouvés, de même que les plus ordinaires.

— Quel genre d'objets ? demandions-nous, tant la liste était variée et passionnante.

Les laisses des chiens : lady Grizel en perdit une un jour, et ses cris plaintifs résonnèrent jusqu'à la salle d'études : « Au secours ! Au secours ! Où ai-je bien pu la mettre ? » Les lunettes de la cuisinière, plusieurs taies d'oreiller manquant à la liste du blanchissage ; les clés, bien entendu, figuraient en bonne place parmi les pertes ; et même des boucles d'oreilles quand le second valet de chambre, Walter, garçon charmant par ailleurs, lui confia en privé qu'il en avait perdu une paire, cadeau d'un de ses amis. Après quelques conversations qui la mirent en contact avec le petit monde de l'office, et deux heures passées à flotter, les boucles d'oreilles reparurent sur l'assiette de sandwichs au poulet qui composait son dîner avec une tasse de consommé chaud et des fraises à la crème.

— Vos boucles d'oreilles, dit-elle simplement quand Walter vint reprendre son plateau.

— Oh, madame Brock, où étaient-elles ?

— L'inspiration, répondit-elle, secrète.

Ce fut l'époque où Mme Brock participa à toutes sortes de drames privés. Son don lui conférait une importance rêvée. Elle ne s'avouait même pas à elle-même que c'était l'intérêt qu'elle portait à la vie des autres, sa puissance de déduction qui lui faisaient retrouver la piste de leurs objets perdus. Après une enquête approfondie, elle s'abritait derrière sa propre infaillibilité et tirait le rideau.

— Je ne sais pas encore. J'ai l'impression qu'il va se passer quelque chose…

Toutefois, deux membres de la maison refusaient de se joindre à l'excitation et à l'intérêt suscités par ses étranges pouvoirs. Le plus considérable de ces incroyants était Nannie ; le moindre était l'affreux Raymond. Nannie faisait partie des rares personnes n'ayant pas suivi les conseils de Mme Brock pour la course de trois heures trente, et n'avait donc pas participé à l'aubaine de la victoire de Peeping Thomas. Quand son cheval termina dernier, elle énonça simplement son avis personnel, à savoir que les pouvoirs de divination de Mme Brock n'étaient ni naturels ni rassurants. Mais Raymond fut le catalyseur du désastre. Raymond était malpropre et négligé. Et méchant en plus.

— Enfin, lui demandait Mme Brock, vous vous servez de la brosse de Sholto ?

— J'ai perdu la mienne.

— Perdue ? J'espère que vous ne l'avez pas encore utilisée pour brosser les cochons d'Inde.

Déjà, la divination pointait.

— Oh non. Ces sales bêtes sont encore grosses. Elles mangent leurs petits si on les brosse.

— Ne soyez pas répugnant, mon chéri.

— C'est Nannie qui le dit.

— Peut-être. Si elle n'est pas chez les cochons d'Inde, quand vous en êtes-vous servi pour la dernière fois ?

— Pour brosser mes cheveux.

— Quand ?

— Avant le déjeuner. Dans la salle de bains.

— Et avant le thé ?

— Nannie m'a peigné dans la nurserie.

— Alors, allez demander à Nannie où elle est. Allez-y tout de suite, comme un bon petit garçon.

— Elle n'est pas à la nurserie.

— Sottise. Comment pouvez-vous le savoir si vous ne demandez pas ?

— Parce que je la vois qui me regarde, voilà. Vous ne la voyez pas ? Vous ne la voyez pas, madame Brock ?

Loyaux et fiables, et généralement bons, Richard et Sholto se joignirent pourtant à la taquinerie. Ils ne savaient pas non plus où se trouvait la brosse ; mais ils se mirent à sauter en criant :

— On la voit, on la voit aussi ! Trouvez-la, madame Brock. Cherchez ! criaient-ils, comme s'adressant à un chien de chasse.

Elle en fut confuse et mortifiée. La situation n'avait rien d'agréable pour elle. Quand Nannie entra, s'enquérant d'un pull déchiré, la scène empira. Ils faisaient la ronde en chantant :

— Mme Brock n'arrive pas à trouver la brosse, brosse, brosse !

Et Raymond gémit d'une voix stridente :

— M. Brock est un putois, un vieux putois puant !

— Allons, allons, soyez sages, déclara Nannie, rétablissant immédiatement l'ordre et l'autorité, quoique réprimant un sourire à l'adresse de Raymond. Laissez donc faire Mme Brock. Je ne serais pas étonnée que l'inspiration lui vienne. Au lit, mes garçons, donnez-lui une chance.

— J'ai dit à Raymond de chercher sa brosse lui-même, dit Mme Brock, d'une voix rien moins qu'assurée. Je n'ai pas de temps à perdre avec ce petit mor… veux, termina-t-elle après avoir repris son souffle.

Comment le mot avait-il pu surgir dans son esprit ou passer ses lèvres ? Il piqua Nannie au plus secret d'elle-même. Une fois, il y avait très longtemps, le même désordre s'était produit dans sa sacro-sainte nurserie, surpris bien entendu par les enfants des concierges, aussi sûrement que les vers viennent des veaux.

— Je ne pense pas, déclara-t-elle de sa voix la plus solennelle, qu'aucun d'entre nous ait entendu ce que vous venez de dire, madame Brock. Vous y regarderez peut-être à deux fois avant de répéter cette remarque. Elle n'est pas exactement du genre auquel nous sommes habitués dans notre nurserie.

C'est ainsi qu'elle commença à perdre confiance et bonheur. Les plaisanteries, les rires furtifs finirent par constituer une sourde persécution. Seules les personnes charitables, lady Grizel, Julia, la femme de chambre, et Walter, venaient encore la consulter quand ils avaient perdu ou égaré quelque chose. Pour compenser ses fréquents échecs et conserver leur reconnaissant intérêt, elle tricotait furieusement. Un cardigan pour Walter, un pull pour Julia, et, pour lady Grizel, un nuage de la plus pure laine Shetland, léger comme des plumes dans la brise, s'enflait autour d'elle, en bonne voie de finition. Elle désirait ardemment admirer lady Grizel, assise au milieu de ses oreillers, dans cette liseuse rose et impalpable. Mais Mme Brock n'avait pas ses entrées dans la chambre de lady Grizel – sa place était à la salle d'études, « sa salle d'études ». À la salle à manger, pendant le déjeuner, où elle se montrait autrefois éloquente et inspirée – inventant des conversations, émaillées de reparties incisives, entre le Chang adoré de lady Grizel et les fox-terriers du Major, Spice, Spider et Grips, tous silencieux dans la discipline sereine de leurs paniers ; autrefois, elle se rappelait un score de cricket oublié et – à l'apogée de sa gloire, tant son application était euphorique – avait même su l'enchère la plus haute de Newmarket et la généalogie du poulain qui en était l'objet –, elle gardait maintenant le silence.

— Si seulement elle se consacrait un peu plus à la géographie, disait Nannie d'un ton plus doucereux que solennel, quand lady Grizel exprima sa surprise de ce changement étonnant. Jeudi dernier encore, Richard n'avait aucune idée des capitales d'Europe. Et cela ne plaira pas du tout à M. Entwhistle.

4

Le Cambridgeshire commença et se termina sans que personne ne demandât à Mme Brock ce qu'elle en pensait. Peut-être s'étaient-ils fatigués de l'entendre dire : « Course très ouverte. » Maintenant, elle s'asseyait en silence dans la salle à manger puis passait de longues heures enfermée dans sa salle d'études à taper sur son piano. Sholto, qui n'avait pas d'oreille, parlait à ses hamsters ou taquinait son chien, sans lui prêter la moindre attention ; mais Richard, appuyé contre le piano vibrant, était secrètement affecté. Cette première expérience de la musique le ravissait. Il la trouvait étrangement préférable aux sports de plein air approuvés de tous.

— Elle n'emmène plus jamais les garçons se promener dans la campagne, entendit-il Nannie dire à lady Grizel. Vous rappelez-vous l'époque où vous pouviez à peine entrer dans la nurserie, pleine de glands germés et de têtards ? C'est un moyen de les informer en douceur, du moins, c'est ce que je pense, moi, et de là, il est facile de passer aux lapins pour qu'ils tirent leur conclusion eux-mêmes. Moins on en dit mieux on se porte.

Géographie et éducation sexuelle – peut-être Mme Brock avait-elle échoué dans ces deux domaines. Mais ces échecs n'avaient que très peu d'importance dans la vie simple de lady Grizel. Ses fils grandiraient comme leur père et leurs oncles – aimant la vie campagnarde et épousant de gentilles filles pourvues de quelque fortune.

— Tant qu'ils sont heureux, ma fille, disait-elle étourdiment et tendrement, partant en promenade avec ses chiens.

Malheureusement pour Mme Brock, avant que les allusions de Nannie eussent eu le temps de s'évanouir de l'esprit de lady Grizel, il fallut que celle-ci trouvât Richard tout seul dans la cabane des garçons, au beau milieu d'un châtaignier, avec ce qui ne pouvait être qu'un livre – un livre, et à trois heures de l'après-midi, par une journée radieuse.

— Vous faites vos devoirs, mon chéri ? lui cria-t-elle en riant.

— Non. Je lis.

— Vous lisez ? Eh bien, laissez votre livre. Et venez sécher les chiens avec moi... Vous m'avez entendue ? ajouta-t-elle, plus brusque.

— J'arrive, Maman.

Il attendit un instant avant de s'engager, plutôt hésitant, le long de l'arbre puis sur l'échelle de corde reliant la branche la plus basse à la pelouse. Cela la bouleversa, car elle aimait voir ses fils se comporter parfaitement en toutes circonstances, que ce fût pour enfourcher leur poney ou manger un artichaut – il y avait un rituel, bon ou mauvais, pour toute chose.

— Que lisiez-vous ? lui demanda-t-elle quand Richard ne répondit pas à une remarque assez comique sur l'eau que Grips avait dans les oreilles.

— Je l'ai laissé dans ma cabane.

— Comment tu l'appelles ?

— Ma cabane, c'est tout.

— Non. Le livre.

— Ah ! (Il hésita.) *Robinson Crusoé*, annonça-t-il triomphant.

— Ha ! ha ! Qu'avez-vous fait de Vendredi ? – voilà ce que Grips voudrait savoir.

— De quoi ?

— Vendredi. Je me rappelle qu'il y joue un rôle.

Richard rougit jusqu'aux oreilles.

— Demandez à Gripsy, dit-il. Parle-nous de ce vieux Vendredi, Grips.

Richard et Grips se mirent à courir en rond sur l'immense pelouse au fin gazon bien serré. Elle rit en les regardant. Mais, pour une fois, une question demeura derrière son front lisse.

— Peut-être ne leur donne-t-elle pas assez de travail. Vous avez peut-être raison, confia-t-elle à Nannie ce même soir. J'ai trouvé Richard tout seul en train de lire.

— De lire un livre ? demanda Nannie, incrédule.

— Oui, *Robinson Crusoé.* Tout à fait innocent, vraiment.

— Innocent ? Par une belle journée comme aujourd'hui ?

Nannie n'en resta pas là. Grimper une échelle de corde et explorer la cabane dans l'arbre n'était plus de son âge, mais elle pouvait persuader Walter de le faire à sa place.

« Oh, monsieur Richard – les excuses que présenta Walter plus tard étaient sincères –, parlez-moi de sournoiserie !... "Vous êtes un jeune homme sportif, Walter" – comme elle était douce ! – "Monteriez-vous à l'échelle de corde de la cabane avec vos grandes jambes ? M. Richard y a oublié son pull bleu tout neuf. Et rapportez tout ce que vous y trouverez d'autre – on dirait qu'il va pleuvoir ce soir." Vous voyez la ruse ? Et moi, pauvre imbécile, je suis tombé dans le panneau et je lui ai donné votre livre... »

Nannie, armée du livre de poésie, alla tout droit trouver lady Grizel, qui, contrariée, en discuta avec le Major. Il manifesta une inquiétude sincère.

— Il faut mettre un terme à cette manie de lecture. Aucun avenir là-dedans. Et il prenait une leçon de musique hier tandis que notre Sholto dressait son poney.

— Mais la question n'est pas là, enfin. Le plus terrible, c'est qu'il m'a menti.

— Ça encore, c'est dans l'ordre des choses, c'est plutôt la poésie qui m'inquiète. Comment s'appelle ce livre ?

— *Le Trésor de la poésie pour les enfants.*

— Ça ne peut pas lui faire du bien.

— C'est aussi l'avis de Nannie, ils ne font pas assez d'exercice…

Ainsi allèrent les commentaires, d'après ce que je parvins à comprendre. Ils s'accordent avec les histoires et les bribes rapportées par Mme Brock et les complexités du jeu plutôt cruel que, des années plus tard, Richard, Hubert et moi devions jouer à Temple Alice. Richard, créateur du jeu, aimait évoquer tous les détails de la vie à Stoke Charity se rapportant à cette période de l'enfance où il avait perdu son premier amour, Mme Brock. Nous nous joignions à lui, saccageant avec une horrible joie les souvenirs que nous gardions d'elle. Au-delà des enjolivements et des inventions du jeu, essentiels à la comédie, derrière la longueur et la couleur des jours, ou le souvenir d'un regard révélant l'affection ou le mépris cachés, nous nous gaussions de nos enfances respectives, qui avaient fait de nous les adultes que nous étions. Richard rappelait avec rancune la décision de ses parents : pour avoir menti, il devait être fouetté, et Mme Brock, avec ses leçons de musique et ses lectures poétiques, devait partir. Tout le mal qu'elles auraient pu faire à Richard, on espérait le réparer par une entrée prématurée à Entwhistle.

— Et qui va congédier Mme Brock ? s'était enquise lady Grizel.

— Vous, naturellement.

— Non, chéri, pas moi. Vous. C'est votre idée.

Pour qu'il pût remplir quelque devoir inéluctable – juge à un concours de chiens du voisinage, sans doute –, Richard vit sa punition remise au vendredi, deux jours plus tard, et ce furent deux jours abominables. Richard, le condamné, s'occupa furieusement de son poney, visita très souvent les toilettes, vomit après le petit déjeuner et encore plus après le thé du vendredi.

Sholto rapporta qu'il n'avait pas pu fermer l'œil tellement le calme de Richard l'avait inquiété. Richard ignorait combien de personnes savaient qu'il avait menti et qu'il allait être fouetté. Il prenait toute gentillesse ou toute cordialité pour une provocation. Ses cheveux se dressaient sur sa tête en petites touffes sèches. Il sauta du mur du jardin au milieu d'une plate-bande pour se prouver son courage. Walter, les lèvres exsangues, vint à la salle d'études annoncer que le Major attendait M. Richard à l'armurerie. Richard, les lèvres exsangues lui aussi, se rendit près du Major, celui-ci verdâtre, mais prêt à faire son devoir.

— Pourquoi avez-vous menti à votre mère, Richard ?

— Je ne sais pas.

— Vous aviez honte de ce livre stupide, je présume, et vous aviez raison.

— Non, je n'avais pas honte.

— Mais vous avez menti. Nous n'avons pas de menteurs dans la famille. Que dites-vous de ça ?

— Je ne sais pas.

— Bon, penchez-vous sur cette chaise.

— Oh, je vous en supplie, Papa. Je vous en supplie…

— Silence, voulez-vous, ou je serai obligé d'appeler Walter pour vous tenir.

— Non. Je serai sage. Je serai sage.

— Alors, silence, mon garçon, dit le Major avec bienveillance en prenant une canne gainée de cuir. Vous ferez de la peine à Maman si elle vous entend. Il faut accepter votre punition, n'est-ce pas, mon garçon. J'en ai eu mon compte dans ma jeunesse.

Et le Major éclata de rire, plus par nervosité que par cruauté.

— Sauvez-vous chez Nannie. Elle s'occupera de vous.

Mais c'est à la salle d'études que se rendit Richard, silencieux, presque furtif. Il resta immobile, ne trouvant aucune raison à sa présence, rien à dire, gêné et coupable.

— J'ai oublié d'apprendre mon histoire, murmura-t-il.

— Votre histoire, Richard ? Nous n'avons pas histoire cette semaine.

Mme Brock revint à son piano, sur lequel, à l'arrivée de Richard, elle jouait en chantant à voix basse *Reste auprès de moi*. À ce moment, elle se mit à chanter à pleine gorge, d'une voix rauque et animale qui emplit la pièce comme un parfum s'empare des sens. L'air vibrant autour de lui, Richard oublia les règles de la décence. Quand Mme Brock, qui pleurait aussi, fit pivoter vers lui son tabouret, il oublia toute sa morgue aristocratique et se jeta dans ses bras en sanglotant violemment. Mme Brock le pressa sur son sein où il enfouit la tête dans le sombre confort de cette poitrine strictement sanglée. Il se rappela toujours cette odeur de sécurité trouvée dans un embrassement où le vinaigre de toilette Rimmel et le *papier poudré* livraient une bataille perdue d'avance contre la chair humaine, tiède et compatissante. Il sanglota, immensément soulagé.

Il fallut qu'à cet instant précis Nannie, grande prêtresse des bonnes manières pour les petits garçons, fît son entrée ; elle resta immobile une longue minute, se soutenant à la poignée de la porte et regardant avec une horreur sincère le couple enlacé sur le tabouret du piano. Sans voix pour une fois, elle se détourna, claquant la porte sur cette scène, et ne perdit pas un instant à rapporter triomphalement cette nouvelle malsaine à lady Grizel.

Aussi Mme Brock succéda-t-elle à Richard dans l'armurerie, convoquée par un Walter tremblant. Il avait entendu les pleurs de Richard, et se demandait quels malheurs attendaient encore ses amis de la salle d'études.

— Asseyez-vous, madame Brock. Je vous ai fait venir pour vous parler car la mère de Richard et moi sommes assez mécontents de lui. Franchement, il devient un peu… euh, enfin… d'abord, il lit de la poésie au lieu de dresser son poney pour Bath et Country la semaine prochaine, puis il ment à sa mère – il a reçu sa punition et s'est comporté d'une façon, enfin, assez lâche, n'est-ce pas ? Pleurant sur vos… dans votre… dans *la salle d'études*, termina le Major au comble de l'embarras.

— Oh, Major Massingham, cet enfant était si bouleversé. En général, je ne l'embrasse pas. Jamais en fait.

— N'en parlons plus. Je suis certain que cela ne se reproduira pas.

— Oh non.

— Et j'ai autre chose à vous dire, madame Brock, nous avons décidé que les garçons entreront à Entwhistle dès cet automne, de sorte que nous n'aurons plus besoin de vous, quelque regret que nous ayons à nous séparer de vous.

— Raymond ? demanda-t-elle, désespérément.

La réalité glacée l'encercla, tournoyant dans la tiédeur de l'armurerie.

— Je pense que nous confierons Raymond aux soins de Nannie encore un an ou deux, n'est-ce pas. Il n'a que cinq ans après tout.

— Je comprends.

Mme Brock regarda autour d'elle. Des têtes de renards (soigneusement étiquetées : DÉBUSQUÉ__ TUÉ__ LIEU__ DATE__) étaient suspendues aux murs, souvenirs de glorieux moments. Certaines faisaient vigoureusement saillie sur leur support de bois, oreilles dressées et babines férocement retroussées ; d'autres pendaient piteusement sur de fausses lanières en cuir, oreilles rabattues, langue sortie. Tous les tableaux représentaient la chasse au renard, les chiens ou les grands veneurs. Les chiens vivants, assoupis dans leurs paniers, lui tournaient le dos. Tout dans cette pièce appartenait à un monde différent de Mme Brock, et plus illustre.

— C'est difficile à croire, dit-elle. J'ai été si heureuse…

— J'en suis ravi. J'en suis ravi, l'interrompit vivement le Major. Encore une chose. Nous aimerions que vous acceptiez un chèque pour ce trimestre et le suivant, et un petit présent en gage de, si c'est bien là le mot, quoiqu'il me paraisse bizarre, de notre, euh…

Il poussa une épaisse enveloppe bleue à travers la table. Elle la prit, accablée par un flot contradictoire de regret et de gratitude.

— Nous y avons joint ce que vous appelez, je crois, une référence, excellente.

La voix du Major était redevenue plus naturelle maintenant que la glace de la situation était, pour ainsi dire, brisée.

Mme Brock était stupéfaite de tant de gentillesse.

— Il y a encore six semaines avant la fin du trimestre, Major Massingham.

— Je sais. Mais nous avons décidé de vous libérer immédiatement. C'est la meilleure solution, pensons-nous.

— Je ne comprends pas…

— Moi non plus, par Dieu.

Le Major se leva, impatient de mettre un terme à cette pénible entrevue.

— Enfin, je me vois obligé de vous dire au revoir, madame Brock, en vous souhaitant bonne chance. Je dois prendre le train de sept heures quarante-cinq pour me rendre en ville, et, par Dieu, ça va être juste.

Il éclata d'un gros rire, comme après la trempe de Richard. Puis il lui tint la porte avant de foncer au pas de charge, dans la direction opposée à la salle d'études, la nurserie et l'aile des domestiques, sifflant les chiens et faisant un tapage terrible.

Mme Brock ne s'attarda pas. Elle était en proie à une panique qui la propulsa à travers l'entrée, ses talons caquetant et murmurant alternativement suivant qu'ils foulaient dalles blanches ou peaux de tigres. Comme les chiens aimaient uriner sur leurs têtes empaillées ; des générations de chiens battus, nourris et cloîtrés dans cette famille – telle fut la pensée qui lui traversa l'esprit, comme ça, avant d'ouvrir la porte séparant l'entrée et son escalier de l'autre partie de la maison.

Mme Brock se rendit droit aux toilettes de la salle d'études, où elle fut victime d'une violente diarrhée. Elle se leva du siège en acajou pour tirer la poignée en forme de D qui remplit d'un tourbillon d'eau fraîche le bassin de porcelaine à fleurs bleues, mais elle se rassit immédiatement, « au cas où », suivant cet euphémisme qui dissimulait si utilement tant de choses. L'épuisement provoqué par ce besoin physique la calma. Elle se lava les mains, se moucha et décida d'observer son rituel habituel – un bonsoir enjoué aux enfants avant que Walter lui apportât son plateau.

Mais, à leur porte, elle se heurta à une Nannie inflexible.

— Oh, c'est vous, madame Brock. Je viens de les mettre au lit tous les deux. Je ne les dérangerais pas, si j'étais vous. Richard est calmé maintenant, et Sholto aussi – quel petit diable, ce garçon.

Elle resta dos à la porte jusqu'à ce que Mme Brock, de nouveau vaincue, continuât jusqu'à la salle d'études. Elle pensait, à juste titre, qu'elle trahissait Richard. Elle n'avait pas dit un mot au Major pour la défense du *Trésor de la poésie pour les enfants*. Le mensonge concernant *Robinson Crusoé*, elle ne pouvait ni le comprendre, ni l'excuser. Elle n'avait pas non plus tenté de se défendre ou de s'excuser elle-même. Toute l'affaire était restée dans un brouillard poli de soupçons inexprimés, dans un filet qui l'avait paralysée, la laissant au fond de l'ignorance et de la servilité. Rien n'avait été dit, aussi à quelle accusation aurait-elle pu répondre dans cet univers si policé ?

— Oh, madame Brock... dit Walter, très nerveux, penché sur son plateau. Ce n'est pas vrai que vous êtes... – il trouva ses mots avec effort –, que vous nous quittez ?

— Eh bien, dit-elle, avec une vaillance un peu forcée, les meilleurs amis doivent bien se séparer un jour, n'est-ce pas, Walter ?

— Mais demain...

— Demain ?

— Oui. Demain – dans l'entrée, nous avons entendu le Major commander la voiture pour le premier train.

— Oui. Oui, bien sûr. J'avais oublié que nous en étions convenus. Mes valises seront prêtes pour neuf heures, Walter.

Elle s'assit avec naturel devant son plateau : un potage, un verre de vin, une aile de poulet sous un couvercle en argent. Et des fraises. Walter s'attardait toujours.

— Tout est à votre convenance, madame Brock ?

Oh, s'il pouvait partir avant qu'elle ne fonde en larmes.

— Oui, merci, Walter. Tout. C'est absolument parfait. Merci.

— C'est moi qui vous remercie, madame Brock.

Ainsi, aucun d'eux ne pleura. Aucune convention ne fut transgressée. Elle allait manger son dîner, pour reprendre des forces avant de se mettre à ses bagages. Ce serait difficile de trouver une place à tous les cadeaux de lady Grizel. Elle décida de porter le plus volumineux des deux tailleurs de chez Busvine ; un peu chaud, peut-être, pour la saison, mais un autre cadeau, le chapeau, le chapeau de paille de chez Tagel avec ses roses, donnerait à sa toilette la touche estivale qui lui manquait.

À minuit, toutes ses affaires rangées et empaquetées, l'effet anesthésiant de l'activité faisant place à l'horrible vérité de son expulsion, elle frissonna dans la salle d'études maintenant vide. Elle trouva un soulagement à son état, proche de l'épuisement et du désespoir, dans sa propre prévoyance qui lui avait fait réserver pour plus tard le verre de vin de son dîner – un verre de porto. Walter avait dû penser que cette triste circonstance justifiait quelque chose de plus fortifiant que l'habituel verre de beaujolais ou de vin du Rhin.

Mme Brock se mit à boire à petites gorgées, et, s'échauffant graduellement, passa de l'abattement meurtri à un intérêt plus vif pour ce que lui réservait l'avenir, et décida d'ouvrir l'enveloppe du Major pour évaluer sa situation financière. Compter des billets est toujours revigorant. Le Major Massingham et lady Grizel s'étaient montrés follement, extraordinairement généreux. Mais, après avoir recompté et avoir bu une ou deux autres gorgées de porto, son apaisement et son soulagement firent place à un nouveau doute. Peut-être cette générosité n'était-elle qu'une compensation pour des références tièdes et déshonorantes ? Elle déplia l'épaisse feuille de papier bleu à l'en-tête minuscule, et lut avidement ; elle lut comme ils étaient bons, adorablement bons dans les jugements qu'ils portaient sur elle… patiente et compréhensive… beaucoup d'intérêt pour les chevaux de course… bonne nageuse… musicienne… pleine de tact… nous la recommandons vivement… nous quitte parce que nos fils entrent au collège.

Mme Brock releva la tête et, radieuse, regarda autour d'elle. Elle se retrouvait aux jours où sa salle d'études était non seulement le lieu d'un enseignement simple et heureux, mais un refuge chaud et mystique, l'endroit où réapparaissaient tous les trésors perdus, et un bureau de pronostics hippiques inspirés. C'était avant que l'étude des performances précédentes et une trop grande confiance accordée à des correspondants mal informés n'eussent bouleversé son inspiration. Elle avait passé ici des heures de bonheur inoubliables, tandis que des ouvrages exquis s'échappaient de ses mains diligentes. Une pile de Shetland nuageux attendait encore, commencés pour l'anniversaire de lady Grizel. Elle était légèrement grise maintenant ; la gratitude qu'elle ressentait pour cette référence et sa frénésie d'aimer et de donner la décidèrent à rester debout, toute la nuit si c'était nécessaire, pour achever son dernier tribut à lady Grizel.

Il lui fallut trois heures pour terminer son chef-d'œuvre, puis pour l'épingler, humide, au tapis, soigneusement étalé sous des feuilles de papier, afin de le repasser. Soupirant de plaisir, elle le pendit minutieusement au dossier d'une chaise avant de se déshabiller.

Dans son kimono bleu à fleurs, les cheveux soigneusement enroulés sur des bigoudis en acier, elle revint à la salle d'études. Papier de soie et ruban bleu à la main, elle s'attarda à admirer la beauté parfaite de son ouvrage avant de faire son paquet. Puis elle retira son alliance, et comme le châle passait à travers sans difficulté, la soif de louanges bien connue de tous les créateurs la terrassa. De tels instants n'existent pas réellement s'ils ne sont pas reconnus et partagés, comme un acte d'amour qui n'arrive pas à sa conclusion. Maintenant, le désir brûlant l'habitait de vivre cet instant où la joie et la gratitude de lady Grizel la combleraient de bonheur.

Romantiquement pompette et exaltée, Mme Brock prit alors sa terrible décision. Fortifiée par l'inspiration du porto de Walter non moins que par la glorieuse lettre de référence qui la présentait comme un excellent professeur, une personnalité pleine de tact, et même une bonne nageuse, elle se rendrait, avant que ces certitudes magiques ne s'évanouissent, à la chambre de lady Grizel. Elle apporterait son offrande avec elle, ni froissée ni empaquetée, et la lancerait, aérienne toile d'araignée tissée par l'amour, sur les pieds de lady Grizel. Quelle chance que le Major fût parti à Londres ; même dans son état présent, elle imaginait mal sa réaction en cette circonstance.

Pas un bruit dans les longs couloirs de la grande maison quand Mme Brock se lança dans son aventure. Ses mules claquèrent doucement sur le lino noir et blanc du couloir de la salle d'études, avant de s'enfoncer dans le silence des tapis dès qu'elle eut passé la lourde porte préservant le calme et la distance de l'autre univers de Stoke Charity. La maison comprenait des mondes différents, chacun conçu pour ses occupants particuliers : maîtres, invités, nannies, gouvernantes. À l'intendante, sa chambre, au maître d'hôtel, son office, aux femmes de chambre leur aile – une place pour chacun et chacun à sa place. Et la place la plus incongrue pour Mme Brock – et de plus à quatre heures du matin –, c'était la chambre de lady Grizel. Cette pièce était le sanctuaire de son intimité. C'est là que ses vêtements et sa lingerie se trouvaient cérémonieusement étalés. Là qu'avec un soupir elle se débarrassait de ses corsets, délacés. Un endroit où personne ne pénétrait, sauf pour le service et pour l'amour.

Ce haut lieu du privilège avait ravi Mme Brock en ces rares occasions où – en l'absence de lady Grizel – Julia l'y avait amenée, éperdue d'une admiration désintéressée devant le luxe de l'être aimé. « Tout vient de chez Waring et Gillow », avait précisé Julia en montrant le gigantesque arsenal de la garde-robe, comportant toutes les dispositions et tout l'espace nécessaires à tous les vêtements imaginables. Mme Brock avait acquiescé de la tête et reporté son attention sur le grand autel de la coiffeuse, prodigieusement pourvu de vastes surfaces et de petites étagères : œillets de la Malmaison et, en hiver, violettes de Parme dans des vases en cristal se dressaient au milieu des brosses en or et écaille de tortue et des photographies des garçons quand ils étaient bébés – chérubins potelés, aux épaules appétissantes d'où tombaient des flots de mousseline. Elle avait du mal à imaginer les originaux de ces images, une fois grands, sous les traits de leur père. Sa photo légèrement teintée – mâchoire carrée, casquette de chasse enfoncée sur les yeux (immortalisé avec sincérité par Keturah Collins) figurait, dans un cadre d'argent, à côté de celles de ses enfants.

L'image du Major Massingham, évoquant des broussailles pleines de renards, des chenils pleins de lévriers, et des écuries pleines de chevaux, formait un contraste provocant avec la douceur, le confort et la beauté de la chambre de sa femme.

Là – Mme Brock les y avait respirées – régnaient des senteurs agréables dans une tiédeur perpétuelle. Sur la chaise longue (chaque chambre possédait sa chaise longue) s'empilaient des coussins rebondis dans leurs housses de mousseline, auprès d'appuie-tête plus petits, aux rubans pâles insérés dans des entre-deux de dentelle. Ni Julia ni Mme Brock n'avaient longtemps regardé ou contesté la présence du grand lit de cuivre, d'une laideur impardonnable, au sommier parfait pour l'amour et le sommeil. Mais ce soir, rompu le charme de la distance et de l'inviolabilité sacrée, Mme Brock y trouverait lady Grizel seule. Elle l'éveillerait pour qu'elle acceptât son présent, comme on s'éveille aux plaisirs du sabot de Noël.

Lady Grizel n'était pas seule quand Mme Brock, après un coup discret à la porte, entra dans la chambre. Il y avait deux chiens avec elle sous l'édredon, dans le grand lit où ils jouissaient tous les trois d'une délicieuse camaraderie. Elle aimait assez ces nuits solitaires où les Grands Veneurs de l'Association de la Chasse au Renard, ou toute autre noble occupation, retenaient le Major loin d'elle. Il n'aimait pas avoir des chiens dans son lit, aussi n'était-ce qu'en son absence que lady Grizel pouvait accorder à ses chéris un plaisir qu'elle appréciait autant qu'eux.

Au coup frappé par Mme Brock, lady Grizel remua la tête sur ses oreillers en marmonnant. Les chiens se tournèrent sous l'édredon, en grondant. Mme Brock s'approcha du lit et resta immobile, petite personne décente et correcte dans l'aube naissante, son cadeau à la main. Elle aurait pu jeter son châle sur l'édredon, où il n'aurait pas pesé plus qu'une brume. Elle aurait pu se retirer sans un mot, emportant avec elle le souvenir inoubliable de sa propre réserve. Mais les chiens, qui n'acceptaient que les gens se trouvant à leur place attitrée, surgirent de sous l'édredon, aboyant à tue-tête et réveillant pour de bon lady Grizel qui s'assit pour leur imposer silence, et se figea d'étonnement à la vue de Mme Brock. La réticence qu'elle pouvait avoir éprouvée à la renvoyer s'évanouit immédiatement. Dans des univers séparés, elles se regardaient fixement.

— Lady Grizel – la voix lui manqua –, je voulais vous voir seule. Dites-moi ce que j'ai fait, ce qui s'est passé.

— Le Major Massingham vous a parlé, et je ne peux vraiment rien vous dire de plus, n'est-ce pas ?

— Oh, mais tout cet argent ? La merveilleuse référence ?

— Oui, je trouve que nous nous sommes assez joliment exprimés.

Mme Brock s'approcha encore un peu du lit.

— Mais si vous avez si bonne opinion de moi, pourquoi voulez-vous que je m'en aille ?

— Oh, retournez vous coucher, madame Brock !

Lady Grizel ressentait autant d'inquiétude et de répulsion qu'elle en aurait éprouvé à l'approche d'un amant importun. Elle était très belle, assise au milieu de ses oreillers, ses perles (elle portait toujours ses perles au lit) luisant doucement sur sa chair endormie, dans l'échancrure de sa chemise de nuit blanche à manches longues.

— Mais savez-vous que je vous aime ? s'écria Mme Brock. Mme Brock vous aime, lady Grizel.

— Madame Brock, avez-vous perdu l'esprit ?

Mme Brock s'approcha encore.

— Je vous aime, dit-elle, et je serai toujours près de vous, où que j'aille et quoi qu'il arrive. Je vous ai apporté ceci – je crois que c'est le plus bel ouvrage que j'aie jamais…

Enfin muette, elle jeta l'impalpable châle à travers le lit. Sous son faible impact, les chiens se remirent à aboyer, tandis que lady Grizel, outrée, se renversait sur ses oreillers.

— Vous devez être surmenée, dit-elle avec une inimaginable froideur. Allez vous recoucher tout de suite – immédiatement. Et remportez ça. Je n'en ai pas besoin.

Elle chiffonna le présent et le lui rendit.

— Essayez de dormir, ajouta-t-elle, un peu radoucie. Je suis sûre que Julia vous réveillera à temps pour votre train. Julia pense à tout.

Mme Brock resta pétrifiée, sans un mot, sans une larme, le châle bouchonné sous son bras. Lady Grizel n'ajouta pas un mot. Elle regardait la porte et Mme Brock comprit.

Le jour du départ de Mme Brock fut pour Richard l'un des plus heureux de son enfance. Nannie les appela de bonne heure pour monter leurs poneys. Accompagnés de leur palefrenier préféré, ils firent les clowns pendant une bonne heure, riant de ses plaisanteries, indolents et oublieux de leurs qualités de cavaliers. Pas de « talons baissés, monsieur Richard », ou de « assis en arrière, monsieur Sholto », seuls conseils donnés en ce temps-là avant l'entrée au club d'équitation. Richard rentra à la maison prendre un second petit déjeuner, le chagrin et la honte de la veille déjà adoucis. La nouvelle que Mme Brock avait été appelée à Londres ne lui fit pas grand effet. Non seulement il n'y aurait pas de leçons ce jour-là, mais ils iraient à Moribound après le déjeuner ; lord Lapsely de Derkley, grand ami de Maman, y possédait un zoo privé, où une biche venait de mettre bas, et où un tigre avait dévoré la tête d'un petit garçon il y avait seulement une semaine.

Après un après-midi passionnant et un thé délicieux, Richard remonta en gambadant à la salle d'études, sans aucune pensée de poésie dans la tête, et vaguement embarrassé au souvenir des cajoleries de Mme Brock, la veille. La pièce était étrangement en ordre : tous les livres de classe étaient rangés ; les boîtes de crayons bien droites ; le piano bien fermé, sans qu'aucune partition n'agitât ses feuilles dans l'air vide. Les souris blanches auraient pu être en sucre tant elles restaient immobiles dans leurs petits compartiments, et les perruches boudeuses gonflaient leurs plumes en silence, attendant dans leurs cages les trilles et les accords qui les feraient pépier et agiter les ailes, en extase.

Richard rôda un moment sans bruit. Il décida de nettoyer les souris pour qu'elles sentent bon au retour de Mme Brock ; mais au fond du buffet où l'on rangeait ces choses, il ne trouva pas les journaux sur lesquels il vidait d'habitude les cages. Un ordre exemplaire régnait dans le buffet ; même la collection de bouts de ficelle de Mme Brock avait délaissé son crochet. Les graines n'étaient plus dans leurs paquets colorés, on les avait vidées dans un bocal de verre à gros bouchon. Richard ressentit de l'appréhension, un léger frisson. Il pensa à aller voir dans la chambre de Mme Brock pour se rassurer, à la vue de ses affaires, sur sa présence et sa personne, mais il avait peur maintenant de ne rien trouver. Et peur que Nannie le surprenne à ne rien trouver. Il espérait que Walter serait à l'office, pour en obtenir quelques journaux et nettoyer comme il fallait ces braves souris. Il ne voulait pas s'avouer que Walter aurait peut-être des nouvelles pour lui.

À l'office, où de hautes armoires sombres s'alignaient le long des murs, séparées par des bandes de serge verte, Walter pleurait en silence ; ses larmes tombaient sur les verres qu'il essuyait pour le dîner, anéantissant son travail, mais il était dans cet état d'accablement où la répétition d'une tâche semble consolante.

— Je voudrais des journaux, dit Richard, ignorant ses larmes. Je vais nettoyer ces sales souris avant le retour de Mme Brock.

— Elle est partie pour de bon, monsieur Richard.

Walter ressentit un frisson d'excitation à lui annoncer la nouvelle. Ce ne fut pas un choc pour Richard. Il s'y attendait.

— Oui, je sais, dit-il. Je vais les nettoyer quand même.

— Elle les aimait, ces maudites souris, sanglota Walter.

De voir Walter, un adulte, un serviteur, pleurer bêtement, des larmes de domestiques, des larmes que le décorum interdisait à la nurserie et à la salle d'études, atténua la honte de Richard d'avoir récemment contrevenu à la première règle de la vie – les garçons ne pleurent pas. Il éprouva une supériorité satisfaite à se découvrir le plus grand des deux, celui qui ne pleurait pas, et celui qui avait le pouvoir de consoler.

— Walter, dit-il, voudriez-vous m'entendre réciter l'un de mes poèmes ?

Walter ne répondit pas. Il était vraiment bouleversé.

— D'accord – vous êtes prêt ? Je commence : « Il disparaît au loin sur la rivière[1]... »

---

1. « She is fading down the river », poème d'Henry Newbolt sur le vaisseau *Fighting Téméraire*. (*N.d.T.*)

Richard fit une pause pour assurer son ascendant sur son auditoire – « Il disparaît au loin sur la rivière… ».

— Pauvre femme, dit Walter éploré, quand Richard s'arrêta enfin : ça fait des heures qu'elle aura disparu de la gare de Paddington. Pauvre femme. Et dans cette foule !

5

Maman n'aimait pas tellement la voix de Mme Brock.

— Toujours un peu à côté de la note, disait-elle, avec une indulgence glacée. Comme les enfants n'ont aucun don pour la musique, cela n'a pas vraiment d'importance, et la salle d'études est assez éloignée…

Je fus surprise et blessée de ce jugement, car je commençais à m'enorgueillir de ma voix, grâce aux encouragements de Mme Brock, et j'apprenais *Two Little Girls in Blue, Dears*, chanson qui me permettrait de plonger tout le monde dans l'admiration à l'arbre de Noël de l'école. Même si j'avais possédé la plus belle voix du monde, on m'aurait déconseillé de mettre à exécution cette idée d'un goût déplorable.

Mme Brock trouva la vie en Irlande totalement différente de ce qu'elle avait vécu jusque-là, bien que, pour l'essentiel, ses rapports avec la famille fussent les mêmes. Maman fuyait toute familiarité avec la salle d'études. Il n'existait pas le moindre pont pour enjamber cet abîme – pas même une laisse de chien à retrouver. Notre maison se dressait à la jonction de deux chemins carrossables et à un bon demi-mile de toute route ; pas de jeunes faisans à déranger dans notre marécage ou au bord de notre rivière, seulement des cygnes sauvages et des bécassines, aussi nos chiens, d'ailleurs peu nombreux, n'avaient-ils pas besoin de laisses. Tout contact ou familiarité avec Maman était aussi éloigné de son orbite que l'étaient les oiseaux. Comme dans le Dorset, les domestiques aimaient Mme Brock. Ici, ils étaient bavards et exubérants, parlant une langue étrange où elle s'étonnait de ne jamais entendre les mots « Par Dieu », mais elle les entendait marmonner au loin leur rosaire à l'heure du coucher.

Le matin, elle se réveillait au bruit de leurs pas, quand les servantes balayaient la poussière sous le canapé de la salle d'études, et allumaient des feux crépitants à l'odeur d'alcool, à huit heures. Elles portaient des médailles religieuses et des scapulaires sous leurs robes en coton, et mangeaient l'amidon de la blanchisserie, en partie pour maigrir, et en partie parce qu'elles avaient faim. Elles n'espéraient pas grand-chose à manger, à l'époque, et il est certain qu'elles avaient raison. La salle à manger et l'office n'avaient pas le même ordinaire. Mme Brock leur rapportait des biscuits quand elle nous emmenait en promenade jusqu'au village sur la rivière où deux petites épiceries étaient tapies, sombres et basses, sur un terre-plein, entre des maisons du dix-huitième siècle et les ruines d'une grande usine de laine, qui surplombait le courant.

Hubert et moi adorions Mme Brock. Nous revivions avec elle la vie de Stoke Charity (des années plus tard, Richard devait contredire ou clarifier un grand nombre de ses récits) ; elle nous parlait des garçons et de leurs fougueux poneys, et nous admirions leur courage avec un respect confinant à la crainte. À cette époque, nous détestions nos poneys, et Mme Brock nous encourageait à mettre pied à terre et à mener ces sales bêtes par la bride au-dela des endroits où ils feignaient de voir des fantômes pour rentrer ventre à terre à la maison.

Elle acceptait sans commentaire la fixation grotesque et sentimentale que je faisais sur Maman. Elle imaginait des pochettes à mouchoirs, des pochettes assorties pour chemises de nuit, des housses à bouillottes, des ronds de serviette en raphia, des chauffe-œufs en forme de têtes de poules, et d'innombrables autres objets que je cousais, le cœur gonflé d'excitation passionnée aux idées de don et de gratitude. La confection de toutes ces choses m'emplissait d'un grand bonheur, et le génie pratique de Mme Brock à transformer les bouts de chiffon inutilisables en babioles encore plus inutiles créait entre nous un accord chaleureux.

Maman nous échappait à tous. Les marées de sa peinture et de son jardinage, et les grandes marées de sa vie avec Papa mettaient un océan entre nous – aucun de nos pas ne restait marqué sur les sables. Quand nous avions peiné (non sans plaisir) pendant des heures pour lui cueillir des violettes sauvages :

— Oh, mes chéris, n'en cueillez plus, je vous prie, disait-elle. Pauvres petites. Merci, oui, elles sentent merveilleusement bon, merci beaucoup.

Et elle les posait à côté de son assiette, ou emplissait d'eau un verre où elle les fourrait avant de les oublier. Je les avais vues, après, sur le plateau du dîner, à l'office, au milieu des cuillères et des fourchettes du déjeuner. Là, elles perdaient tout leur prestige, comme si leur parfum n'avait été perceptible que pour nous et que l'éclat de leurs bleus se fût éteint dans nos yeux.

Mais les cadeaux pratiques nous valaient des remerciements sincères, qui me plongeaient souvent dans le contentement.

— Exactement ce qu'il me fallait. Regardez, chéri (à Papa), un essuie-plume. Elle sait comme j'aime écrire des lettres.

Et ils riaient tous deux sans retenue. C'est lui qui me caressait la tête et m'embrassait, m'enlevant dans ses bras de sorte que mes jambes gainées de bas noirs pendaient sous moi – il était très tendre dans les plus petites caresses.

Parfois, Maman touchait Hubert – toujours avec beaucoup de réserve. Elle n'essaya jamais de le peindre. Elle l'appelait « My black Bubbles ». Comme elle détestait ce tableau magnifique de sir John Millais ! dont le personnage ne présentait absolument aucune ressemblance avec Hubert, qui était bronzé comme un enfant italien, partout où le soleil pouvait pénétrer à travers les vêtements d'un enfant de notre époque – pull bleu marine et pantalon court tombant aux genoux. Déjà, il se servait de sa beauté comme d'un bouclier à l'abri duquel il faisait des remarques choquantes en zézayant :

— Z'ai vu une çoze terrible, z'ai vu un écureuil pondre des noisettes.

Elle riait avec lui.

Comment lui plaire ? Pendant l'heure que nous passions au salon après le thé, je restais assise en silence avec ma jupe plissée, mon médaillon de baptême – perles et turquoise – pendu à mon cou au bout de sa chaîne d'or, mes pieds serrés comme dans un étau dans mes sandales de danse lacées, de couleur bronze. Tandis qu'Hubert s'absorbait à construire une échelle ou un chenil avec son Meccano, je restais immobile et muette, intérieurement vibrante et torturée du désir de faire bonne impression. J'essayais :

— Nous sommes allés nous promener aujourd'hui.

— Ah oui.

— Nous avons traversé le Parc des Chevaux et nous sommes revenus par le Chemin des Dames...

Elle retournait la montre en émail bleu décorée d'un oiseau en diamant sur le dessus et fixée à son corsage par un nœud de brillants, et la consultait avec ennui :

— Oui, et qu'est-ce que ma petite fille pétillante a vu pendant sa promenade ?

Au moment du coucher, j'aurais pu assembler une liste de vingt nouvelles étonnantes – depuis le saumon sautant sur la rivière jusqu'à la corneille pondant son, euh, son… dans le chapeau de Mme Brock. Mais, sur le moment, interrompue dans mon récital, je restais coite un moment avant de bredouiller :

— J'ai vu un lapin.

— Un lapin ? Vraiment ? Comme c'est intéressant. Rien pour ton herbier par exemple ?

Nous n'avions pas accordé l'ombre d'une pensée aux fleurs sauvages au cours de cette heureuse promenade, ni aux herbes, ni aux nids d'oiseaux, ni au frai des grenouilles ; nous étions suspendus aux bras de Mme Brock, transportés par ses récits de la vie luxueuse et facile à Stoke Charity. Nous vivions avec Richard, Sholto et lady Grizel ; nous sentions presque le goût des délicieux petits soupers que Walter lui montait à la salle d'études. En vérité, ces soupers avaient un peu le goût de la nourriture factice de maison de poupée d'Hunca Munca dans les *Deux Vilaines Souris*, mais la vie qu'elle insufflait à ses histoires maintenait notre curiosité en éveil, comme le feraient plus tard les commérages fielleux sur l'amour ou l'argent.

Toujours en quête d'occupations utiles, Mme Brock trouva dans l'armoire à linge un déversoir à son activité. Cette immense et sombre caverne ravagée par les souris se dressait au bout d'un couloir ; derrière s'ouvrait une petite fenêtre, voilée de vigne vierge, qui dispensait un peu de lumière sur les imposantes étagères. Dans notre maison, le linge s'était usé, ou avait été volé par des générations de servantes, ses gardiennes et ses raccommodeuses, qui avaient charge de la clé. On appelait la femme de chambre actuelle Wild Rose ; elle avait le sang chaud, comme disaient les palefreniers en la plongeant dans un baquet d'eau du jardin. Rose, poussant des cris perçants, s'amusait autant que les autres, mais, assez naturellement, finit par perdre la clé de l'armoire à linge au cours de ces ébats.

Le don fatal de Mme Brock vint à son secours. Quand elle apprit qu'un marquis venait chez nous pour la chasse de Cloneen, et qu'il n'y avait pas de draps pour son lit parce que la clé était perdue, la fatale sensation s'empara d'elle et elle se mit en quête de la clé, avec un triomphe renouvelé. De la clé retrouvée, il n'y avait plus qu'un pas pour arriver à l'armoire à linge, avec ses piles muettes et ravagées de draps et de taies d'oreiller, de nappes, de serviettes, de rideaux passementés et de vieilles étoffes imprimées oubliées depuis longtemps.

— Rose, dit-elle, nous allons trier tout cela et *moi*, je le raccommoderai.

— Oui, un de ces jours quand il pleuvra, dit Rose.

— Il pleut à verse aujourd'hui. Nous allons commencer tout de suite.

— Oh, madame Brock, protesta Rose, le lit de monsieur le marquis n'est pas fait, et j'ai des canards à tuer pour la cuisinière.

Mme Brock savait que tuer les canards faisait partie des dons et des plaisirs de Rose, mais elle tint bon et conserva la haute main sur l'armoire à linge, où elle découvrit des choses rares et des choses moisies. Triant, rapiéçant et raccommodant, ses mains infatigables avaient toutes les habiletés.

C'est Rose qui lui apporta la veste préférée de Papa en tweed clair, trouée aux coudes, élimée aux poignets, pour laquelle il nourrissait une adoration obstinée. Mme Brock étala la veste sur la table, stimulée par les problèmes qu'elle posait, et se mit à travailler au milieu des odeurs qui l'imprégnaient : fumée de tourbe et racine de bruyère brûlée – l'étoffe avait été tissée à la main chez des paysans. Puis, sur cette base, s'élevèrent d'autres senteurs, faibles et insaisissables. Celle du tabac égyptien était la plus persistante, dominant la sueur de cheval des basques et le sébum du col. À mesure que la veste se réchauffait sous ses mains et sur ses genoux, une présence masculine l'enveloppait et l'imprégnait.

Papa remarqua le miracle exécuté sur son vêtement favori.

— Vous vous êtes souvenue de faire réparer ce vieux vêtement par Rose. Vous savez que je l'adore, dit-il à Maman. Cette brave Rose, je savais bien qu'elle en serait capable. Elle ne donne sa mesure que sous la cravache.

— Je ne sais pas de quoi vous parlez.

— Mais si, vous le savez, vous m'aviez dit de la jeter.

— Oui, et je regrette que vous ne l'ayez pas fait. La couleur ne vous va pas très bien.

Perdue dans sa contemplation, Maman regardait en lui, à travers lui.

— Extraordinaire.

Il leva le bras, aile de coq de bruyère ; il lissa avec plaisir son vieux plumage.

— Je lui donnerai un demi-souverain pour ce travail, dit-il avec une ferme résolution.

C'était plus que je n'en pouvais supporter.

— Moi, je sais. Je sais qui a fait ça. Est-ce que je dois vous le dire ? Je dois ?

— Oui, si tu veux.

— C'est Mme Brock. Vous me donnez le demi-souverain pour elle ?

— Non, Aroon, ce n'est pas possible. Je ne peux pas donner un demi-souverain à Mme Brock. Que puis-je lui donner ? dit-il, consterné.

— Je ne sais pas, c'est assez gênant. Ne comptez pas sur moi.

Maman dériva loin du cercle familial. D'une voix lointaine, elle affirma plus clairement :

— Je regrette qu'elle n'ait pas autant de succès avec ton français. Cela l'occuperait utilement.

— *Le-chêne-un-jour-dit-au-woseau**[1], ânonnai-je.

---

1. Les mots en italiques suivis d'un astérisque sont en français dans le texte. (*N.d.E.*)

— *Roseau*, dit-elle, corrigeant mon accent – l'accent de Mme Brock – d'un ton pincé et réprobateur.

Le mot *roseau* sonnait bien plus joliment quand elle le prononçait.

Il me tardait d'être dans la salle d'études, annonçant joyeusement à Mme Brock, ravie, le plaisir et la reconnaissance de Papa. Mais, pendant quelques jours, je gardai la nouvelle pour moi. En quelque sorte, mon enthousiasme se trouvait maintenant sottement tempéré par l'attitude de Maman – comme si Mme Brock s'était accordé un plaisir indu. Pourtant, brillant de me donner de l'importance et le cœur débordant d'amour, je ne pus finalement pas résister au désir de plaire.

Ce fut au cours d'une journée follement heureuse au bord de la mer que je révélai à Mme Brock le grand plaisir de Papa. Notre gras poney d'Islande nous conduisit à cinq miles, sur le rivage de notre mer la plus proche ; le vent ébouriffait la longue étendue de sables d'or comme les plumes sur le dos d'un oiseau. Nous allions si rarement à la mer ; jamais nous n'avions ramassé autant de porcelaines, petits cochonnets rebondis et humides, précieux comme des perles au milieu des cailloux, que ce jour-là. Ivre et forte du plaisir et de la magie d'une journée loin du sombre juillet à l'intérieur des terres, je coinçai le bas de ma robe dans ma culotte et courus, hurlant ma liberté comme un oiseau de mer. Hubert se mit en devoir de pêcher des crevettes, tout seul, dans les flaques des rochers ; Mme Brock ne l'accompagna pas et ne lui donna aucun conseil. Et elle ne se joignit pas à moi, pour courir et hurler. Elle riait seulement en me regardant, et se creusa une tombe dans le sable pour s'abriter après avoir mis la bouteille de lait au frais dans une flaque. Je savais qu'elle était de mon côté, et qu'elle s'intéressait moins à Hubert.

Sous des capes d'éponge rayée, nous nous changeâmes pour notre bain ; Hubert aussi avait sa cape, et Mme Brock s'abritait en plus derrière un rocher.

Nous pataugeâmes, criant et nous éclaboussant, tandis que Mme Brock nageait pour de bon. Je regardai son corps rebondi, torpille à volant dans son costume de bain noir, debout sur un rocher, énergique et ridicule, puis elle plongea – plongeon joyeux dans l'eau profonde. Enfin elle s'éloigna dans la baie, avec la force et la légèreté d'un phoque ; et vraiment, quand l'eau eut collé à son corps son costume de bain noir, elle eut toute la rondeur vigoureuse du phoque – la même aisance souveraine, et le même plaisir à s'ébattre dans un élément qui m'effrayait. Elle revint bientôt à notre profondeur et nous donna une leçon de natation. Je tins quatre brasses de plus qu'Hubert, et personne ne vint me dire : « Il n'y a pas de quoi te vanter, n'est-ce pas, Aroon ? Il a trois ans de moins que toi, après tout. »

Tout en me séchant et m'habillant, je lui expliquai ma technique supérieure ; il claquait des dents si fort que j'avais du mal à m'entendre.

Après le thé, Mme Brock bâilla et se recoucha dans sa tombe tandis que je m'amusais à lui enterrer les pieds dans le sable. Elle ne disait rien, mais quand je les avais recouverts et tassé le sable de la main, elle sortait un orteil qui brisait la croûte de sable humide. Je ressentais cela comme une plaisanterie secrète entre nous, et dans ce moment extraordinaire d'intimité et d'amour, j'éprouvai le besoin irrépressible de lui donner quelque chose. Ce que je fis : je lui parlai du plaisir qu'avait manifesté Papa quand elle avait remis sa veste en état. Elle m'écouta avec attention, assise bien droite, les pieds toujours enterrés sous leurs petits monticules de sable. Je savais qu'elle était tendue de plaisir ; mais alors même que j'étais encore dans la joie du récit, les paroles ayant à peine passé mes lèvres, je sus aussi que sa réaction se plaçait à un niveau différent de la mienne – niveau étranger et secret qui me laissait à l'extérieur, messagère et non participante.

Hubert revint vers nous, sans crevettes dans son seau. Nous rangeâmes les tasses du pique-nique et tous les papiers, et Mme Brock mit dans son sac la boîte d'allumettes remplie de porcelaines, puis nous allâmes à pied au village où nous avions laissé le poney à l'abri des mouches dans une minuscule étable puante appartenant au pêcheur dont les homards allaient nous coûter deux shillings pièce.

— Il vient tout juste de partir relever les nasses, nous dit sa femme. Tommy Nangle l'a laissé tomber. Allez donc voir Mlle Enid et M. Hamish à Gull's Cry en attendant qu'il revienne.

— Oh non ! Non, madame Brock, n'y allons pas.

Mlle Enid et le pauvre M. Hamish étaient nos cousins, les cousins de Maman, et ils habitaient dans un petit manoir délabré surplombant la baie du haut de la falaise. Ils n'avaient pas du tout d'argent ; Maman disait qu'ils se nourrissaient de maquereaux et d'algues. Nous avions horreur du baiser piquant de la cousine Enid et des silences baveux du cousin Hamish. Alors nous préférâmes attendre, assis sur le petit mur, au-dessus des filets qui emplissaient le fossé à nos pieds.

— D'une minute à l'autre maintenant, répétait la femme de temps en temps.

Elle ne voulait pas que nous partions sans les homards, qui n'étaient pas encore payés. Enfin les pêcheurs rentrèrent, tenant à la main les homards bleus et humides qui se cambraient, pinces attachées, et qu'ils posèrent par terre dans notre petite carriole, vigoureux et gigotants et destinés à une mort prématurée. Mme Brock paya. Nous remerciâmes et montâmes dans la carriole de notre gouvernante rebondie derrière le gras poney qui se hâta vers la maison.

Quitter la mer au soir, c'est un peu mourir – séparation de deux mondes. Tournant vers l'intérieur, nous passâmes devant la Tour Ronde et l'église sans toit, où les petites sculptures primitives des apôtres, érodées par le temps et les vents marins, se réduisaient maintenant à des pouces gravés dans la pierre. Dans la baie, les petits bateaux, tirés sur la plage, étaient couchés sur le flanc, maladroits et disgracieux comme des cygnes hors de l'eau. Les casiers à homards empilés les uns sur les autres formaient des châteaux emmaillotés dans le soir ; et, reconnaissable comme une odeur de cuisine, le relent salé et croupissant des algues nous suivait sur la route. Mme Brock fouettait le poney avec une branche de frêne ; la voiture tourna vers l'intérieur en soulevant un nuage de poussière qui se reposa sur les églantiers du chemin.

— Moi sommeil, dit Hubert, encore bien loin de la maison.

Ce parler enfantin indiquait toujours sa fatigue.

— Moi très sommeil.

— Nous serons bientôt rentrés, mon poulet, dit Mme Brock, fouettant de plus belle tandis que les homards sautaient et ballottaient à nos pieds. Voulez-vous un biscuit ?

Hubert verdit.

— On est bientôt arrivés ? Pourquoi on a attendu ces pauvres homards ?

— Oh, Hubert ! Vous savez que Père aime le homard.

— Papa, corrigea Hubert d'une voix faible.

À trois longs miles encore de la maison, nous rencontrâmes Ollie Reilly, jeune palefrenier dont on avait interrompu la soirée en compagnie de Wild Rose pour venir à notre secours. Il conduisait la jument alezane, distinguée et arrogante, attelée à la charrette anglaise ; elle ne cessa de remuer et de piaffer tandis qu'Hubert et moi montions nous asseoir, côte à côte sur le siège couvert de flanelle capitonnée.

— Qu'est-ce qui l'a retenue ? dit-il, montrant de la tête Mme Brock dans la carriole, s'escrimant loin derrière nous au milieu d'un nuage de poussière. Le Major était sûr que vous aviez eu un accident.

— Elle nous a fait attendre les homards.

Hubert, revenu à la vie, était pétillant d'informations.

— C'est une heure pour des fichus homards, ça ? remarqua Ollie Reilly moqueur.

— Les bateaux sont rentrés tard et Mme Brock (et non « elle ») sait que le Major aime le homard, rétorquai-je avec colère.

Il ne répondit pas. Il rumina ce que j'avais dit en fouettant la jument. Éloigné de Rose ce soir-là, fille très courtisée qui ne l'attendrait pas une deuxième fois, il reportait sa déception et son irritation sur Mme Brock.

De ce moment, les manières de Rose prirent une nuance subtile mais évidente, une sorte de familiarité envers Mme Brock. Elle venait se pavaner à toute heure dans la salle d'études, dans sa robe de coton rose bien amidonnée, laissant derrière elle des cols de chemises à retourner, des chaussettes trouées à raccommoder, et des manches de pyjamas à recoudre. J'avais l'impression qu'elle nourrissait Mme Brock. Raccommoder les chaussettes n'était pas une petite affaire : Mme Brock tricotait et tissait des talons pour ces chaussettes, bientôt retransformés en trous béants qu'y perçaient les souliers mouillés dans le marécage – et rien ne décourageait les doigts de fée de Mme Brock.

Papa ne la remercia jamais explicitement de tout ce labeur. Parfois, pendant le déjeuner, s'il portait un vieux fantôme de l'ancien temps ressuscité par ses soins, il tapotait le vêtement avec satisfaction en la regardant – regard qui semblait un rai de lumière venu d'une étoile lointaine, regard qui suggérait plaisir et bonté.

Un jour vint pourtant, sûrement, où il trouva que ces regards silencieux de connivence reconnaissante ne suffisaient pas, et il arriva à la salle d'études un joli paquet timbré de Londres. Des chocolats. Des chocolats exquis et coûteux.

— Les meilleurs, déclara joyeusement Mme Brock. Charbonnel et Walker.

Chocolats à la liqueur et à la crème au café, truffes poudrées, roses en sucre cristallisé, violettes confites, et chaque rangée luisait doucement, toutes les couches superposées dans la grande boîte, chaque chocolat aussi beau qu'un chocolat devrait toujours l'être.

6

C'est vers cette époque que Papa décida de nous apprendre à monter sérieusement, et comme notre souffrance s'en accrut ! Je sais qu'il était un cavalier parfait, avec une assiette magnifique, et la maîtrise totale de n'importe quel cheval, mais en tant que moniteur, il était incompréhensible, impatient et énervant.

Irrité et consterné, il nous regardait, livides, cramponnés à nos poneys qui refusaient énergiquement de sauter une petite haie d'épineux que nous aurions facilement sautée à pieds joints. Ils galopaient assez volontiers, et nous faisaient vider les étriers sous les branches basses de quelque arbre dans le champ aux allures de parc où ces exercices avaient lieu.

Refusant la défaite, il nous obligeait à rattraper nos poneys et, quand nous nous étions remis en selle, il les faisait sauter par-dessus les épineux au bout d'une longue corde, tandis qu'un palefrenier hurlait pour les encourager à prendre leur vol.

Ils sautaient alors avec un abandon extraordinaire, et nous nous envolions par-dessus leurs têtes avec un abandon tout aussi extraordinaire ; il éclatait de rire, et nous, nous sanglotions.

Des terreurs, mieux accordées à la flagellation ou à la pendaison, nous possédaient pendant la poursuite de notre éducation équestre et de celle de nos poneys. Nous adorions Papa, et sa désapprobation sans espoir paralysait le peu de plaisir et de confiance que nous ayons jamais eu en nous et en nos poneys.

Un jour terrible, je hurlai et refusai de remonter après une chute à me briser les os ; alors il me considéra, amer et désapprobateur, et dit :

— Ne remonte pas si tu ne veux pas, bien sûr – ramène ton poney à l'écurie.

Ce que je fis, humiliée et reconnaissante, et en chemin je rencontrai Mme Brock qui essuya mes larmes et tamponna mon nez rouge et gonflé, puis m'encouragea à remonter, conduisant gentiment mon poney par la bride, d'une main inexperte, jusqu'à ce que j'eusse rétabli quelque contact avec lui.

— Ne le conduisez plus, dis-je avec importance. Où alliez-vous ? Je vous accompagne. *Non*, Fée, pas par là.

— Fée sait qui commande, dit Mme Brock avec admiration.

Fortifiée par sa flatterie, je talonnai ma monture et entrepris de mater la fougueuse Fée.

Peu après cette triste séance, Papa, solitaire, chevauchant un jeune cheval (sa patience émoussée et épuisée par nos fréquents échecs, il avait temporairement renoncé à ses leçons, trop inquiet et honteux de notre couardise) assista à un spectacle surprenant, et pour lui, enchanteur : Hubert et moi, nous galopions vers l'obstacle sans aucun fouet sifflant derrière nous, sans larmes coulant sur nos visages rougis.

L'obstacle qui nous attendait n'était pas une de ces méchantes petites haies d'épineux, mais un fossé aux bords arrondis, qui serpentait sous les hêtres, plein de feuilles mortes. Sur l'autre bord se dressait Mme Brock, une carotte dans une main, un chocolat (Charbonnel et Walker) dans l'autre. Poneys et enfants se ruaient vers leur récompense. Papa tourna son cheval et s'éloigna, branlant du chef. Il ne pouvait ni comprendre ni discuter la question, mais l'absurde succès de Mme Brock à nous donner confiance en nous lui conféra une importance qui, pour Papa, dépassait de beaucoup la gratitude inexprimée qu'il éprouvait pour la restauration de ses vieilles nippes.

À cette époque, on n'admettait pas que quiconque pût être lâche, même un jeune enfant. Il fallait être dur pour qu'on vous accorde de l'importance ; le courage était normal et admiré. Un enfant lâche était une plaie cachée, et un enfant qui avouait haïr son poney était comme un lépreux dans notre société. Il sembla à Papa que Mme Brock avait sauvé notre honneur et restauré son crédit. Bien qu'inexprimée, la considération qu'il lui voua rétrécit le gouffre qui les séparait.

Cet automne-là, Mme Brock vécut un bonheur sans mélange. Son influence sur nous et nos poneys était maintenant reconnue. On la persuada de nous faire sauter des obstacles plus sérieux que le modeste fossé. Elle et Papa cheminaient dans les champs côte à côte. Parfois, il l'aidait, avec une courtoisie distante, à franchir un trou ou une fondrière. Elle ne disait rien. Mais le bonheur qu'elle irradiait en sa compagnie semblait se communiquer à lui. Cette heureuse familiarité commença dans l'innocence, chaperonnée, pour un temps très étroitement, par notre constante présence.

Durant ce mois de septembre, une autre grande boîte de Charbonnel et Walker fut livrée à la salle d'études. Papa y vint une ou deux fois pour prendre ou modifier les arrangements de nos leçons d'équitation ; les horaires furent adaptés à ses moments de liberté ; bientôt il chasserait à courre quatre jours par semaine, et au fusil les deux autres – le temps se hâtait vers l'hiver et nous le faisait sentir. Un changement s'annonçait, et Mme Brock en était le centre. Au piano, son jeu était doux et tendre. Elle mettait tous les jours les tailleurs Busvine de lady Grizel, et non plus seulement le dimanche, et elle ôta les plumes d'un chapeau de feutre et en rabattit le bord pour le transformer en coiffure sport qu'elle portait pendant nos chevauchées.

Un après-midi, alors que nous l'attendions dans la cour, il fut en retard. Puis il sembla nous avoir oubliés ; il ne vint pas. Nous étions heureux à l'idée d'une promenade tranquille et calme avec

Mme Brock ; personne n'exigerait de nous des performances spectaculaires, et nous aurions du temps pour écouter des récits de Stoke Charity, avançant au pas à côté d'elle, au soleil. Mais toute joie avait déserté Mme Brock. Elle était distraite et comme ailleurs, loin de ce qui nous intéressait. Pas d'histoires sur Richard, Sholto et le méchant petit Raymond. Hubert et moi, on se disputa, on se chamailla en descendant le sentier, dans l'ombre des hêtres et des yeuses, et dans les grandes plages de soleil qui les séparaient. Au bout du chemin, à l'extérieur des hautes grilles de fer, Papa et Maman, dans la charrette anglaise, attendaient qu'un gardien ou un enfant vienne ouvrir le portail. Côte à côte, ils attendaient sans impatience. Elle levait les yeux vers lui, le visage élégant et mutin sous sa toque d'après-midi ; ils avaient un plaid brun clair sur les genoux, et il tenait les rênes et le fouet de la main droite. Sa main gauche était peut-être dans celle de Maman ; il riait, en complet accord avec ce qu'elle venait de lui dire.

Aucun enfant ne sortit de la loge pour ouvrir.

— Tous à l'école, je suppose. Quelle femme exaspérante ! Je vous prie, voulez-vous, madame Brock ?

Maman se pencha vers nous, aussi lointaine que la haute branche d'un arbre balancée par la brise.

— Dites-lui simplement que nous avons attendu longtemps.

— Je crois qu'elle met un enfant au monde, madame St. Charles, dit Mme Brock, excusant la gardienne.

— Ah, très bien... peut-être, *pas devant**...

Maman sourit et sortit sa main nue de sous la couverture pour nous montrer et nous faire un joli adieu comme ils s'éloignaient.

Papa n'avait pas dit un mot. Il se concentrait sur la jument qui piaffait dans les brancards, surexcitée par l'attente si près de l'écurie, par les mouches, et par la présence de nos poneys. Sous sa casquette à carreaux noirs et blancs, son visage était sombre comme un matin pluvieux. Mme Brock referma les lourdes grilles et marcha entre nous, sans récit, sans plaisanterie. Dans l'après-midi silencieux, je me consumai de curiosité sur ce qui se passait à la loge, et en premier lieu, sur la façon dont un bébé pouvait entrer dans une mère. Je savais à peu près comment il sortait. Je formulai enfin ma question sous une forme scientifique.

— Bien sûr, je sais comment Mme Lapin a ses petits, mais comment les bébés rentrent-ils avant de sortir ?

— Ils poussent à l'intérieur.

Mme Brock parlait d'une voix spéciale, étouffée, comme si ses doigts effleuraient les touches de son piano.

— Oui. Mais comment est-ce qu'ils *entrent* ? (J'étais dévorée de curiosité.) Qu'est-ce qui les met là ?

— Ce vieux cochon de lapin mâle, dit Hubert de sa voix la plus polissonne.

Je savais qu'il inventait. Mme Brock rougit.

— Regardez, regardez, dit-elle d'un ton distrait. Je crois que j'ai vu un écureuil. Regardez, là-haut, dans le hêtre – un chocolat pour celui qui le repérera avant qu'il ne disparaisse dans son trou.

Hubert lui décocha un regard apitoyé et poussa son poney. Plus tard, quand je lui demandai – car je n'avais pas l'intention d'abandonner la partie – ce qu'il voulait dire par lapin mâle, il n'eut rien à ajouter. Il avait entendu un palefrenier faire cette remarque à propos de quelqu'un, et il supposait qu'il s'agissait d'un lapin.

Le soir même, je me persuadai que j'avais une vilaine petite douleur. C'était vrai, j'avais une petite douleur, que je cajolai et exagérai pour en faire le prétexte à aller à la salle d'études. Je ressentais le besoin urgent de vérifier si Mme Brock avait toujours cet air absent et déçu. Si l'atmosphère, impénétrable à toute tendresse, qui s'était tristement et inhabituellement prolongée jusqu'à l'heure de notre coucher durait encore, je la consolerais.

Mais quand j'ouvris la porte, abattue et de toute évidence souffrante, il n'y avait personne. Mme Brock, toujours méticuleusement ordonnée, était partie, laissant son tricot, une chaussette de chasse bleu-gris, en tas au milieu de nos livres de classe. L'automne n'était pas assez avancé pour qu'il y eût du feu, mais le gros ballon d'opale de la lampe était chaud comme un poêle ; des mites venaient y mourir. Dans leur cage couverte, les canaris gonflaient leurs plumes, énormes sur leurs pattes filiformes. Dans le silence, la seule activité venait des souris. En 1912, toutes les salles d'études possédaient leurs souris blanches. Ce soir-là, elles galopaient en poussant de petits piaillements, couraient en rond et se sautaient sur le dos les unes des autres. Activité fantastique, joyeuse mais un peu effrayante. Il m'aurait coûté de passer la main dans la cage pour prendre ma petite Minnie. Minnie s'ébattait follement, méconnaissable, comme si du sang de tigre avait coulé dans ses veines. Voilà que le Moïse d'Hubert la mordait, maintenant. Puis il lui montait dessus. Je me tordis les mains avec désespoir.

— Il va te tuer, il va te tuer ! m'écriai-je.

Mais je n'avais pas le courage de mettre ma main dans la cage pour la sauver. La porte de la salle d'études s'ouvrit, et Mme Brock entra.

— Moïse est en train de tuer Minnie ! criai-je encore.

— Oh, assez, Moïse !

Mme Brock donna à la cage une petite tape.

— Ils jouent, c'est tout, ajouta-t-elle comme les souris se séparaient.

Elle replaça la couverture sur leur cage, les laissant gambader dans l'obscurité familière.

— Mais que faites-vous hors de votre lit, ma chérie ?

Sa voix sonnait presque trop fort, comme quand elle chantait une note basse au piano, pour que nous la répétions après elle. Je l'aimais. Je brûlais qu'elle me prît dans ses bras.

— Oh, j'avais très mal.

Elle s'assit et me prit sur ses genoux. Alors seulement je remarquai qu'elle portait son chapeau ; pas le chapeau de feutre, mais le ravissant chapeau plein de fleurs et de fruits que lady Grizel avait acheté à Paris puis pris en grippe. Elle l'ôta et le posa sur la table. Des gouttes perlaient sur les roses et les groseilles rouges ; la paille fine était aussi humide que si elle l'avait posée sur l'herbe.

— Mais où étiez-vous ? demandai-je.

Je brûlais de connaître tous ses faits et gestes.

— Je suis sortie me promener.

Elle eut un rire grave. Elle était pleine de bonheur, et aussi impatiente de le partager qu'elle avait été désolée et lointaine tout l'après-midi.

— Et si nous mangions un biscuit avec un peu de lait chaud ?

Elle s'affaira aussitôt auprès de son réchaud à alcool et de sa cruche de lait, soigneusement couverte d'une mousseline lestée de perles. De nouveau, comme le soir de l'excursion à la mer, je sus que le fossé s'élargissait entre nous. Je me sentais plus proche de Mme Brock, elle était plus proche de moi, quand je pensais qu'elle avait besoin de moi pour la consoler.

7

Dans les semaines qui suivirent la nuit où le bonheur gonflait Mme Brock comme les plumes des canaris, abritant et préservant son immense rayonnement personnel, j'eus la satisfaction de savoir qu'elle était moins heureuse, et donc que j'avais plus d'importance.

Papa partait souvent des matinées entières chasser le renardeau ; ou toute la journée, pour s'exercer au tir. C'étaient les derniers jours de septembre, aussi nos leçons d'équitation devenaient-elles moins fréquentes, et nous déjeunions avec Maman – tristes repas, vu qu'elle se moquait de ce que nous servait la cuisinière si Papa n'était pas là pour apprécier. Elle se mit à parler français avec nous aussi – toutes petites phrases très simples, ne demandant pour réponse qu'un *oui**, ou un *non**, ou un *merci, Maman**. Mais avec Mme Brock, elle se lançait dans des conversations compliquées, exigeant des réponses dépassant de loin ses connaissances limitées de la langue. Nous étions conscients de son jeu ; la rougeur et les bredouillements embarrassés de Mme Brock ne nous échappaient pas.

C'est au cours d'un des silences pesants suivant ce genre d'exercice linguistique que j'entonnai d'une toute petite voix, soutenue par une fidélité farouche :

— *Madame Brock tricote très bien**.

Ce qui, hélas, nous amena aux chaussettes. Maman savait maintenant que Mme Brock tricotait des chaussettes de chasse pour Papa, et elles devinrent le sujet de questions incessantes. Elle taquinait aussi Papa à leur sujet, mais gentiment, et pas en français.

— Et bleues, en plus, quel dommage, j'espère qu'elles seront terminées à temps pour la chasse de Cloneen… Cela amusera Cousin Dominick…

Voici ce que j'entendis un jour, pendant l'heure rituelle au salon, après le thé. Papa, mi-amusé, mi-flatté, battait en retraite sous la taquinerie, attitude qui me semblait aussi humiliante pour Mme Brock que le français de Maman, à la différence que Maman levait les yeux et énonçait ses plaisanteries d'un ton léger quand elle parlait à Papa, bien éloigné de la lente et vindicative répétition de quelque impossible phrase française destinée à Mme Brock.

Quand je rapportai à Mme Brock ce que j'avais entendu sur la chasse de Cloneen, la plus noble de la saison ainsi que même moi le savais, elle dit :

— J'ai bien peur qu'elles ne soient pas prêtes à temps.

— Oh, madame Brock, pourquoi ?

— Parce que je les ai défaites, dit-elle. Je les ai défaites, Aroon.

Elle ajouta d'une voix plus calme, mais je savais que ce n'était pas vrai :

— Je m'étais trompée dans le dessin.

Papa ne venait plus à la salle d'études ; et tous les jours Mme Brock changeait sous nos yeux. Nous ânonnions péniblement nos leçons ; nos cahiers n'étaient plus corrigés ; elle jouait du piano pendant des heures, et les sons qui en sortaient ressemblaient aux plaintes d'un animal blessé. « Poupée brisée, vous abandonnez une poupée brisée », jouait-elle ; et « Quand la caravane est passée, fleurs je vous laisse sur l'herbe ». Certains jours, elle n'avait pas le courage de venir déjeuner à la salle à manger, et elle prenait des biscuits et du lait dans la salle d'études. Je souffrais pour elle, et je brûlais de retrouver la Mme Brock heureuse que j'avais connue ; cette créature voletait et se heurtait aux parois d'un monde qui m'était étranger. Hubert et moi, nous en vînmes même à préférer notre compagnie réciproque à l'humeur lugubre qui s'était emparée de notre chère amie. Les cages des oiseaux et des souris se mirent à sentir ; nous ne nous étions jamais montrés naturellement très méticuleux à leur sujet, ce qui nous avait inspirés, c'était l'idéal de Mme Brock – qu'elles devaient sentir aussi bon que la primevère. Et elle semblait s'en moquer aussi bien que du linge ; les jours du raccommodage étaient passés :

— Chiffons ! criait-elle à Wild Rose. Ces tissus sont cuits, déchirez tout ça.

Et elle se mit à fendre et déchirer un beau drap double, riant de le voir en pièces.

C'est le jour où Papa revint à la salle d'études que mon amour pour Mme Brock fut, à jamais, brisé et oublié. Il était grand, et je le vis se pencher sur cette petite femme rondelette, je l'entendis lui parler d'un ton patient et raisonnable. Elle avait le visage inondé de larmes, elle essayait de se cramponner à ses revers. Il écarta ses mains.

— Je monterai avec vous à trois heures, mes enfants, dit-il. Je crois que Mme Brock est un peu souffrante. Va dire à Hubert de se préparer.

Il m'éloignait, mais je revins quand j'entendis ses pas dans l'escalier de bois de la salle d'études.

— Vous n'êtes pas malade ? dis-je.

Debout devant la cage des souris, elle les regardait. Elle ne répondit pas.

— Madame Brock ?

— Minnie a fait ses petits, dit-elle, la voix encore rauque d'avoir pleuré. Regardez, ne sont-ils pas dégoûtants ?

Ils l'étaient, petites choses vagissantes et gigotantes dans le nid.

— Vous m'avez toujours demandé comment on les fait, poursuivit Mme Brock. Eh bien, je vais vous le dire. C'est cet affreux Moïse ; il enfonce cette chose, vous devez l'avoir vue – Hubert en a une aussi – dans le trou par lequel elles font pipi, et c'est comme ça qu'il sème la graine en elles.

— Oh !

Je me sentis rougir, horrifiée et excitée.

— C'est comme cela que ça se passe, continua Mme Brock, me saisissant par les deux bras. C'est comme cela que ça se passe aussi chez les humains. C'est comme ça que font les hommes, c'est la seule chose qu'ils désirent, et ça ne vous plaira pas.

Elle me tenait toujours les bras.

— C'est vrai ? (Il fallait que je sache.) Papa et Maman ne font pas ça. Ce n'est pas…

— Tiens, croyez-vous ?

Mme Brock se mit à rire, à rire. Elle riait encore quand je me libérai et m'enfuis de la salle d'études.

— Papa nous attend, m'excusai-je, m'arrêtant un instant sur le seuil.

Je savais que je l'abandonnais alors qu'elle semblait avoir besoin de moi, comme je le désirais depuis si longtemps, mais elle m'effrayait autant que m'avaient effrayée Minnie et Moïse au cours de leurs ébats, la nuit où Mme Brock était rentrée si épanouie de bonheur. Quand je rejoignis Hubert et Papa dans la cour, je le regardai d'un regard neuf. Lui et Maman pouvaient-ils vraiment faire une chose si sale ? Était-ce possible ? Monté sur son jeune cheval, il était si élégant et détendu – mais je savais que c'était vrai, horriblement vrai. Pas étonnant que les gens gardent si bien le secret.

C'est seulement longtemps après que j'appris ce qui était arrivé à Mme Brock quand j'eus quitté la salle d'études, la laissant en contemplation devant les bébés souris. Je ne ressentis qu'un curieux soulagement quand je revins et m'aperçus qu'elle était partie. Partie où ? Partie faire un tour sur la bicyclette de Rose. Elle avait prétexté une migraine et emprunté la vieille bicyclette pour faire un tour. Puis Rose, apportant le thé à la salle d'études, trouva une enveloppe à son nom, et dedans, une lettre : « Au revoir. Bonne chance. Ne m'oubliez pas. Vous trouverez votre bicyclette chez Fitzy Nangle. » Il y avait aussi un billet d'une livre. Rose nous laissa devant notre lait et nos tartines. Mon lait, qui avait longtemps séjourné dans sa cruche, sentait la souris.

— Après le thé, je vais les nettoyer, dis-je à Hubert.

J'avais besoin de faire quelque chose d'hygiénique et de draconien.

— Si tu fais ça, Aroon, Moïse mangera les petits.

— Les hommes sont des créatures si dégoûtantes, dis-je, regardant Hubert d'un air lugubrement perplexe.

Rose revint avec des tranches de gâteau au chocolat, prélevées sur le thé du salon. Il y avait autour d'elle comme une aura d'excitation ravie, de mystère ne-me-demandez-rien, ne-me-touchez-pas, qui brûle d'être sondé et questionné.

— Je vais vous mettre au lit, dit-elle, et avec une demi-heure d'avance, si ça ne vous fait rien ; c'est mon soir de sortie.

— Et Ollie Reilly t'attend dans les lauriers.

Hubert savait toujours où en était la cour des palefreniers ; c'était une plaisanterie standard, et Rose en hurla de plaisir.

— Oh, monsieur Hubert, en voilà un vilain garçon !

Loin de me joindre à leur joie, je me sentis frissonner de dégoût. Dieu seul savait ce qu'ils allaient faire dans les lauriers, quoique pas avant le mariage, naturellement.

— Les amoureux, les amoureux, chantonna Hubert.

— Allons, dépêchez-vous. Rincez-vous la bouche, polisson, et descendez au salon.

Papa buvait son thé dans une minuscule tasse décorée de fleurs. Les sandwichs étaient minuscules aussi, et seules nos deux tranches manquaient au gâteau au chocolat. Il se leva à notre entrée.

— Ça m'inquiète, dit-il.

— Vous ne devriez pas – simple crise d'hystérie.

— Mais je *suis* inquiet.

— Alors, agissez pour le mieux, mon chéri ; quoi que vous fassiez, j'en serai ravie, *comme toujours*.

Arrivé à la porte il revint.

— Soyez bénie, dit-il, et il ressortit.

— Sortez vos puzzles, mes enfants, dit-elle, et jouez.

Même Hubert ne parlait pas ; il peinait sur son puzzle, retirant les pièces qu'il connaissait et les remettant à leur place. Mon puzzle à moi était plein de cygnes, mais j'aurais été incapable de mettre une tête de cygne sur un cou de cygne tant j'étais absente. De temps en temps, je la regardais à la dérobée, assise dans une robe couleur café au lait, de petites rosettes sur ses sandales bronze, un livre à la main. C'était impossible. Elle ne pouvait pas. Mme Brock avait tout inventé.

— *Le marchand de sable…*

À sa voix, elle semblait immensément soulagée. Hubert fit quelque chose de bizarre. En montant, il me prit la main.

— Elle reviendra, Aroon. Tout ira bien.

Je fus contente de lui serrer un peu la main. J'oubliai les souris et tout ça. Mme Brock m'avait effrayée, abandonnée, et maintenant elle me laissait toute seule. Hubert aurait peut-être besoin de moi. Wild Rose ne se pressa pas de nous mettre au lit. Personne ne l'attendait dans les lauriers ; Ollie Reilly était allé à Lisadore avec la charrette anglaise pour chercher Mme Brock.

— Et j'espère qu'ils ne vont pas oublier ma bicyclette, dit Rose.

Mais il y avait comme une ombre derrière chaque plaisanterie. Ollie Reilly revint tard, avec la bicyclette que Mme Brock avait laissée, soigneusement appuyée contre le mur, derrière chez Fitzy Nangle, mais sans Mme Brock.

Toute la nuit et les jours suivants, la maison bourdonna de prières : « Je vous salue, Marie pleine de grâces… », « Notre Père, qui êtes aux cieux... » On sortait les rosaires des poches de tabliers, et on les égrenait d'une main nerveuse. Mme Brock était partie, disaient-ils. Quand reviendrait-elle ? Personne ne pouvait le dire. Un certain temps passa avant qu'on ne retrouve son corps, boursouflé au point de faire éclater son costume de bain à volant. Elle était très bonne nageuse, et, à en juger par l'endroit où la mer rejeta son cadavre, elle devait avoir nagé très loin au large.

8

On m'envoya à l'école l'année suivante. Hubert y alla l'année d'après, et en 1914, Papa rejoignit son régiment. Maman resta à Temple Alice et lui écrivit presque tous les jours. En permission à Londres, il s'amusait merveilleusement avec toutes ses amies – brefs séjours loin de la France, trop courts pour revenir à la maison ; et dont il ne parlait pas dans ses lettres. Des années plus tard, je lus les lettres de Papa, récits francs et ennuyeux de la vie de tous les jours, sans charme, sans passion, sans aucun rapport avec la magie qu'il irradiait. Il ne garda aucune lettre de Maman, ou je ne les ai jamais trouvées. Je ne crois pas qu'elles m'apprendraient quelque chose que j'ignore. Elle était tellement froide.

À cette époque, sa plus grande distraction et son plus grand plaisir consistaient à acquérir des meubles d'occasion. Dans les ventes aux enchères, elle achetait des meubles français et des meubles Regency, que ses contemporains considéraient comme laids et sans valeur ; je serais assez d'accord avec eux – donnez-moi plutôt du Chippendale. Mais elle rapportait ces pièces à la maison et passait des heures à les nettoyer et à les restaurer : cela la reposait de son épuisante peinture, et elle aimait les odeurs âcres des décapants et des huiles qu'elle répandait à profusion sur ces objets.

Wild Rose, toujours célibataire, était son aide et son esclave. Certains jours, Maman la peignait ou la dessinait dans des poses hideusement anguleuses : côtes allongées, émaciée comme un lévrier entraîné pour les courses, en train de faire briller les lyres et les cygnes de cuivre si nombreux dans la décoration des meubles Regency. Elle ne terminait aucun tableau ou dessin, qui restaient pleins de blancs et de trous et toujours immanquablement affreux, tandis que Rose devenait de plus en plus belle et prenait de plus en plus d'assurance à mesure que les années passaient. Elle dardait la tête comme un serpent, avec la langue acide assortie. Ollie Reilly avait suivi Papa à la guerre, sans lui laisser le moindre espoir de lui passer la bague au doigt, et elle ne faisait que rire au milieu de l'hostilité ou de la pitié des autres domestiques.

> Je voudrais être mariée
> Et au lit emportée
> Dans les bras du fils de ma belle-maman,
> Que la porte soit fermée
> Et perdue la clé
> Et que la nuit dure sept ans.

Elle chantait cela tout haut d'une voix rauque. « Le mariage, c'est horrible de toute façon, et nous aurons bien le temps quand nous aurons quarante ans, ma fille. C'est pas vrai, ma fille ? »

> Oh, l'amour est charmant,
> Oh, l'amour est exaltant,
> Oh, le plaisir du premier amour...

Quand arriva la nouvelle qu'Ollie Reilly avait été tué (« Dites à Rose qu'il est mort sur le coup ; il ne s'est pas rendu compte de ce qui lui arrivait », écrivait Papa, et Maman lui lut la lettre) elle était à genoux devant la lyre de cuivre d'une vieillerie Regency ; elle s'effondra dégonflée comme une grenouille crevée, a dit Maman :

— Heureusement qu'elle n'était pas debout, elle serait sûrement tombée sur une pièce et l'aurait brisée, et nous venions de finir de laver les grands verres Waterford. Ses cris et ses hurlements ont fait vibrer tous les verres. (Maman se mit à rire.) Sonnez, cloches sauvages…

Dieu seul sait ce qu'elle voulait dire par là. Elle ne voulait jamais dire grand-chose. Elle ne finissait jamais rien. Elle ne terminait jamais une activité et ne poursuivait jamais une entreprise sérieuse. Quand, peu après la nouvelle de la mort d'Ollie Reilly, arriva un télégramme annonçant que Papa était blessé, elle ne pensa pas même à quitter Temple Alice pour le rejoindre.

— Il a tellement d'amis charmants à Londres, dit-elle. Ils feront beaucoup plus pour lui sans une femme affolée. Et toutes ces amies, tendres et dévouées. De plus, elles sont si riches.

Elle eut un petit rire et retourna à sa peinture, ou au plaisir tranquille qu'elle trouvait parmi ses meubles Regency.

Nous brûlions de nous précipiter à son chevet. Toutes les lettres qui arrivaient pour donner de ses nouvelles restaient en piles et en tas sur la table de l'entrée. Il y avait des lettres venant de douzaines de Wobbly Massingham et de lady Grizel multipliée en d'innombrables inconnues du nom de Doris, Gladys, et Enid, et deux Joyce. Maman les laissait là, pointant hors de leur enveloppe, pas lues ou lues à moitié, toutes racontant comme il était joyeux, et si plein d'humour au sujet de sa jambe – et quelle chance qu'on l'eût amputé au-dessous du genou. Nos estomacs se soulevaient en entendant cela ; mais il y avait comme un rayonnement tranquille dans la façon dont Maman acceptait cette calamité.

— Pour moi, cela n'aura pas d'importance, murmura-t-elle.

— Il ne pourra plus monter, disions-nous, atterrés à l'idée de l'avenir triste et morne qui l'attendait.

— Non, peut-être pas.

Il y avait comme du rayonnement dans son calme.

J'avais prévu une cérémonie de bienvenue pour le retour de Papa – des drapeaux, une couronne de laurier dans l'entrée, quelque chose comme ça. J'aurais aimé insérer un message spécial pour Notre Héros. BIENVENUE À NOTRE HÉROS, peut-être. En petites lettres, avait suggéré Hubert. Il était contre l'idée. Quoi qu'il en soit, il n'en sortit rien ; Papa rentra de l'hôpital alors que nous étions encore dans nos écoles détestées.

Il était là quand nous revînmes pour les vacances de Pâques, réduit de toutes les façons : en taille, en poids ; même sa voix avait diminué. Nous évitions de regarder son moignon, avec la jambe du pantalon soigneusement épinglée. Nous ne trouvâmes pas le héros auréolé de gloire que nous attendions. Il repoussa nos avances et nos questions patriotiques, et méprisa nos prouesses équestres, qui, pensions-nous, lui plairaient plus que tout.

Cette période représenta un intervalle dans sa convalescence ; plus tard dans l'année, il serait pourvu d'une jambe de bois. En attendant, il devait se reposer, il devait manger. Il fit l'un et l'autre, et il but de surcroît, devenant de jour en jour plus irritable, et nettement plus gros. Au début, il suivait Maman partout au jardin ; il allait même jusqu'à s'asseoir dans le studio pour la regarder peindre, après avoir assimilé le peu de nouvelles des courses que donnaient les quotidiens. Et tout le temps, il semblait tristement désœuvré, ce qu'il était en effet. Il ne pouvait pas monter. Il tomba dans la rivière en allant à la pêche. Longtemps après, j'eus connaissance des choses qu'il retournait dans sa tête à l'époque. Toutes fraîches encore, elles doivent avoir été terribles. Il avait achevé Ollie Reilly, mutilé et agonisant ; quand il parlait à Rose, la mort d'Ollie semblait presque enviable, vivant puis mort, éteint comme une bougie.

Ces choses étaient si proches et si éloignées de la douce vie en Irlande. Toutes les journées d'avril furent parfaites cette année-là. La beauté rustique de notre maison tiédissait et fondait à la lumière du printemps. Parmi les longs rideaux de hêtres et les plantations de frênes, les merles volaient, rasant le sol, sifflant bien haut leurs amours. Tous les merles du pays semblaient faire leur cour et s'accoupler dans ces bocages ; avec une douceur poignante, ils chantaient l'amour, au matin et aux mornes et languissantes heures du soir.

9

Papa dormait mal. Il descendait tard chaque matin, pâle, rasé de frais et de mauvaise humeur. Parfois il allait, cahin-caha, jusqu'au pré de jeunes chevaux. Leurs possibilités et leurs promesses étaient évidentes à ses yeux, comme le fait qu'il n'y prendrait aucune part.

Maman suggéra qu'il se promenât dans la petite carriole à âne de grand-père. Papa fut consterné.

— Pour qui me prenez-vous ? Pour un infirme ?

— Non, chéri, pour un gentleman en pleine santé, unijambiste, *fort* malheureusement, et qui devrait surveiller un peu plus ses domaines.

— Vous avez absolument raison, comme toujours.

Le ton patient dissimulait mal une nuance meurtrière.

Hubert et moi brûlions de curiosité au sujet de la carriole à âne. Nous la trouvâmes, oubliée dans un coin de la remise ; une dinde maussade y avait fait son nid. Nous attelâmes un vicieux étalon nommé Biddy entre les frêles brancards, et, moi dans la carriole, Hubert conduisant le cheval par la bride, nous avançâmes dans l'allée, vers la maison où Papa, morose sur ses béquilles, endurait avec patience ce long après-midi ensoleillé. Le jour se transforma pour lui quand Biddy, saisi de quelque folle idée, mordit Hubert, rua dans le garde-boue, fit demi-tour et galopa vers la ferme.

— Mais c'est qu'il est dangereux, dit Papa, un peu revenu à la vie quand, beaucoup plus tard, il nous eut rattrapés à la grille de la ferme où Biddy avait stoppé et attendait, hennissant à tue-tête vers ses femmes.

— Descends, Aroon, laisse-moi faire.

— Oh, Papa, est-ce prudent ?

— Pas de discussion. Descends, ma chérie. Et donne-moi la cravache.

Cela mit un terme à nos amusements du jour. Papa conduisit jusqu'à l'heure du thé, anticipant et domptant toutes les fourberies inventées par Biddy, qui avait le tempérament dangereux de tous les étalons. De sorte qu'ils s'accordaient assez bien.

— Je ne pouvais pas laisser ce coquin, pardon, chérie, mordre et blesser vos enfants, n'est-ce pas ?

— Pourquoi pas ?

Elle sourit en ajoutant :

— Très bien – tuez-vous. Vous faites ce qu'il faut pour cela.

Elle retourna à sa peinture ou à son jardinage. Elle savait toujours occuper les absences de Papa.

Ces joutes avec Biddy atténuèrent la mélancolie de Papa et le ramenèrent à la vie. Biddy ne se laissait pas dresser, ce qui mettait du piment dans leurs excursions. Sa perversité était invincible.

— Je courrais moins de danger sur un de vos poneys, dit Papa, le jour où nous le trouvâmes sous la carriole renversée dans le fossé, Biddy couché sur le flanc. Si j'avais ma jambe de bois, je lui donnerais des coups de pied jusqu'à ce que mort s'ensuive, à ce coquin.

Nous l'aidâmes à se relever, et Papa dit avec humeur :

— Comment vais-je rentrer ? Les deux brancards sont cassés, et je n'ai pas mes béquilles.

— Papa, dit Hubert, vous pourriez vous asseoir sur Delia. Je la conduirais par la bride, et Aroon vous tiendrait la jambe. Votre mauvaise jambe.

Il hésita. Vraiment. Il avait peur – il suait la peur. Nous l'en aimâmes davantage. Nous attendîmes qu'il choisît la façon de rentrer à la maison. Et il choisit Delia. Ce fut le début d'un nouveau jeu. Nous le faisions monter tous les jours, et nous étions les moniteurs les plus gentils, les plus compréhensifs du monde.

— Au secours, au secours ! criait-il quand, déséquilibré, il penchait dangereusement de côté, et, courant à son côté, nous attrapions la jambe de pantalon vide sous le moignon, et tirions un bon coup pour le remettre en selle.

— Tout va bien, Papa. Vous êtes formidable. Très bien. Parfait.

Enfin, nous l'amenâmes un jour au fossé à sec qui se jetait dans l'étang à sec. Nous avions tous oublié Mme Brock ; nous ne lui accordions jamais une pensée, à cette époque – une gouvernante morte, c'était tout.

— Je ne peux pas, vous le savez.

Il avait l'air très malheureux.

« Laissez-la simplement descendre dans le fossé et remonter de l'autre côté, nous disait Mme Brock. Pas question de sauter. »

Nous lui dîmes la même chose, conduisant Delia par la bride dans les feuilles de hêtres humides du fond, et la faisant remonter, jusqu'au jour où il trouva le courage de la frapper, une-deux, derrière la selle – il ne pouvait pas l'éperonner sans tomber –, et il sauta le fossé dans un style parfait.

Ce fut le début de notre amitié avec lui, et l'un avec l'autre. L'honneur de cette intimité avec Papa était pour nous une découverte et une aventure. Nous étions à l'origine de sa guérison. Nous l'avions transformé. Nous étions ses supérieurs dans le domaine même qui comptait le plus pour lui. Nous n'avions pas encore oublié nos appréhensions et nos craintes, et cela nous permettait de comprendre son impuissance et sa peur devant le danger. Nous aimions ces mêmes peurs qui nous avaient fait honte à ses yeux. Nous avions oublié Mme Brock, mais ce fut avec ses méthodes que nous trompâmes et vainquîmes la peur. Notre intimité avec lui nous remplissait d'excitation et de bonheur. Le charme qui était pour lui une seconde nature nous engloba pour la première fois dans son rayonnement. Quand il réussissait quelque chose, j'avais envie de le toucher et de le caresser ; Hubert aussi. Mais nous en restions aux éclats de rire et aux longs regards de connivence. La distance irréductible séparant, dans notre enfance, les enfants des adultes se trouvait abolie. Il dépendait de nous ; c'était lui qui recevait, et nous qui donnions.

10

Cette guérison et cette réinsertion lui permirent de retourner à sa vie indépendante, où son charme et ses habitudes vagabondes trouvaient des aventures et des amis pour qui Temple Alice n'était qu'un nom lointain, et Maman une simple légende. L'ajustement de sa jambe de bois lui procura d'innombrables occasions de s'arrêter au Club Équestre, ce qui signifiait, presque toujours, qu'il passait la nuit, non au Club, mais avec l'épouse mondaine et consentante d'un de ses amis. C'était la mode des cheveux à la garçonne, des robes droites à paillettes et des immenses sautoirs de perles ; des gardénias en boîtes de velours ; des cocktails avant le dîner et des boîtes de nuit après. Il ne pouvait plus danser ; mais son regard de mélancolie résignée, plongeant dans les yeux de ses partenaires, ne manquait jamais son effet. Sa jambe de bois et le miracle de ses facultés équestres retrouvées ajoutaient de l'intérêt aux rencontres entre lui et ses femmes.

Il revenait à Temple Alice brisé et épuisé.

— Vos docteurs semblent être de vrais sauvages, disait Maman, avec un regard à la fois indulgent et ironique, avant d'aller demander à la cuisinière de se surpasser ; puis elle retournait à sa peinture jusqu'au moment où il avait récupéré, en se couchant tôt et en consommant la cuisine magnifique de Mme Lennon.

Mme Lennon était une femme d'âge mûr, qui travaillait pour nous depuis quinze années, aux gages de trente livres par an. Le « Madame » n'indiquait que le prestige conféré par sa charge. Puis elle eut le cancer et mourut. Sa mort apporta chez nous un affreux changement, une coupure dans l'un des plus grands plaisirs de Papa, un affaiblissement de l'influence tacite de Maman. Les secrets de Mme Lennon moururent avec elle, car elle méprisait les recettes et les ignorants qui en avaient besoin ; elle n'écrivait jamais rien, et, si possible, fermait la porte pour se soustraire aux questions des filles de cuisine quand elle composait ses plus grands plats. Elle ne laissa aucun héritage de toutes ses années passées à l'office. Elle ne connaissait pas le vocabulaire qui correspondait à son talent (et elle ne désirait pas le connaître). « Perdrix à la Mme Lennon », disait parfois un ami, des années après sa mort, et Papa baissait les yeux, le visage sombre. Il ne disait rien, il soupirait.

Elle eut une foule de successeurs ; elles étaient plus chères, et aucune n'avait la vocation. Les allusions discrètes de Maman aux plaisirs et déplaisirs du Major restaient sans effet. Elle n'aurait su elle-même leur dire en langage clair comment faire un œuf à la coque, et Mme Beacon et Mme Marshall en étaient au même point. À cette époque, la cuisine dans les manoirs irlandais laissait affreusement à désirer. Mme Lennon avait été une exception extraordinaire. Papa ne se plaignit pas, du moins tout haut. Il avait sa façon à lui d'exprimer sa déception, son dégoût même. Il souriait avec embarras quand on emportait son assiette encore pleine et demandait doucement du Bath Olivers et du lait. Le whisky coulait dans le lait – en quantité. Il grossissait, et son mécontentement était pénible pour Maman.

Sa jambe de bois et les modifications à y apporter le conduisaient de plus en plus souvent à Londres, où les Doris, les Dianas, les Gladys et les deux Joyces s'en emparaient avec joie. Leur nombre permettait de s'y perdre. Escapades et accouplements restaient immatériels, inavoués, et accomplis suivant le code des bonnes manières. Papa imposait à ses liaisons ses propres conditions. Maman ne devait jamais avoir même à imaginer le divorce. Elle était son évasion, sa liberté. Temple Alice était une île où nichait un cygne étrange, cygne qui ne chanta jamais son chant fabuleux avant les nombreuses morts de Maman.

Tandis que, comme lié par le devoir, Papa chassait, pêchait et s'exerçait au tir suivant la saison, l'argent tarissait lentement à Temple Alice. On en accusait le plus souvent nos pensionnats. Puis il y avait les impôts, et les hésitations absurdes des directeurs de banques. Les marchands de charbon et les bouchers se montraient parfois difficiles à manier, aussi les jours de labourage se passaient-ils à abattre et débiter des arbres – qui brûlaient vivement et délicieusement dans les hautes cheminées pleines de courant d'air de l'époque des Rois George. On remédiait aux factures du boucher en abattant sur place des agneaux dont nous ne consumions que la moitié de la viande, tandis que l'autre moitié s'avariait, pendue dans la glacière moisie sans glace.

La vie à Temple Alice continuait, bien abritée derrière le mythe de telle ou telle économie. Maman en imagina une qui, pour elle, équivalait à déposer un gros chèque sur son compte en banque agonisant. Je n'irais pas au bal des débutantes, et je n'aurais pas de saison mondaine à Londres. Les efforts de Papa étaient variables mais plus agréables à accomplir. En chassant tous les jours, il améliorait sa monte et ses possibilités de vendre de jeunes chevaux. Les victimes de ses coups de fusil, pigeons et lapins sur le domaine, coqs de bruyère dans la montagne, bécassines dans les marais, ou bécasses près des sources entourées de noisetiers, alimentaient la salle à manger. Quand les domestiques eurent des haut-le-cœur à la seule vue du gibier :

— Qu'ils mangent de la joue de porc. Délicieux. Comme les gens de Bath, dit Papa.

Pendant les vacances, Hubert et Papa chassaient ensemble. Le tir d'Hubert – qui progressait vers la perfection – emplissait Papa d'une fierté à peine dissimulée. Je crois que le physique de son fils constituait pour lui une autre source de plaisir et de satisfaction. Heureux Hubert – il ne connut jamais l'angoisse et le dégoût de l'acné. Il sauta de l'enfance à la jeunesse sans s'arrêter à la laideur de l'adolescence. À la saison de la pêche, ils passèrent ensemble de longues journées sur la rivière, suivies, au soir, de retours tardifs. Alors toute la maison se nourrissait de saumons et de truites, jusqu'à ce qu'enfin les servantes et les palefreniers se révoltent.

— Le poisson, on en a jusque-là, disaient-ils.

Les cuisinières, dégoûtées du saumon et épuisées de charger de bois et de tourbe la cuisinière et sa bouilloire satellite, partaient les unes après les autres ; à chaque remplaçante – elles étaient faciles à trouver à l'époque –, on allait de mal en pis.

Le transfert de Wild Rose du ménage à la cuisine fut accidentel et non prémédité. L'une de nos indifférentes cuisinières nous abandonna sans préavis.

— Elle est partie dans la camionnette du boulanger, annonça Wild Rose à l'heure du dîner. Et c'est le jour de sortie de Teresa. Alors, je vous apporte un thé de chasse – les œufs pochés au lard de la pauvre Mme Lennon.

Les œufs étaient parfaits, doucement renflés sur de grandes tranches de toast beurrées, un soupçon de poivre de Cayenne saupoudré sur leurs perles jumelles.

— Comment avez-vous pensé à mon poivre rouge ? Il y a des années que je n'en ai pas vu, dit

Papa tristement, caressant Rose d'un de ses longs regards distants, reconnaissants, prometteurs.

— Je l'ai vue au travail, monsieur, Dieu ait son âme.

— Dieu ait son âme, répéta Papa, mangeant ses œufs en cachant mal son plaisir.

Après cela, Maman augmenta Rose d'une livre par mois et la persuada de rester à la cuisine. Une apprentie, Breda, remplaça Rose en qualité de femme de chambre, gênée plutôt qu'aidée dans ses devoirs par une succession d'autres apprenties nommées sous-femmes de chambre. Teresa, triste personne un peu simplette, conserva son poste de fille de cuisine. Elle nettoyait les pommes de terre et autres légumes infestés de vermine, les casseroles et les carrelages. Elle lavait après le petit déjeuner des domestiques, après le déjeuner et le thé, repas que Tommy Fox (le vieux jockey de steeple-chase qui était le bien le plus précieux de Papa à l'écurie) et son aide (successeur d'Ollie Reilly) partageaient avec les servantes.

Rose était jeune pour cet avancement dans la hiérarchie domestique. Mais sa cuisine savoureuse, sa beauté et sa langue acérée maintenaient à leur place subordonnées et palefreniers. Sa volonté infatigable de réussir la poussait à torturer quotidiennement Maman, pour en tirer recettes et suggestions pour la salle à manger. Maman était totalement incapable de l'aider dans l'un ou l'autre domaine, quel qu'en fût son désir ; pour le moment, elle ne pensait qu'à distraire Papa et à lui faire plaisir, car les courses de Goodwood approchaient, où l'un des harems éloignés avait loué une maison et où il était invité à séjourner.

— Je ne sais quoi vous suggérer.

Découragée, elle regardait Rose, vêtue d'une robe en coton lilas, debout dans la pénombre lilas de la cuisine.

— Sauce Renoir ? murmura-t-elle. Pas exactement. L'expression est trop gourmande.

En la regardant, une vague idée s'empara d'elle, une échappatoire ; Goodwood, et l'échec, peut-être.

— Je ne sais quoi vous suggérer, répéta-t-elle. Pourquoi ne demandez-vous pas au Major ?

Wild Rose éclata d'un long rire cristallin.

— Que je demande au Major, madame ? Oh, mon Dieu !

Se couvrant le visage de ses mains, elle baissa la tête en riant pour elle.

— Hier encore, il m'a dit que si vous saviez faire cet écœurant gâteau au chocolat, vous saviez aussi faire un soufflé au fromage. Le voilà, demandez-lui.

Il boitillait dans le couloir dallé, en direction de l'armurerie, absorbé dans l'idée de la Coupe Steward et d'une semaine de voluptueuses libertés, diverses et secrètes.

— Que se passe-t-il ? Ah, le déjeuner ? Encore du saumon ? Eh bien, pourquoi pas une sauce hollandaise avec une purée d'oseille – le potager en est plein.

— Tout à fait exact, déclara Maman, joyeusement soulagée, et la sauce sera dans les recettes de Mme Beeton.

— Dictez-la-moi, écrivez-la, insista Rose.

Il l'écrivit sur l'ardoise, mystérieusement, comme rédigeant une invitation aux courses pour la femme élue.

C'est ainsi que débuta une situation qui ajouta une dimension intéressante à sa vie. Il alla bien à Goodwood, mais il revint bientôt après, rapportant avec lui des recettes du cuisinier de son hôtesse, à qui il avait donné un énorme pourboire. Les recettes n'étaient pas faciles à suivre ; leurs ramifications et les mots français qu'elles contenaient demandaient de patientes explications, de longues séances passées ensemble. Si Maman, parfois, demandait : « Où est Papa ? L'avez-vous vu ? » la réponse était presque toujours : « En train de commander le dîner », au lieu de « En train de préparer des mouches » ou « En train de nettoyer son fusil », comme avant.

J'ai gardé le souvenir très net du jour où, passant devant la porte de la cuisine, je vis pour la première fois Wild Rose en tant que femme, et non plus en tant que femme de chambre ou cuisinière. Elle avait les mains posées derrière elle sur la table de la cuisine, le dos arrondi, dans une attitude abandonnée, et il y avait quelque chose de rauque et de susurré dans sa voix. Ils parlaient du poêle et de son appétit de bois dévorant, d'œufs de mouettes et de leur cuisson. Il y avait des pauses, qui allongeaient le temps nécessaire à donner et recevoir les ordres pour le déjeuner ; derrière leurs voix, il y avait un autre monde.

11

Bien que je n'eusse pas eu de saison à Londres, tous les ans, nous et nos voisins donnions des bals pour la chasse, et d'autres bals de moindre importance. Et, chaque interminable été, revenait le cauchemar des galas du Dublin Horse Show. Papa, jambe de bois et tout, était très demandé pour ces réceptions et ces soirées. Ses succès auprès des jeunes filles étaient assez terrifiants, mais il ne mit jamais en péril la place qu'il occupait parmi les adultes, dont il faisait partie – la compagnie de ces chasseresses, élégantes, douces et déterminées, mélancoliques et voilées, qui faisaient parader leurs chevaux de jour, et qui, la nuit, richement vêtues et discrètement parfumées, partaient à la recherche d'autres aventures. On m'amenait aux réceptions ; pour me servir de partenaires, on prenait au filet de jeunes garçons, tristes et souvent plus jeunes que moi. J'adorais danser ; je souffrais dans leurs bras. Ou je restais assise, souriant, souriant sans arrêt ; ou je m'enfermais pendant des heures aux toilettes ; ou je bavardais hystériquement avec les laissées-pour-compte, comme moi.

Une partie de mes ennuis venait de ce que j'étais grande et forte. Je me suis maintenant réconciliée avec ma taille, mais à cette époque, quand j'avais dix-neuf ou vingt ans, je pliais les genoux, je courbais les épaules, je bandais mes seins jusqu'à ce qu'ils soient prêts à me ressortir dans le dos.

Un peu plus d'un an après, Hubert était avec moi, et Hubert était mon ami. Il étudiait alors à Cambridge, où il avait gagné une assurance pleine de réserve qui rendait notre alliance d'autant plus étonnante et flatteuse pour moi. J'adorais sa beauté, et je savais qu'il attendait mon admiration – elle remplaçait quelque chose qui lui manquait à Temple Alice. Il parlait des bals de Mai de l'année suivante.

— Tu viendras. Nous nous amuserons follement.

Il m'apprit le charleston, exercice bizarre et païen, étranger à nos campagnes. Me tenant au dos d'une chaise en guise de barre, je découvris le sens du mot « syncopé ».

— Comme ça ? Non, comme ça ? Oui, oui, oui ! J'ai compris. J'ai compris, Hubert !

C'était merveilleux. Mieux que mon premier jour sur ma première bicyclette. Étonnamment vite, l'élève surpassa le maître. J'asservis toutefois mon génie à son plaisir. Il était encore capable de cette méchanceté sournoise de notre enfance, je ne l'avais pas oubliée. Mais en plus, il avait acquis le talent de plaire, d'amuser, d'obtenir tranquillement tout ce qu'il voulait. Maman fut obligée de lui donner cinq livres afin qu'il pose pour elle. C'était la première fois qu'elle le peignait sérieusement, et elle mit dans ce portrait toute sa science des angles et de la laideur. Hubert ne fut ni amusé ni séduit. Il se détourna.

— Ce n'est pas une photo, tu sais ; c'est une composition, dit Maman, comme pour s'excuser.

— Une bicyclette cassée, avec deux têtes et un œil minuscule – voilà ce que je suis.

Hubert eut un rire amer.

— D'abord, tu as deux yeux immenses et des cils de cinq centimètres, dis-je, pour le consoler.

— Oui, Aroon te verrait volontiers sous la forme d'une boîte de chocolats.

Les yeux d'Hubert rencontrèrent les miens – ils les rencontrèrent dans un passé à nous seuls réservé.

— Charbonnel et Walker, murmura-t-il.

— Les meilleurs, répondis-je, puisant dans le même passé.

J'aimais assez laisser Maman en dehors de nos plaisanteries. Papa aimait Hubert, il l'aimait en silence, avec un orgueil satisfait. Hubert était pour lui admirable en un sens plus profond. Il montait magnifiquement, avec jugement et courage ; il tirait bien et pêchait avec adresse et intelligence. Il était tout ce que les amis de Papa appréciaient le plus, et tout ce que Papa espérait en son fils. De plus, je crois que Papa lui était infiniment reconnaissant d'alléger sa culpabilité à mon égard. Et moi, j'étais pour lui l'évasion et le salut face aux filles qui l'assiégeaient.

Cet hiver où il devint adulte, je m'amusai pour la première fois. J'acquis de l'importance. Être inséparable et aimée de deux personnages aussi recherchés que Papa et Hubert me conférait plus qu'un intérêt secondaire. Peut-être étais-je un parasite – mais quel parasite heureux, heureux de leur admiration et de leur gentillesse, heureux d'être leur nouvelle plaisanterie. Hubert m'appelait Atome. « Ma petite sœur Atome. » « Oh, nous ne pouvons pas venir sans Atome », disaient-ils lorsqu'ils étaient invités à quelque magnifique banquet. « Atome nous empêchera de faire des bêtises. Atome conduira pour rentrer si nous sommes un peu fatigués. Nous ne pouvons pas venir sans Atome. » Ma participation devint un fait accepté pour chaque invitation ; et si j'étais invitée seule, ils venaient aussi. « Nous sommes obligés de surveiller Atome. Elle serait capable de faire des bêtises sans nous. » Ils m'inventaient un côté séduisant et dangereux, et prenaient des précautions élaborées pour sauvegarder ma vertu inattaquée.

La vie était merveilleuse alors. Aujourd'hui il n'y a plus de beautés comme celles des années vingt ; elles possédaient la beauté absolue, qui ne se portait pas plus mal d'être propre et soignée. J'adorais les photos pleine page du *Tatler*. Aujourd'hui, je sens encore la pression d'un chapeau cloche sur les coques de mes cheveux, et un peu plus tard, la liberté mutine d'un béret sur ma coiffure à la garçonne. Nous portions des chapeaux – généralement en feutre rouille pâle – pour monter, jouer au tennis et pour les déjeuners en ville. Le soir, nous nous rendions à la salle de bains avec des liseuses en crêpe de chine et des bonnets en dentelle. Qu'est devenu le crêpe de chine ? Et les bas en soie naturelle, avec leur couture transparente ? Et les cocktails, avant le dîner avant le bal ? Non que je sois contre les martinis, mais je voudrais remonter le temps, je voudrais m'immerger dans du Cointreau, du gin et du jus de citron en parties égales.

J'étais farouchement timide. Je ne serais jamais allée à une réception sans Papa et Hubert. Ils se rongeaient d'inquiétude au sujet de mes succès ou de mes déboires auprès des hommes. Je ne peux pas vraiment parler de « déboires » car étant devenue la plaisanterie vivante de Papa et d'Hubert, les hommes, les adultes, dansaient assez souvent avec moi. Maintenant, je ne faisais jamais tapisserie plus de deux danses, et cela peut arriver à n'importe quelle jeune fille. Bien sûr, j'ai un sens du rythme merveilleux. Mon charleston était un poème, et continuerait de l'être s'il y avait encore une musique acceptable.

Je ne connaîtrai jamais d'expérience plus extraordinaire que de danser avec Hubert. Parce qu'il était mon frère, nous pouvions exécuter les pas les plus compliqués et prendre les postures les plus audacieuses sans le moindre embarras. Dansant ensemble, nous étions possédés par la musique. L'orchestre jouait pour nous, nous donnant ce que nous demandions. Pour moi, c'était l'absolu. Je m'abandonnais sans résistance à une rivière qui n'avait pas de source et n'atteindrait aucune mer. Avec les autres filles, il n'était pas un danseur spectaculaire. Je ne crois pas que ses cavalières surent jamais à quel instant il cesserait de danser pour se diriger vers le bar et se faire offrir un verre avec Papa. Ce n'était pas toujours au bar qu'il allait. Une fois, je l'entendis crier d'une voiture :

— Au secours ! Au secours ! On me viole !

Il riait aux larmes quand j'arrivai et me dit simplement :

— Atome, elle m'a contrarié.

— Décidez-vous, dit la blonde. Que désirez-vous, au juste ?

Et elle s'éloigna, drapée dans sa dignité outragée. Hubert me prit la main.

— Je voudrais le savoir, dit-il. Je voudrais vraiment le savoir.

Il riait encore.

C'était tellement merveilleux de m'amuser que j'exagère peut-être les sensations voluptueuses de cette époque, de ces réceptions. Mais les réceptions ont existé. Et j'y étais, au cœur de l'action. Je vois des enfilades de pièces s'ouvrant les unes dans les autres. À l'époque, peu m'importait que ce fussent des enfilades de pièces dans un manoir du dix-huitième, dans une gentilhommière victorienne, ou dans un grand hôtel. Pour moi, elles sont toutes également sombres maintenant, comme elles l'étaient alors, tapissées de plantes vertes, avec ici et là une lueur de serre froide – fleur blafarde, terne au milieu des mousses, des lierres et des pervenches multicolores.

Les hommes étaient les fleurs de ces mystérieuses forêts, lisses et orchidéens en leurs habits de soirée, aux cols et revers pâles, chaînes de montre en or tendues sur des ventres plats, nœuds papillons blancs comme deux petites ailes sur un oiseau noir, longues jambes noires comme des tiges de cypripèdes, mains parfois gantées, yeux fixés dans le lointain, comme s'ils pensaient encore au renard qui s'enfuit du fourré. Ils regardaient dans le vague par-dessus mon épaule, et n'écoutaient jamais un mot de ce que je disais. S'ils parlaient, c'était de la chasse du jour. Ce qu'avaient fait les chiens, ou les sottises des piqueurs. C'était touours une question d'apparence, rien de personnel ; aucune intimité, aucune vantardise, ou alors à peine sous-entendue, aucune admission revigorante de lâcheté ou de haine pour un cheval. Aucune vérité pouvant contredire le mythe. Quand j'avais vingt ans, la chasse au renard était sacrée, et tout le monde était apôtre ou disciple. Et si vous étiez un disciple habité par le doute, tant pis pour vous – il fallait vous taire et afficher votre bonne volonté. Je n'étais ni lâche ni de mauvaise volonté, mais ma grande taille posait un problème embarrassant à moi et à mon cheval ; notre valet d'écurie, Tommy Fox, geignait toujours sur l'état du dos de ma monture, et poussait Papa à me décourager de monter.

À dire vrai, j'adorais les jours où je me trouvais sans cheval, et où je passais la journée à conduire derrière les chiens. À l'arrière, je transportais des tas de bonnes choses à boire et à manger, pour lesquelles notre voiture était célèbre. Le maître d'équipage allait même parfois jusqu'à m'adresser la parole, quand je lui tendais un gobelet à la fin de la journée. « Divin, mon cœur », me dit-il un jour, et le sang martelait mes tempes. Mais avant que j'aie eu le temps d'arracher le couvercle de la boîte renfermant les sandwichs au faisan, il s'était déjà éloigné sur son cheval, et les jumelles Crowhurst prenaient sa place.

Les sœurs Crowhurst étaient presque de vraies jumelles ; Nod et Blink étaient leurs noms d'enfant, qu'on leur donnait toujours bien qu'elles eussent près de trente ans à l'époque, approchant de l'âge mûr. Tout le monde était gentil avec elles parce qu'elles n'avaient pas d'argent, rien que du Sang Bleu et beaucoup d'invention. Elles s'occupaient elles-mêmes de leurs chevaux, et aussi de tous leurs besoins personnels. C'est tout juste si elles ne confectionnaient pas leurs bottes. Elles ne pouvaient pas fabriquer leurs hauts-de-forme, qui étaient larges et verdâtres et avaient appartenu à leurs tantes, mais bien leurs gilets en tricot canari, qui étaient vifs, neufs et doublés de peau de chamois à polir l'argenterie. Elles montaient à califourchon, et très bien aussi, il faut le reconnaître, et, naturellement, ne faisaient jamais souffrir le dos de leurs montures.

— Votre père nous a dit de venir prendre quelque chose de chaud, disaient-elles d'une voix tranchante et presque à l'unisson.

Une façon de me défier de leur offrir de la soupe.

— Porto ou whisky ? demandais-je, en refermant la boîte aux sandwichs.

Je n'ai jamais beaucoup aimé les sœurs Crowhurst. Je ne comprends pas ce que Papa leur trouvait.

Quand le dernier manteau était boutonné, que résonnait le dernier « bonsoir », et que les chiens, affamés, s'élançaient sur la route en direction de leurs lointains chenils, Hubert et Papa me donnaient leurs chevaux à tenir pendant qu'ils fouillaient dans la voiture à la recherche de quelque nourriture. Je sens encore l'odeur de cuir et de sueur dans l'air du soir, tandis que j'attendais, calmant les chevaux de la voix, grattant leurs démangeaisons sous leurs brides, et faisant de mon mieux pour qu'ils gardent la tête tournée vers les chiens et les talons tournés vers le fossé. Hubert et moi rentrions à la maison à cheval, pour que Papa puisse reposer sa mauvaise jambe dans la voiture. Alors, nous nous trouvions parfaitement accordés l'un à l'autre, décidant comment éviter les sœurs Crowhurst ou si nous prendrions un dernier verre qui nous revigorerait pour le chemin que nous avions encore à parcourir.

Un soir de janvier, Hubert resta si longtemps au Central Bar (centre de rien du tout à part une tourbière et un bureau de poste) que les chevaux commençaient à avoir froid, et moi aussi. Il sortit enfin, sans un verre pour moi à la main, et le propriétaire du bar à son côté.

— Mettez-le en selle, dit-il, s'il est capable d'y rester, et que je ne le revoie plus ; on n'est pas son genre.

Je fus vraiment choquée de ces manières. En général, ils sont plus que ravis d'accueillir la noblesse. Un regard sur Hubert m'apprit qu'il était tout simplement affamé, alors je courus au bar lui acheter un paquet de biscuits. Un petit garçon affreusement mal élevé était debout sur une chaise et faisait des signes à Hubert par une minuscule fenêtre. Il avait l'air aussi ardent qu'une blonde à un bal de chasseurs.

— Des biscuits, s'il vous plaît, dis-je, tapant sur le comptoir avec une demi-couronne. Des biscuits au gingembre.

— Nous n'avons que des Kerry Creams, dit-il doucement, détournant de moi les yeux pour les reporter sur la fenêtre.

Je lui arrachai le paquet et sortis en courant. L'endroit me déplaisait souverainement.

Puis, au moment où Hubert échouait pour la seconde fois à mettre le pied à l'étrier, les jumelles Crowhurst passèrent à cheval. Il riait sans pouvoir s'arrêter, et nos chevaux, laissés à l'abandon, occupaient toute la route.

— On prend du bon temps ? lancèrent les jumelles avec leur élocution précise en s'éloignant tranquillement dans le soir.

En arrivant chez elles, elles soigneraient leurs chevaux, leur donneraient des boissons fraîches et des mashes chauds soigneusement élaborées, avant de s'asseoir pour le thé, où elles mangeraient leur magnifique terrine de poisson sur toasts (terrine dont elles conservent encore le secret). Braves petites, braves petites, disaient les gens. Très courageuses. Elles étaient heureuses, à n'en pas douter, dans leur vie bien réglée. Leurs journées devaient être remplies jusqu'à l'épuisement, entre leurs chevaux à soigner, nourrir et exercer, leurs vêtements à fabriquer, et leurs chiens à tenir aussi propres que des bébés confiés à une nannie anglaise ; mais elles ne connurent jamais, les pauvres, le vrai bonheur, tel que je le connus avec Hubert et Papa – et, plus tard, Richard.

12

C'est vers la fin du deuxième été après cet heureux changement apporté par Hubert dans ma vie mondaine sans joie, qu'il invita Richard pour un long séjour à Temple Alice. Rien n'aurait pu faire plus grand plaisir à Papa. Le fils de son vieil ami Wobbly Massingham ! Il ne pouvait qu'approuver une amitié entre Hubert et lui ; approuver et espérer, car Hubert l'amenait pour me servir de cavalier pendant les bals suivant le Dublin Horse Show.

J'affichais une grande indifférence, mais j'espérais aussi, et, tous les matins et tous les soirs, j'allais à bicyclette chez la couturière locale. Mme Hart était une grande femme corpulente affligée d'un pied-bot. Elle montrait un brio et une imagination insurpassés pour tout ce qui était vêtement. Ma taille représentait pour elle un défi ; il y avait une telle surface à vêtir.

— Tenez-vous-en au beige, mademoiselle Aroon, implorait-elle, et tenez-vous-en aux formes simples. Quand je lui apportai un échantillon de mousseline imprimée de roses, elle remarqua tristement :

— Nous aurons l'air d'un arbre au milieu d'un jardin.

Je fus un peu vexée de ce commentaire non sollicité, mais je n'en tins aucun compte, naturellement, et je commandai dix mètres de la mousseline aux roses.

J'étais si impatiente de voir mes vêtements terminés, et si fatiguée de pédaler vers mes essayages par les chauds après-midi de juillet, que ma curiosité, et même mon intérêt pour Richard ne se manifestaient pas à l'extérieur. Richard était spécialement destiné au Horse Show et à ses bals ; c'était un présent du Ciel, et cela suffisait. Hubert me dit un jour :

— Mon ami n'a pas l'air de t'intéresser beaucoup.

— Mais si, vraiment.

— Pourtant, je l'ai invité spécialement pour toi.

— Tu sais bien qu'il va me détester.

— Pourquoi ? Il s'était amouraché de Bronwyn Morbyrd, et elle a les jambes des Burnham, la pauvre.

— Ne me taquine pas, de quoi vais-je bien pouvoir lui parler ?

— Pas de chevaux. Il aime assez plaisanter au sujet de Mme Brock.

— Mme Brock ? Tu ne parles pas sérieusement.

— Si. Elle nous a valu notre premier fou rire.

— Comme c'est bizarre.

Je sentis ses mains désespérées sur mes épaules ; je revis ma petite Minnie et ses bébés vagissants ; je me rappelai clairement toutes ses paroles. Guère utile pour une conversation mondaine.

— Et regarde ce que j'ai trouvé, dit Hubert de sa voix la plus sournoisement moqueuse.

Il prit un livre dans la bibliothèque de la salle d'études, un exemplaire du *Trésor de la poésie pour les enfants* et en sortit quelque chose. C'était un portrait appartenant à la collection de Mme Brock sur Stoke Charity, une photo de Richard, âgé de huit ans, assis sur une balustrade de photographe, les yeux levés vers le ciel, une batte de cricket dans les mains ; il portait une chemise blanche, au col byronnien profondément fendu sur une poitrine potelée de chérubin.

— C'est bébête, n'est-ce pas ?

Hubert éclata de rire et remit le *Trésor de la poésie pour les enfants* entre les chansons et les contes oubliés de notre enfance.

Je fus consternée quand je rencontrai le Richard actuel. Je vis en lui l'incarnation de tous les jeunes gens qui m'avaient paralysée dans un silence uniquement rompu à de rares intervalles par de désolantes platitudes. Il était là, et pendant cinq jours et cinq nuits, il lui faudrait endurer ma compagnie, ma taille et ma simplicité campagnarde. Je chancelai un peu sur les talons de mes sandales de lézard lacées, le regardant à la dérobée quand je trouvais un instant entre le marquage de mon catalogue et la recherche de quelque chose à dire sur le cheval mis aux enchères dans le ring 4. Je voyais de longues jambes (je m'y attendais), des yeux discriminateurs et critiques comme des yeux d'oiseau ; de petites oreilles ; des cheveux parfaitement coiffés ; un parapluie roulé, qu'il balançait élégamment comme une épée ; il sortait tout droit des pages du *Tatler* et du *Bystander*. La famille qu'il fallait, l'école qu'il fallait, le régiment qu'il fallait, il avait tout eu. J'étais anéantie, entre la peur et l'admiration. Il était bronzé (la Semaine de Cowes), mince et musclé (polo à Hurlingham) ; il avait monté le gagnant d'un grand prix militaire (il aurait dû porter le mot Sandown écrit sur son front). Comment pouvais-je trouver un mot digne de son attention ? Appuyée sur la barrière du ring, je respirais l'atmosphère de *déjà-vu** qu'il exhalait en indiquant exactement les trois chevaux que les juges allaient classer premier, deuxième et troisième. Je savais qu'il allait circuler à travers les ventes et les bals avec la même lassitude naturelle et dédaigneuse. Il portait son melon incliné à la façon des hommes d'âge mûr, pour souligner sa jeunesse triomphante. Appuyée à côté de lui, la souffrance de l'orgueil et de la timidité m'accula aux profondeurs ultimes du silence.

— Ne te force pas, me dit Hubert ce premier soir avant le dîner.

Je le sentais embarrassé et anxieux.

— Sois naturelle, me conseilla-t-il.

Ainsi, je n'étais plus la joyeuse plaisanterie qu'Hubert et Papa avaient inventée. Le désespoir me submergea. Parfait, pensai-je, je n'arrive pas à parler. Mais je peux manger. Je peux être l'obèse de la foire ; l'homme qui mange du fer ; la femme à tête de cochon ; n'importe quoi pour échapper à moi-même. Aussi, à ce premier dîner précédant le premier bal, engloutis-je de fantastiques quantités de nourriture. Près d'un demi-saumon fumé, assaisonné d'un citron entier avec son zeste ; la plus grande partie d'un canard ; quatre meringues et quatre pêches melba ; des canapés aux champignons et à la moelle ; et même du fromage.

— Que pouvons-nous lui trouver d'autre ? demanda Richard à Hubert. Quel appétit !

Ils m'égayèrent discrètement. J'étais redevenue une plaisanterie. J'existais. J'étais pour eux un sujet de conversation.

Il dansa avec moi toute la soirée. Je brûlais d'exploiter les talents qu'Hubert et moi avions perfectionnés. Je brûlais de lui montrer ce que je savais faire. Mais il s'obstina dans son petit pas intime et hésitant de boîte de nuit. Il y avait aussi un truc et un style, là-dedans. Ce pas s'écartait de la vulgarité des efforts des autres ; il participait à son refus du quotidien, maniérisme soigneusement cultivé, comme l'inclinaison de son chapeau.

Le concours dura cinq jours comme d'habitude, mais combien différents des martyres précédents, soufferts dans une solitude immobile et souriante. Cette fois, je n'avais pas à attendre sous la pendule que Papa eût terminé ses rencontres d'affaires ou de plaisir. Hubert et Richard me houspillaient gentiment entre eux, du lever au coucher. J'étais si heureuse, je sentais qu'ils m'aimaient. Ils partageaient leurs plaisanteries avec moi, et cela me suffisait. Richard en inventa même une. « Pig-wig », me surnomma-t-il. Et un jour, je l'entendis dire à Hubert : « Notre Pig-wig. » À cette minute même, j'en ressens encore un frisson de félicité.

Le dernier jour, Richard acheta un yearling à la vente de Bloodstock. J'étais assise entre lui et Hubert dans les tribunes circulaires, tandis que les poulains mis aux enchères ruaient, se cabraient, ou trottaient poliment sur la piste au-dessous de nous. Je ne me rendis même pas compte que Richard participait aux enchères, tant ses gestes étaient calmes, imperceptibles, intelligents. Je ne parlais pas à ce moment-là, j'en loue encore le Ciel, je feuilletais mon catalogue en silence. Soudain, je sentis Hubert se raidir à côté de moi, et je vis les yeux de Richard flamber d'excitation sous son chapeau incliné à l'ancienne. Excitation tue et réprimée en une exagération délibérée de réserve. Mais, par-delà cette froideur apparente, et les enchères continuant, il était chauffé à blanc. Dehors, au soleil et sur l'herbe, nous examinâmes le poulain.

— Un peu ordinaire ?

— C'est ce qui me plaît en lui.

— Et il a un bon pedigree. Je crois que j'ai bien manœuvré.

Pendant environ une demi-heure, il marcha autour de nous et nous marchâmes autour de lui. À ma grande surprise, il devait rester à Temple Alice. Je me demandai ce qu'en dirait Papa ; il se plaignait déjà que les chevaux aient saccagé les champs. Repus de sa vue pour le moment, nous nous apprêtâmes à quitter le paddock. Jetant un dernier regard sur le poulain, Hubert eut une sorte de frisson.

— Je crois que nous avons besoin d'un verre, dit-il, et c'est ma tournée.

Au bar, ils faillirent oublier de me placer entre eux, et, pensai-je, se souvinrent de justesse de m'offrir un verre. Bien sûr, ils étaient obsédés par le poulain, Black Friday, fils de Love Affair et d'Esperanto.

C'était le dernier jour de la vente ; nous abandonnions les dépenses et les mondanités pour retrouver Temple Alice et l'été en plein essor. Hubert s'installait dans la voiture de Richard pour le long trajet de retour quand Papa, le visage sombre, dit de sa voix doucement plaintive :

— Hubert, mon vieux, mon pneu avant m'inquiète un peu. Voudrais-tu changer de place avec Aroon, au cas où ? J'ai fait un déjeuner détestable au Club.

— Je peux changer la roue, Papa, dis-je.

Combien de fois ne l'avais-je pas fait.

— Cesse de discuter, je te prie, et descends.

Il parla si bas que je fus seule à l'entendre, mais sa voix avait perdu toute douceur.

Richard m'aida à monter dans sa voiture, m'enveloppa les genoux dans une espèce de couverture en poil de chameau, m'offrit une cigarette égyptienne, et, pendant les cent quarante kilomètres qui nous séparaient de la maison, n'ouvrit la bouche que pour demander le chemin. J'avais l'habitude des kilomètres de transe silencieuse avec Papa, aussi le silence de Richard me parut-il assez naturel. Je pelotonnai mon grand corps, aussi félinement que ma taille le permettait, et, sous la grande couverture, je feignis de dormir. Plus tard, quand je finis par lire Michael Arien, je compris que c'était exactement le genre de voiture dans laquelle foncer dans la nuit à cent quarante à l'heure, avant de s'écraser dans la mort, pour l'amour de l'ingrate Vertu.

13

La réaction de Maman vis-à-vis de Richard ne fut jamais discutée entre nous. Nous nous étions angoissés pour rien. Dès le premier soir, quand elle découvrit qu'il appréciait les meubles Regency, elle décida qu'il était beaucoup trop intelligent pour perdre son temps avec moi et me déroba sa compagnie chaque fois qu'elle le put.

Je me demandais pourquoi il se souciait de lui plaire, alors qu'il obtenait tout sans effort, jusqu'aux oiseaux rares des montagnes. Même les bécasses volaient sur la trajectoire de ses cartouches, les truites se hâtaient vers la mouche qu'il venait de lancer, et les chevaux, dociles ou vicieux, se comportaient magnifiquement sous sa main. Entouré d'un halo de charme, il le minimisait de son mieux. Comme s'il méprisait d'être le plus grand dans tous les salons, dominant tout le monde d'un silence dédaigneux, et repoussant toutes les avances, avec ses vêtements qui, bien que rappelant les dandys romantiques, n'étaient jamais déplacés. À son air désapprobateur quand il s'arrêtait sur certaines pages du *Tatler*, je comprenais qu'il avait des amis élégants ; des amis royaux aussi, bien que, naturellement, il n'en parlât jamais.

Jusque-là, Temple Alice avait été pour moi notre foyer froid et inconfortable – grand, plein de meubles mal placés, résonnant de l'écho de nos pas sur des planchers aux minces tapis ou du claquement sec des talons sur les dalles blanches et noires, au toit suintant de la pluie hivernale ou estivale, aux lits durs, aux bains d'eau douce et glacée. Voilà à quoi j'associais le plus souvent la maison en y ajoutant à l'occasion une sympathie agacée pour les inquiétudes de Papa quant aux dépenses, aux fuites du toit, aux gouttières trouées, de même que sa hantise de la pourriture sèche. Mais, pendant ce mois d'août éternel, l'endroit prit une qualité somptueuse. Tous les jours, la façade ingrate de la maison flamboyait dans le soleil qui, à travers les hautes fenêtres, inondait les papiers peints tachés d'humidité. Il nous illuminait du réveil au dîner.

Un matin, j'entendis de mon lit le pas des chevaux qui sortaient dans le silence matinal. Je m'assis, entourant mes genoux de mes bras par-dessus la couverture, et je les regardai, Richard et Hubert, sortir ensemble. Hubert montait Arch Deacon (Arch Demon, l'avait surnommé Tommy Fox), jeune poulain difficile que Papa avait acheté pour une bouchée de pain à un pasteur cavalier, et donné à Hubert pour qu'il le dresse et le civilise. À ce moment, je le vis obliger Arch Deacon à bien se tenir, ouvrant la grille, et obligeant son cheval à l'obéissance tandis que Richard franchissait le portail. Ils ne m'avaient pas dit qu'ils monteraient de bonne heure. J'écartai cette idée, et avec elle la perspective de sortir seule mon gros canasson.

Je crois que c'est ce jour-là, ou le suivant, que nous allâmes à Kildeclan et que Richard m'acheta un grand flacon de parfum. Il acheta aussi une bouteille de Cointreau, une bouteille de gin et six citrons qu'il entreposa dans sa chambre.

— Cocktails ce soir à sept heures, dit-il. N'oubliez pas, Pig-wig. Apportez votre verre à dents.

Il y avait quelque chose d'osé, de purement masculin dans cette petite soirée. Inondée du parfum de Richard et vêtue d'une vieille robe en crêpe de chine à fleurs, je me sentais privilégiée d'être là. J'aimais regarder les garçons mettre la dernière main à leur toilette. Il y avait une grâce vive et virile dans leurs mouvements, dans la façon dont ils inséraient prestement les boutons de manchettes dans les poignets de leurs chemises de soirée, un tempo très différent des gestes lents et mesurés des filles. Ils portaient d'étroites bretelles rouges, et leurs pantalons noirs leur moulaient étroitement la taille et les fesses. J'avais l'impression de participer à la violence du brossage – chaque cheveu à sa place, et pas d'indiscipline. Je me sentais plus détendue, je faisais davantage partie d'eux-mêmes à mesure que les minutes passaient. Quels amours. Quels séducteurs. Leurs silences étaient gros de toutes les choses qu'il était de mauvais ton d'exprimer, c'est pourquoi je me demande comment nous en vînmes à parler de Mme Brock. Hubert m'avait dit qu'ils se moquaient souvent d'elle entre eux. Moi, je ne trouvais pas. Ils avaient inventé cette idée, et ils s'abritaient derrière. Le nom de Mme Brock était depuis si longtemps enterré sous tant de silences et de questions inexprimées que le mystère, comme la mer, l'avait engloutie.

— Je me demande pourquoi elle a fait ça, encore une histoire d'amour ?

— Richard, que voulez-vous dire ?

— Eh bien, Nannie l'avait surprise en train de m'embrasser, et elle avait un béguin d'adolescente pour Maman.

— Notre Maman a été parfaitement odieuse avec elle.

— Vous l'aimiez ?

— Je ne me rappelle pas. Et vous ?

— Je ne me rappelle pas.

— Je ne me rappelle pas non plus.

Nous la reniâmes tous.

— Est-ce qu'elle trouvait des choses ici ?

— Trouvait des choses ? Je ne me rappelle pas. Quelles choses ?

— Je ne pense plus jamais à elle maintenant. Quelle vieille folle, dit Hubert avec colère.

— Mais je veux savoir, insista Richard. Si vous ne vous rappelez rien, inventez. Pourquoi s'est-elle noyée ?

Ce fut le début du culte de Mme Brock, qui devint un jeu auquel Richard aimait jouer, en nous y incluant, Hubert et moi. D'abord, les souvenirs sur elle ; puis les inventions, les détails tristes, drôles, intimes. C'était une charade. Nous la rendions pathétique, ridiculement sentimentale, et ajoutions de sournoises allusions à ses habitudes personnelles. Je ne comprenais pas l'avide curiosité de Richard. Pour lui plaire, je lui livrais tout ce que je savais, en me gardant bien cependant de lui révéler ce qu'elle m'avait dit sur les souris, même si cela avait failli m'échapper à plus d'une reprise. Hubert, quand il jouait sincèrement le jeu, était une mine de réminiscences fascinantes. Il se souvenait de sa manière de chanter, des chansons qu'elle chantait, et de sa façon de se tourner sur le tabouret du piano, sans cesser de chanter, nous faisant approcher pour le refrain ; et de la légère odeur de Mme Brock qui résistait à la légère odeur du talc.

— Oui, oui ! les aisselles, les aisselles !

Richard était enchanté.

— *Papier poudré*, neige Icilma, contribuai-je.

Ils entreprirent de l'habiller et de la déshabiller comme une poupée, comme un mannequin. Hubert hurlait à certaines choses dégoûtantes qu'il inventait. Je riais, n'entendant ou ne comprenant pas toujours, mais bien résolue à ne pas rester en dehors du jeu, effrayée et pourtant désireuse de prendre part à ce viol.

— Elle faisait des caracos et enroulait ses dentelles sur des bouts de cartes postales. « J'aime le raffinement », disait-elle.

— Raffinement, mon œil. Elle retroussait ses jupes et se chauffait le derrière au feu de la salle d'études.

— Hubert, tu sais bien qu'elle n'a jamais fait ça.

Richard étouffait mes protestations. Il riait tellement qu'il se renversait dans son fauteuil, haletant :

— Culottes fendues.

Le jeu était comme un dangereux secret entre les garçons. Ils me permettaient d'y participer uniquement parce que je plongeais très profondément au cœur de mes souvenirs. Tout ce que je me rappelais était un reniement et une trahison de tout ce qu'elle avait été par ailleurs. Mais à nous trois, nous parvînmes presque à la rappeler à la vie. Comme c'était amusant de participer à sa persécution !

Pendant tout le mois qui suivit le Horse Show, dans l'excitation de la présence de Richard, nous laissâmes Papa à l'écart. Il n'y en avait eu que pour lui avant, mais maintenant nous formions un cercle enchanté où les vieux n'étaient pas invités. Jusqu'à ce mois d'août, Papa et Hubert avaient partagé les mêmes intérêts. Ils avaient été heureux de partager les seules choses qui comptaient vraiment pour eux. Maintenant, Papa restait en arrière, et trouvait des excuses pour ne pas aller à la chasse. Hubert et Richard pouvaient marcher plus loin et plus vite sans lui ; il le savait. La moisson lui offrit un prétexte bienvenu, une occupation qui le soulageait d'une jalousie triste et inévitable. Il ne participait pas aux travaux dans les champs, mais il les surveillait et les supervisait, tirant les lapins débusqués par ses chiens dans les lisières. Ses journées étaient remplies, et pourtant pas heureuses. Il avait été supplanté.

Parfois les garçons sortaient après le dîner dans la grande voiture de Richard. Ils ne m'emmenaient pas, parce que Hubert apprenait à conduire cet effrayant trésor, et je rayonnais de les entendre dire que j'étais trop précieuse pour qu'on risquât ma vie. Papa était nerveux s'ils rentraient très tard, pensant peut-être qu'Hubert avait emmené le monstre sur les routes, bien qu'il lui eût demandé de rester sur les deux longues avenues de la propriété jusqu'à ce qu'il connût mieux la voiture. Un soir qu'il s'agitait misérablement, il manifesta plaisir et soulagement quand je lui proposai d'aller promener les chiens en allant au-devant des garçons.

— Oui, ils ont besoin de se dégourdir les pattes, les pauvres, dit-il, reportant toute l'importance de la sortie sur les chiens. Mets tes bottes, ma chérie, et nous traverserons le Grand Champ et le Parc aux Chevaux.

Nous partîmes ensemble dans la nuit douce, à travers les hêtraies et au-delà, à travers les champs où les vaches bougeaient doucement dans les hautes herbes et les fleurs, ou bien reposaient côte à côte en couronnes placides, leurs corps pâles écrasant l'herbe sombre. Leur haleine et l'odeur de menthe savage emplissaient l'air nocturne. Nous trouvâmes la voiture derrière la grille ouverte du Parc aux Chevaux.

— Endroit bien mal choisi, dit Papa. Les jeunes chevaux pourraient s'y blesser, se briser les pattes à ruer dedans, ou brouter des morceaux du capot. Tu saurais la conduire hors du parc ?

— Non. Et puis, les vaches pourraient la manger dans la prairie.

— C'est vrai. Comme tu es intelligente, ma chérie. Quelle sottise. Eh bien, peux-tu klaxonner ?

Les notes du klaxon s'envolèrent, résonnèrent à travers la nuit et ramenèrent vers nous les garçons, à pas lents, contrariés plutôt que penauds quand Papa leur expliqua pourquoi il les avait rappelés.

— On a emmené les chevaux hier dans le marais, dit Hubert. Il ne reste plus là que mon poulain et un âne.

— Ton poulain ?

— Le poulain de Richard. Black Friday. Nous sommes venus le voir.

— Je comprends.

Il y eut un silence. Et l'air du soir, si doux jusque-là, se chargea de méfiance informulée, inexprimée. Soudain, la pluie se mit à tomber – première averse du mois. Papa, moi et les chiens, nous nous entassâmes dans la voiture avec Richard. Hubert referma la grille derrière nous et nous le quittâmes sous la pluie battante. Quand nous arrivâmes à la maison, Richard laissa tourner le moteur, le faisant vrombir bruyamment tandis que Papa descendait maladroitement avec sa jambe de bois.

— Vous ne rentrez pas ? dit Papa, debout dans la lumière des phares.

— Non. Je vais chercher Hubert.

Richard fit une marche arrière, tourna, et fonça dans l'avenue.

— Sacrée sottise ; la pluie ne le tuera pas, cria Papa.

Mais Richard n'était plus à portée de l'entendre. Papa resta encore un instant sous la pluie, regardant la voiture d'un air impuissant. Je comprenais. Il n'était plus le premier dans le cœur d'Hubert. Triste solitude.

— Rentrons sécher les chiens, dis-je.

— Oui, dit Papa, montant en boitillant. Oui, oui. Chaque chose en son temps.

La fin d'août approchait, et Richard était toujours avec nous. Nous gagnions en intimité de jour en jour. Le matin, nous montions nos gras chevaux luisants qui avaient besoin d'exercice, et la brute insoumise d'Hubert qui avait besoin de dressage. Certains soirs nous dansions dans le salon presque noir, à la lueur d'une lampe à pétrole que tenait une main de nègre près du gramophone à manivelle La Voix de son Maître, avec, sur le couvercle levé, son chien blanc assis sur son derrière.

Là, à mon ravissement, Hubert et Richard dansaient avec moi tour à tour. Je préférais presque danser avec Hubert, parce que j'aimais montrer à Richard ce que je savais faire. J'adorais ces moments où il semblait contraint de lever la tête du *Field* ou du *Tatler* pour nous regarder danser un exubérant charleston, sur les bandes de parquet entre les tapis. Avec moi, Hubert dansait de façon inspirée ; c'était encore plus excitant qu'autrefois, et très différent de la froide réserve de Richard. Richard posait une main de fer entre mes épaules et m'obligeait à changer de style, regardant au loin pendant que nous dansions, et mon pauvre cœur battait et tournait comme il ne le faisait jamais au cours des danses les plus folles avec Hubert – et pourtant j'adorais alors Hubert autant que Richard. En échange, ils me comblaient. Je me sentais complète. Il n'y avait plus rien à désirer.

14

Bientôt, il devrait partir. Il me faudrait affronter l'automne éclatant sans lui et sans Hubert. Je m'interdis de compter les quelques jours qui restaient avant qu'Hubert ne reparte à Cambridge et Richard à son régiment. Je détestais perdre une minute du temps à passer ensemble. Ce soir-là, j'étais dans un brouillard de mélancolie qui allait trouver son apogée dans une de ces douleurs que l'on m'avait appris à mépriser en ne les considérant que comme un léger inconfort mensuel, auquel il ne fallait pas donner trop d'importance ; les prendre au sérieux, c'était se rendre coupable d'un péché mondain. Cette fois, le remède n'était pas loin. J'avais enfin appris l'effet que me faisait le gin. Verre à dents à la main, je frappai à la porte de Richard.

— Entrez, cria-t-il, mais pas tout de suite.

Il semblait immense, et presque intimidant emmailloté dans sa robe de chambre sombre, allumant une cigarette en se considérant dans le miroir au cadre d'acajou. Hubert était assis au bord du lit, une serviette drapée autour des reins, une de ces immenses serviettes de bain rêches brodées de fil rouge, qui devait déjà bien avoir cinquante ans à l'époque. Il tendit un bras nu pour prendre l'étui à cigarettes de Richard. Ni l'un ni l'autre ne m'en offrit une. Au bout d'un moment, Richard dit :

— Vous vouliez boire un verre ?

— Oui, je ne me sens pas très bien.

Hubert ne dit rien. Il gardait ce silence sournois, lointain, dont je me souvenais quand, petit, il était le préféré de Maman et que je restais dehors dans le froid. Avant que je me sois mise à l'aimer.

Richard noua sa ceinture avec une discrétion exigeante et sortit les bouteilles du panier à linge.

— Pas de citron, je regrette, dit-il en versant une généreuse rasade de gin et quelques gouttes de Cointreau dans mon verre à dents, tandis que mes yeux incrédules apercevaient un citron sur la coiffeuse, prêt pour leurs cocktails, pas pour le mien.

Je crois qu'Hubert savait que je l'avais vu et savait qu'il était trop tard quand il traversa la pièce pour aller à la coiffeuse se brosser les cheveux avec la brosse de Richard. Il s'assit devant le miroir, ses épaules nues penchées vers leur reflet. Richard me rendit mon verre et me tourna le dos. Je crois qu'il regarda son poignet, pour consulter sa montre qu'il ne portait pas encore.

— Nous devrions peut-être nous habiller, dit-il.

— Oui, vous serez en retard, parvins-je à articuler, tout en sachant qu'ils avaient des heures avant le dîner. Je vous laisse.

Je posai mon verre. Sans aucun doute, je pourrais revenir. Dans la glace, Hubert vit mon geste.

— Prends-le avec toi, ma chérie, dit-il doucement.

Une fois sortie, je restai plantée devant la porte, avec mon verre débordant à la main. Dans la chambre, je les entendis se mettre à rire, d'un rire soulagé, et quand ils supposèrent que j'étais partie, des éclats de rire me suivirent – rire qui soulageait leur tension et m'excluait. Perplexe et angoissée, je m'assis dans ma chambre, sirotant le gin affreusement fort sans y trouver réconfort ou exubérance. J'attendais que les minutes passent, ces minutes que j'avais si étourdiment pensé vivre en leur compagnie. Bientôt, le gin vainquit ma douleur, mais pas ma méfiance en le bonheur, ni ma confiance en le bonheur.

Les garçons eurent des tas de choses à dire à Papa ce soir-là. Ils restèrent longtemps dans la salle à manger, tandis que Maman et moi nous nous installions dans la bibliothèque avec notre ouvrage, moi mon caraco en crêpe de chine abricot orné de dentelle écrue, elle avec sa tapisserie, tulipes vertes sur fond blanc.

— Comme c'est triste qu'ils s'en aillent jeudi, murmura-t-elle tandis que Papa et les garçons s'attardaient de plus en plus longtemps dans la salle à manger.

Elle posa sa tapisserie et prit la planche où elle faisait ses patiences, comme pour souligner que le temps s'éternisait. Je me sentais vide, installée à jamais à ma place de fille de la maison, de fille célibataire.

Papa entra et s'assit dans son fauteuil à oreillettes.

— Ils sont dans l'armurerie, en train de remplir le livre de chasse, me dit-il, supposant sans doute que je voudrais aller les rejoindre.

— Ah, vraiment ?

Ma voix sortit froide et dure, aussi différente que ce soir l'était d'hier. Je le sentis me jeter un coup d'œil, mais il avait le nouveau *Horse and Hound* à lire. Poliment occupés, nous poursuivîmes nos occupations, gardant nos pensées incommuniquées, incommunicables. Puis, nous parvenant faiblement du salon, nous entendîmes de la musique : « *Wien, Wien, nur du allein…* » La veille encore, j'avais dansé follement sur cet air, évolué au rythme de ses mélodies exaltées, partageant chaque amour et regret.

Pendant une ou deux minutes, Papa ne tourna ni ne fit crisser une feuille de *Horse and Hound*. Il s'agitait sur son fauteuil comme incapable de trouver une position confortable pour sa jambe de bois. Enfin, comme si c'était une idée neuve, il dit :

— Ils jouent du gramophone. (Puis, après une pause :) Je pense qu'ils doivent t'attendre.

Je ne parvins pas à répondre. Maman dit, retournant une petite carte :

— Eh bien, ils savent où la trouver, n'est-ce pas ?

Papa froissa son *Horse and Hound* et fit descendre un chien comme pour étouffer ou supprimer ce qu'elle disait. Puis il se leva.

— Viens, dit-il. J'ai besoin d'un peu d'exercice. M'accorderas-tu celle-ci ? Danserons-nous, ma chérie, danserons-nous ?

J'étais mortifiée pour nous deux. Ils n'avaient pas envie de voir Papa, je le savais, et ils n'avaient pas envie de me voir, pas ce soir et peut-être plus jamais, et je le savais. Et pourtant, comme deux enfants malaimés, nous nous apprêtions à ignorer notre ostracisme. Papa me prit la main et m'entraîna en boitillant à sa suite, comme une nannie qui traîne un enfant récalcitrant à une réunion enfantine.

« *Wien, mein lieber Wien* », entendions-nous jouer, avec une bouleversante douceur, à travers la porte en acajou du salon. Je résistais, désespérée.

Richard et Hubert ne semblèrent pas entendre quand Papa ouvrit la porte ; la pièce était si pleine de musique. Hubert était assis, un chien sur les genoux, sous la lampe tenue dans une main de nègre. La lumière faisait luire ses cheveux aile de corbeau, et son cou, entre ses cheveux et le col blanc de sa chemise, était bronzé comme ses mains sur le chien blanc. Richard, debout derrière le fauteuil à haut dossier, penchait sa taille démesurée sur Hubert et le petit chien. Ses yeux, quand il les leva sur nous, étaient pleins de colère et d'égarement, comme s'il souffrait une perte cruelle – une perte sérieuse, par exemple être abandonné lors d'une chasse.

— Vous ne dansez pas, ce soir ? dit Papa.

Hubert ne leva même pas les yeux.

— J'épuce Tarquin.

Il pinça les ongles du pouce et de l'index, écrasant une puce.

— Je tiens le score, dit Richard d'une voix grave. Cela fait cinq puces et deux tiques.

— Mauvaise lumière pour ce genre d'occupation, vous ne trouvez pas ? dit Papa.

Personne ne répondit.

Dressée sur le seuil, je brûlais de m'en aller. Mais Papa me poussa dans la pièce.

— Je vous amène une cavalière.

Ces paroles sonnèrent faux, stupides, affectées. Dans mon embarras, je sentais la maladresse de mes mains que je serrais, de ma taille que je rapetissais, honteuse d'être moi, honteuse d'être là. Un instant plus tard, j'étais sauvée de moi-même. J'étais transformée, parce que Richard, abandonnant le groupe près de la lampe, traversa la pièce – sa grâce, sa force, sa pensée tournées uniquement vers moi. J'étais leur objet. J'allais être leur hôtesse.

— Voulez-vous bien danser ?

Comme il posait une main dans mon dos, la musique sanglota et s'arrêta. Il garda le bras autour de ma taille pendant qu'Hubert remontait le gramophone et changeait le disque. « Murmurant... croassa le disque, murmurant tandis que vous... »

— Dansons encore un peu.

Piètre invitation. Sa voix privait toujours toutes ses intentions de leur valeur et de leur chaleur. Il me fallait accepter de la même manière.

— Oh, si vous voulez, dis-je, rayonnant sous son étreinte.

Il pencha sa haute taille sur ma haute taille. Il me tint plus serré qu'il ne l'avait jamais fait ; en m'entraînant graduellement loin de Papa. À travers ma joie délirante, j'entendis Papa qui disait :

— Parfait, parfait. Sonnez tambours.

Il retourna dans l'entrée en boitillant – enfant abandonné à la sortie de l'école.

Je passai rapidement en revue une pile de disques, cherchant mon préféré, quand je sus que Richard disait quelque chose à Hubert d'une voix pressante. Pressante et basse, cela ne me regardait pas. J'étais sortie du creux de cette terrible vague dans laquelle j'avais peiné et souffert. Je me tournais pour danser avec Hubert quand Richard me reprit dans ses bras ; bizarre, parce que c'était toujours dansons, dansons encore.

— Où va Hubert ?

— Promener les chiens avec votre père, je crois que c'est ce qu'il a dit.

Nous continuâmes à danser ensemble. Avec Richard, avec la musique, avec la pâleur des fenêtres et l'obscurité de la pièce, j'avais retrouvé mon bonheur, plus solide, plus assuré que le matin. Je l'emportai au lit avec moi. Le lendemain en me réveillant, j'aurais pu le regarder, tant il était réel.

Pendant ces derniers jours, les garçons me gardèrent continuellement avec eux. Chaque jour de ce début septembre fut plus parfait que le précédent. Les grappes étaient mûres dans notre vigne délabrée – les muscats que Maman savait si bien tailler. Les papillons – damiers et paons – déployaient leurs ailes sur les scabieuses, les orpins et les buddleias, attendant, lourds et heureux, la mort à venir. Assis au milieu d'eux, nous mangions du raisin, le dos réchauffé par le soleil.

15

Notre pique-nique à la mer eut lieu par un après-midi plus enveloppé de soleil qu'aucun jour de l'été. La brume effaçait les contours entre l'eau et la terre. Les champs de blé, le sable sec, les rochers, la mer se fondaient en un embrasement qui niait la fin de l'été. Et nous niions l'idée que nous nous séparerions jamais. Nous nageâmes. Je m'abandonnai dans l'eau, et je laissai mes cheveux flotter dans la mer. Richard retrouva le rocher de Mme Brock et plongea, en exécutant des sauts périlleux et en repliant ses genoux. Hubert nagea vers la pleine mer.

— Rappelez-le, dis-je. La marée descend.

— Reviens ! criâmes-nous. Reviens, imprudent !

Richard semblait furieux et inquiet.

Hubert mit du temps à revenir et s'assit sur un rocher avec une serviette, riant et haletant, et plutôt content de notre angoisse.

— Courant terrible, reconnut-il à regret, quoique assez satisfait de nous le faire savoir.

Mes cheveux dégoulinant à grosses gouttes sur mes épaules, je m'accroupis dans le sable pour chercher parmi les graviers du rivage des porcelaines, coquillages si petits qu'ils se distinguaient à peine des grains de sable.

— Allez, vieux lamantin, prépare le thé.

Hubert rompit le charme de mon image de sirène aux cheveux mouillés. N'étais-je bonne qu'à servir ? Avant que j'aie eu le temps de souffrir, Richard se leva et me prit les mains. Quand il me tira à lui pour me relever, je suis certaine que ses lèvres effleurèrent le creux salé et sableux de mon coude.

— Vous avez froid, dit-il. Courons.

Nous courûmes ensemble, pieds nus, de toutes nos forces, très loin sur le sable nu et humide ; les vagues indéchiffrables s'écartaient légèrement de nos pieds vers la mer. Je me sentais légère comme une antilope ; j'ignorais mes seins, sautant et ballottant, inséparables de ma vie.

Quand nous revînmes, Hubert avait déballé le thé. Il avait creusé un long trou dans le sable et il s'y était assis avec les tasses, les pots de confitures et les sandwichs à portée de la main. Il était Mme Brock. Après le thé, j'enterrai ses pieds dans le sable et nous nous rappelâmes quelque chose : les orteils de Mme Brock sortant du sable comme d'énormes perles ; comme de petits cochons. Je recouvris ses pieds et tassai le sable.

— Cet enterrement me chatouille, dit Hubert.

Quand Richard frissonna, disant qu'il lui fallait marcher ou recommencer à courir, Hubert me saisit la main et dit :

— Reste là.

Il ne semblait pas avoir besoin de moi, il voulait simplement m'empêcher de partir avec Richard.

— Je voudrais te parler, Aroon.

Il s'était allongé dans son trou ; les jeux étaient terminés.

— Je veux te parler sérieusement. Tu es une grande fille maintenant.

— Oui, eh bien ?

Je ne pouvais pas le nier.

— Assieds-toi. Quitte-moi cet air de cygne.

Le cygne – mon oiseau préféré.

— Ton air de cygne sur la terre ferme, termina-t-il, reprenant le compliment.

— D'accord. Je sais. Ça m'est égal.

De nouveau, je sentais que mes seins menaçaient mon bonheur ; je ne pouvais plus les oublier comme quand j'avais l'impression d'être une antilope. Les cygnes ont de gros seins, eux aussi. Mais hors de l'eau, bien sûr, ils sont affreux.

— L'endroit qui sied à tes seins, dit Hubert, lisant dans mes pensées, c'est le lit.

— Le lit ?

— Tu étais splendide dans ton lit, dans ta chemise de nuit en satin blanc.

— Celle coupée en biais ? Personne ne me voit jamais au lit.

— Veux-tu que je te dise un secret ? Richard voudrait bien t'y voir.

— Je pousserai ma commode devant la porte, dis-je, ravie.

— Ne te donne pas un tour de reins, ma chérie, dit-il, irrité.

Maintenant, j'étais contrariée. Je sentis le bonheur se retirer de moi.

— De quoi pourrais-je parler ? dis-je, cédant peu à peu.

— De moi, si tu ne trouves rien de mieux, dit Hubert, l'œil amusé.

— Et si Papa nous entend bavarder sur toi ? Son dressing-room est à côté de ma chambre.

— Papa ne vous dérangera pas, dit-il avec un long regard appuyé. Je te le promets.

Les paroles de Mme Brock me revinrent : « C'est une chose que font les hommes et ça ne vous plaira pas. »

Ces affreuses souris.

— Je ne veux pas faire ça, Hubert.

— Oh, et tu devais avoir une part du poulain Black Friday.

À partager avec eux. Nous étions une trinité. Hubert posa sa main sur la mienne.

— N'y pense plus, dit-il. Ce n'était qu'une idée. Je dirai à Richard d'oublier tout ça.

— Hubert, dis-je, ne lui dis rien.

Nous nous regardâmes dans les yeux, partageant le même frisson. Mais nous ne nous étions pas découverts, nous ne nous étions pas avoué nos desseins. La brise passa entre nous, souffle chargé de l'odeur de la mer et du sable. J'étirai mes longs bras et le tirai de son nid qui était la tombe de Mme Brock.

— Voilà un bateau qui rentre, dis-je, m'évadant dans l'activité. Allons sur le quai acheter des homards.

— Quand Richard sera là.

Il lança un trille de tyrolienne, qui résonna en écho sur la mer, comme des pierres ricochent sur une eau tranquille ; c'est un don qu'il avait, mais qu'il utilisait très rarement.

— Vous avez entendu ? demandai-je à Richard quand il revint.

— Entendu quoi ? Je n'ai rien entendu.

Hubert sourit.

Sous le quai, les bateaux rentraient à leurs mouillages. Du haut de la falaise, Gull's Cry, la petite maison de nos cousins, semblait se pencher et regarder en bas, calculant les prises et les déceptions sous ses fenêtres. Les deux vieilles vies là-haut étaient aussi distantes des nôtres qu'une hirondelle d'un banc de sable.

Quand les homards furent hissés sur le quai, Hubert et moi marchandâmes en riant avec les pêcheurs que nous connaissions. Richard nous quitta et descendit la jetée vers un jeune homme – un blond gigantesque – qui venait de monter l'échelle et de prendre pied sur le quai. Ils se mirent à parler et parlaient encore quand les autres s'en allèrent vers le village, par groupes de trois ou quatre.

Hubert et moi, nous attendîmes, impatients de rapporter nos homards à la maison, à temps pour le dîner. Nous avions déjà connu la même frustration et les mêmes retards en un jour tout semblable ; je me le rappelais maintenant : avec Mme Brock quand nous étions petits – le souvenir était loin derrière moi.

— Appelle-le, Aroon.

Je me demandai pourquoi Hubert ne refaisait pas sa tyrolienne ; je ne voulais pas crier non plus. Je m'approchai de l'endroit où, debout tous les deux, et de tailles semblables, ils parlaient. Je vis Richard donner au jeune homme (issu d'une famille détestable, tous des ivrognes, des Fenians) un billet d'une livre. En échange, il reçut de lui une boîte couverte d'écailles de poisson qui contenait trois crabes. Cette absurde extravagance me réduisit au silence.

— J'ai promis de monter ces crabes à vos cousins là-haut.

Cette explication à son retard sonnait un peu comme une excuse.

— Il prétend que ce vieillard mourant adore les crabes farcis.

— Moi aussi. Rentrons, dit Hubert, boudeur et tendu.

J'étais tout à fait de l'avis d'Hubert. Je n'avais pas envie que Richard fasse la connaissance de nos vieux parents, la Cousine Enid barbue et le radotant Cousin Hamish, boitillant dans leur petite maison délabrée. Ce n'est pas que je sois snob, mais ils auraient gâché la fin d'une journée merveilleuse. Maintenant, il y avait une division entre nous trois, nerveuse et inexprimée.

Richard ne discuta pas. Il tourna la voiture, s'éloigna de la mer et monta la route menant chez nos cousins, comme s'il connaissait le chemin.

Une femme, qui n'avait l'air ni d'une servante ni d'une amie, ouvrit la porte :

— Mlle Enid est au lit en train de jouer au menteur avec Monsieur Hamish. Je ne sais pas si elle descendra. Elle est un peu souffrante.

Elle se détourna comme pour nous décourager.

Avec sa conviction inébranlable d'être le bienvenu partout où il allait, Richard la suivit dans la maison.

— Eh bien, demandez-leur s'ils veulent ces crabes.

Il parlait comme à une de ses domestiques, et elle se soumit, presque de bon cœur, à son autorité. Il regarda en arrière, nous forçant à le rejoindre.

Hubert et moi connaissions trop bien la pièce où nous étions pour éprouver de la curiosité. Sa marqueterie éraillée, ses vases poussiéreux roses et verts, son papier peint chinois nous étaient familiers depuis les longues heures d'ennui de notre enfance. La fenêtre, qui s'avançait comme une grande langue au-dessus des bateaux, nous avait procuré notre seule échappatoire aux parties de dominos d'ivoire, auxquels tant de pièces manquaient, pendant que nous attendions Maman. Maman entretenait ce lien ténu de cousinage, évaluant et appréciant les objets et les gravures de plus en plus endommagés et négligés. Cousine Enid ne vendrait jamais – mais elle léguerait peut-être.

Ce soir-là, Richard s'approcha de la fenêtre, et s'absorba dans la contemplation heureuse des bateaux vides, comme devant une boîte pleine de jouets.

La femme revint.

— Mlle Enid ne peut pas descendre. Monsieur Hamish est en train de perdre et il ne faut pas le contrarier. Je vais me charger des crabes, sales bêtes, je déteste les crabes.

Le crabe, le signe du Cancer, pensai-je, il ne pouvait rien en venir de bon. Quel destin, que de passer sa vie à grignoter la chair boursouflée des cadavres.

Nous nous détournâmes, tous les trois ensemble, de la proue de la fenêtre, mais un son venu d'en haut nous immobilisa. C'était comme un bâton frappant sur du plancher, coup discret d'abord, puis querelleur, puis plus fort, bientôt des coups redoublés, comme des coups de marteau sur le couvercle d'un cercueil – mais ne visse-t-on pas plutôt les couvercles de cercueils ? Si nous avions encore été enfants, nous nous serions tenu la main, pour conjurer la peur, pour ne pas nous enfuir.

La femme se retourna vers nous, pour prévenir une question déraisonnable :

— Ne faites pas attention – elle a dû le battre à la fin. Il finira par la tuer avec ce bâton si elle ne renonce pas à gagner.

Elle rit de sa plaisanterie absurde. J'hésitai avant de rire avec elle, et les garçons attendirent avant de rire avec moi.

Fuyant la maison, nous retournâmes nous blottir tous les trois dans la grande voiture. Notre jeunesse dominait sa puissance ; notre jeunesse était incommensurable, nous le savions ; mais pendant un bref instant, un frisson nous avait laissés sans défense.

— L'apéritif dans quelques minutes... rendez-vous au bar, dirent-ils quand nous nous séparâmes pour aller nous changer.

Le dos de ma robe dorée plongeait jusqu'au sol. Une pleine paume du parfum de Richard derrière les oreilles, oui, et au creux des coudes. Je souris toute seule et posai la joue contre mon bras avant de prendre mon verre à dents et d'enfiler le couloir en courant. Dans la chambre de Richard, il remplit mon verre à ras bord de champagne.

— Attention, dit Hubert quand Richard me resservit. Nous ne voulons pas qu'elle soit ivre morte.

— Ah non ? répondit doucement Richard.

Et je pensai, en une seconde merveilleuse, qu'il pourrait me regarder dormir.

Après le dîner, assise avec elle à la bibliothèque, je sentis, dans l'éloignement nouveau du bonheur, que Maman était devenue plus petite, plus insignifiante, qu'elle ne comptait plus du tout. Quand nous entendîmes les hommes sortir de la salle à manger, je me levai – légère comme un oiseau, je me sentais jeune comme le matin.

— Faut-il que tu aies toujours l'air si majestueuse, ma chérie ?

Elle soupira, considérant le mot et sa tapisserie, pelotonnant son petit corps dans son petit fauteuil. Je dus l'entendre, sinon je ne m'en souviendrais pas, mais à cet instant, elle aurait pu me traiter de gardienne de prison sans gâcher ma joie. Bientôt, nous danserions. Mes pieds effleureraient le sol. Dans l'après-midi, mes pieds nus s'étaient à peine imprimés sur le sable. Et maintenant, j'étais si heureuse, si transportée de bonheur que mon haleine aurait pu me soulever de terre.

Nous dansâmes, à peu près comme d'habitude. Je me sentais la proie d'une étrange réserve, qui convenait parfaitement à son petit pas de night-club et à son regard lourd et énigmatique – prélude à une rencontre. Avions-nous peur tous les deux ? Peur ensemble ? J'étais au-delà du ravissement.

Quand ils sortirent pour une dernière chasse au rat avec Papa et les chiens, je montai en courant, si vite que la flamme de ma bougie s'inclina vers l'arrière dans le vent de ma course. Chaque soir d'été a l'odeur de Noël quand on en souffle la flamme abritée derrière sa main. Les allumettes attendent toujours sur la table du pot de chambre, à côté du lit. Bien souvent, j'avais gratté une allumette et allumé ma bougie pour lire un bon roman policier, écartant les pensées indécentes. Pas ce soir.

Seule maintenant, je dégrafai ma robe dorée et la laissai somptueusement tomber à mes pieds. Puis je dégrafai mon corset, et mes seins jaillirent, comme gonflés de levure, hélas. Peu importe. Allongée sur le dos dans le lit, je reprendrais des airs de cygne dans l'eau. Penchée vers mes yeux dilatés dans le miroir, j'avais envie d'embrasser mon image. Pas de bigoudis. Pas de crème de nuit. Ma chemise de nuit, coupée en biais, moulait mon corps comme les écailles d'un poisson, d'une sirène.

Je me mis au lit ; j'étendis mes mains sur les draps, m'arrangeant et me réarrangeant sur mes oreillers ; c'est beau aussi, un cygne dans son nid. Des papillons tapaient contre les vitres. Des moucherons tournoyaient autour de ma bougie. Comme les hommes n'aiment guère que les femmes semblent trop consentantes, j'avais un livre, avec un doigt passé entre les pages, pour faire semblant de lire au cas où la porte s'ouvrirait.

J'entendis les chiens et Papa et les garçons rentrer – bruits confus de voix affectueuses s'adressant aux chiens, pas de conversation entre eux. Pauses. Allumaient-ils les bougies ? Bruit de pas dans l'escalier. Mon cœur se retourna. Ils passèrent ma porte. Mon cœur reprit sa place. Je me demandai si je devais ou non souffler ma bougie. Non. Mieux valait la laisser – comment aurais-je pu lire dans le noir ? Je poserais le livre, le doigt toujours entre les pages. « Richard ? » En un murmure, je répétai mes intonations. Il ne fallait pas l'attendre trop tôt. Pas avant que Papa n'aille se coucher. Irait-il jamais se coucher ? Papa traînait souvent si tard. Pas ce soir, pour une fois ; je vous en supplie, mon Dieu, faites qu'il se couche de bonne heure.

La nuit s'épanouit pour moi quand je vis tourner la poignée. Dans l'instant qui précéda son entrée, le monde m'appartint. L'instant d'après, la réalité pratique avait modéré mon ardeur. Il s'approcha de mon lit et s'assit au pied.

— Que lisez-vous ?

Il parlait d'une voix assez forte.

— Chut !

Je me penchai vers lui et posai ma main sur sa bouche. Ce faisant, j'eus l'impression curieuse qu'il avait envie de rire. Ce qui me sembla déplacé.

— Oh, n'éteignez pas, dit-il vivement quand je soufflai la bougie.

— Papa, chuchotai-je.

— Vous avez peut-être raison.

Il y eut une pause un peu longue pendant qu'il ôtait sa robe de chambre. Il entra dans le lit à côté de moi aussi méthodiquement que s'il montait dans un bateau. Puis il donna un petit coup de reins, assez enfantin, qui fit vibrer et grincer les ressorts. Il me prit un oreiller, puis remua et s'installa comme pour passer une bonne nuit de sommeil. Je cherchais quelque chose à dire. Il parla le premier.

— Vous avez vraiment des seins énormes.

Sa voix semblait venir de très loin, dans l'espace et dans le temps, mais elle était quand même beaucoup trop forte.

— Puis-je poser la tête dessus pour savoir quel effet cela fait ?

Pourquoi fallut-il que je pense au jeu de Mme Brock ? J'en refusai l'idée.

— Oui, si vous voulez.

Je sentis le poids de sa tête et je vis la ligne de sa joue et de son cou. Un contentement délicieux m'inonda. Je désirais cela. Je restai immobile à côté de lui.

— Il fait un peu chaud, dit-il au bout d'une minute.

Je me tournai vers lui. Il fallait qu'il devine.

— Je ne dois *pas* vous toucher, dit-il vivement. Nous le regretterions toute notre vie, n'est-ce pas, Pig-wig ? N'est-ce pas ?

Ainsi, c'était à cause de son comportement chevaleresque, et non à cause de mon comportement vertueux, que je m'en tirais sans dommage ; j'eus du mal à supporter cette idée. Je me sentais aimée et lésée.

— Oui, nous nous haïrions.

— Parlons d'autre chose maintenant, dit-il, revenu sur son oreiller.

— De quoi ?

— De n'importe quoi – d'Hubert, par exemple.

Peut-être Hubert était-il ce que nous avions de plus proche en commun, mais j'aurais préféré parler de Richard et de moi – et pourquoi pas ? Après tout, il se trouvait dans mon lit, le lit dans lequel je dors encore.

— Qu'est-ce qui vous plaît chez lui ?

Je me tournai de l'autre côté. Sans m'agiter. Je me tournai, c'est tout.

— Vous êtes tellement lourde, geignit-il. Pourquoi vous agitez-vous comme ça ? Chaque fois que vous bougez, vous faites pencher le lit.

— Et si vous retourniez dans votre chambre ?

J'étranglai la peine que ma voix aurait pu trahir. Cela ressemblait de plus en plus aux jeux des filles du Dortoir Numéro Six.

— Je ne peux pas. Pas tant que le Major n'est pas couché, n'est-ce pas. Il est en retard.

Plaintive, ainsi sonnait sa voix, maintenant.

C'est alors que j'entendis Papa. Il manœuvrait sa jambe de bois avec beaucoup de dextérité, mais dans l'escalier, on était bien forcé de l'entendre. Il jetait tout son poids sur sa bonne jambe, puis faisait une petite pause.

— Entre-t-il parfois vous dire bonsoir ? demanda Richard, trop fort, pendant l'une de ces pauses.

Il aurait voulu que tout soit plus effrayant, je crois. De nouveau, je posai ma main sur sa bouche. Il s'assit dans le lit, faisant gémir les ressorts. Il balança les jambes et posa les pieds par terre, et le lit repencha de mon côté quand il se leva.

— Je ne trouve pas mes pantoufles.

Il gratta une allumette avant même que Papa fût passé devant la porte. J'étais tellement tendue que je m'entendais craquer.

— Plus de danger maintenant.

Il prêtait l'oreille. J'entendis Papa refermer la porte de son dressing-room. Puis je levai les yeux, et Richard était debout près de moi. Sa ceinture enserrait sa taille comme un étau, mais laissait sa robe de chambre entrouverte sur sa poitrine, longue bande de nudité brune et lointaine. Je ne comprenais pas pourquoi il avait l'air si léger et pervers. Et si amical. Il se pencha et baisa mes deux paupières.

— Dormez bien, murmura-t-il.

— Vous aussi, parvins-je à articuler.

Il fit un boucan épouvantable en retournant dans sa chambre ; la colère et l'angoisse que j'en ressentis étouffèrent en moi un autre sentiment : celui d'une perte totale. Mais tous deux nous avions bien su nous tenir. Nous nous étions merveilleusement tenus. Aucune peine ne dure. Et autre chose : je ne me considérerai jamais comme une femme en manque, inexpérimentée. J'ai eu un homme dans mon lit. Au fond, je pourrais dire que j'ai eu un amant. J'aime l'appeler ainsi. C'est ainsi que je l'appelle.

16

Le lendemain matin, avec Papa et Maman, je me tins sur le perron inondé de soleil, mais je retournais parfois dans l'entrée sombre pendant que les servantes descendaient les valises et les manteaux, les paquets et les brassées d'affaires en vrac que Richard et Hubert devaient entasser dans la voiture. Enfin, tout fut chargé. Il y eut une pause pendant qu'ils enfilaient leurs manteaux en poil de chameau.

— Magnifiques, ces manteaux, remarqua Papa : D'où les tenez-vous ?

— De la gentille Mme Jaeger.

La petite plaisanterie d'Hubert sonnait confidentielle ; réservée à Papa. Leurs bonnes manières les préservaient. Ils ne manifestèrent aucune impatience de partir. Le grand cœur de la machine pulsait, merveilleusement prêt au voyage ; mais ils continuaient à s'attarder, bien que nous n'eussions plus d'« au revoir » à échanger. Pas de baisers. Pas de poignées de main. Enfin, ils partirent.

Nous les suivîmes des yeux une minute dans l'avenue. Onze heures du matin, et aucune ombre sur l'herbe. Les arbres se dressaient, sans ombres, comme des arbres en étain dans un zoo jouet. Les chevaux circulaient au hasard entre ces arbres. Ce départ nous avait désorientés. Il nous avait mis en retard pour ce que nous aurions pu avoir à faire ; mais nous n'avions rien à faire, rien à rattraper. Maman se dirigeait vers son studio, mais sans ardeur, quand Breda revint nous annoncer que le jeune gentleman avait laissé des paquets pour nous à la bibliothèque.

« PIG » était écrit sur le mien. À l'intérieur, un manteau Jaeger comme le leur – bien ample. L'amour et la confiance reprirent possession de ma personne. Une caisse d'Heidsieck pour Papa.

— Quel charmant garçon, dit-il après avoir vérifié le millésime.

Et un immense traité de jardinage illustré pour Maman.

— Comme c'est gentil. Mais tout à fait inutile, j'en ai peur.

Les cadeaux la dégoûtaient toujours un peu. J'emportai mon manteau, en haut, dans ma chambre, et là, sur ma coiffeuse, m'attendait un petit paquet, carré, trapu, extraordinairement bien fait. « Pig. Pig-wig. Piglet » était écrit dessus. Un bijou ? Une bague peut-être ? Je respirais à peine. C'était de l'essence de géranium pour le bain, forte et parfumée, et sortant tout droit de chez Floris. Ainsi ce matin-là, il avait écrit mon nom quatre fois.

Le lendemain, j'avais établi dans mon esprit un état d'espérance tranquille. Le jour de leur départ, après tout, avait été supportable. Puis j'étoffai mes derniers souvenirs, bâtissant sournoisement un avenir. Et pourquoi pas ? pensai-je le lendemain après-midi, pédalant avec ardeur pour aller faire retoucher mon manteau par la couturière, avant que Maman ne me fît remarquer qu'il me serrait un peu aux entournures. L'intérêt et l'admiration de la chère couturière furent immodérés et réconfortants. Mais l'importance des retouches à faire me déprima un peu. C'est uniquement quand j'étais seule que je pouvais me sentir petite et aimée.

Je me cramponnai à cette minuscule vision de moi-même en pédalant vers la maison, le long des jonchères pâles et des champs blonds vidés de leurs gerbes. Plus le temps et la distance me séparaient du Richard réel, plus son image en moi prenait de certitude. Je tremblais, nostalgiquement penchée sur mon guidon, pensant qu'un jour je courrais de nouveau avec lui dans le sable, qu'un jour il reviendrait dans mon lit, qu'un jour…

J'étais totalement possédée d'un bonheur parfait quand je laissai ma bicyclette dans la cour et entrai dans la maison par la porte de derrière, passant devant la grande cuisine caverneuse, enfilant le couloir dallé menant à la porte battante et aux pièces de devant. Je sais que je n'ai plus jamais respiré de la même façon depuis ce soir-là, depuis que je passai cette porte, gonflée d'une douce haleine de bonheur que je comprimais en moi.

À l'autre bout de l'entrée, la porte était ouverte sur le perron et la douceur du soir. Papa et Maman étaient debout sur le seuil. L'anse d'un panier passé sur le bras gauche, un sécateur dans la main droite, elle taillait méticuleusement, fendait les tiges des dernières roses. J'espérais monter l'escalier avant qu'elle ne me vît. Je voulais préserver mon humeur amoureuse. Mais Papa m'appela.

— Mauvaise nouvelle, j'en ai peur, dit-il.

Il avait un télégramme à la main et il se mit à lire d'une voix tout à fait ordinaire. Puis il se ravisa et dit d'un ton important, mais plein d'embarras :

— Ils ont eu un accident.

Mon cœur s'arrêta.

— Hubert a été tué.

Mon cœur repartit. Papa me tendit le télégramme. DÉSOLÉ TERRIBLE NOUVELLE. STOP. ACCIDENT VOITURE. STOP. HUBERT TUÉ. STOP. TÉLÉGRAPHIEZ HEURE ARRIVÉE. STOP. VOUS ATTENDRAI BATH. WOBBLY.

Maman, interrompant son jardinage, leva les yeux. Elle me regarda, et son regard me transperça jusqu'au fond de mon être. Elle savait ce que je pensais, et elle éclata de rire et continua à rire, hystérique.

— Chérie, dit Papa. Je vous en prie.

Il avait le visage inondé de larmes. Il lui prit la main et la fit rentrer dans la maison.

Assommée par le choc, je ne connaissais plus qu'une réalité : Richard était vivant. Un frisson d'espoir me fit frémir : la mort d'Hubert devait nous rapprocher davantage.

Papa ramena le corps d'Hubert pour l'enterrer. Il ne revint pas à la maison. On l'amena de la gare à la chapelle de Temple Alice. Ce temple protestant, petit et trapu, qui se dressait à l'entrée de la propriété, avait été fondé par la famille voilà bien longtemps, et ne servait plus que pour les funérailles, les baptêmes et les mariages. C'est là que je me marierais, naturellement. Il était froid et humide, et les oiseaux faisaient leurs nids sous le toit. Quelqu'un avait balayé pour les obsèques d'Hubert, et il y avait des fleurs partout. Tout le monde avait envoyé des couronnes, des croix et des gerbes maison. La seule couronne vraiment belle venait des sœurs Crowhurst, qui faisaient ces choses-là à la perfection.

Tous nos amis vinrent à l'église ; elle était pleine à craquer, du premier au dernier banc. Les équipages de chasse vinrent aussi, et tous les palefreniers. Debout autour de la tombe, ils bavardaient à voix basse, de la chasse, des courses, des abeilles et du prix de l'avoine. Ils ne pouvaient se concentrer une heure entière sur cette triste tragédie, et comme ils étaient catholiques, ils ne pouvaient entrer dans l'église. Quatre jeunes et robustes palefreniers sortirent lentement Hubert au soleil. Sa tombe était tapissée de mousses vertes, fixées sur les parois de la tombe à l'aide de longues épingles à chapeau.

Papa et Maman se tenaient debout côte à côte, aussi près que possible l'un de l'autre sans se toucher. Dans l'air tiède, je sentis leur haleine parfumée au cognac. Ils n'avaient pas pensé à m'en offrir. Étreinte d'un étouffant sentiment de solitude et de privation, je restai immobile, les dominant tous deux de toute ma taille, jusqu'au moment où on commença à jeter des pelletées de terre dans la fosse. Puis Papa se détourna, et, la prenant par le coude, l'emmena. Mais elle avançait, admirablement calme et merveilleusement lointaine. Son élégant chapeau de feutre noir aurait aussi bien convenu pour une rencontre hippique (où elle n'allait jamais) que pour un enterrement, exquisément convenable et seyant, comme d'ailleurs ses longs gants noirs qui plissaient sur les poignets.

Trois hommes allaient et venaient, portant les fleurs de l'église à la tombe. Les bruyères et les hautes herbes du cimetière embroussaillé disparaissaient sous les fleurs et sous l'odeur des fleurs. Tout était d'une beauté très réussie ; Maman s'arrêta exactement au moment voulu pour dire :

— Merci. Comme vos fleurs sont belles. Venez à la maison, je vous prie. Une tasse de thé… vous venez de si loin. Comme c'est aimable. Comme c'est aimable…

Et Papa disait :

— Merci. Merci de votre présence. Venez prendre un verre.

— Merci, mon vieux, répondaient-ils. Tragique. Un garçon si bien. Il faut qu'on rentre.

Papa vit les sœurs Crowhurst debout côte à côte.

— Merci, jeunes filles. Votre couronne était une merveille. Venez donc prendre un verre.

Leurs corps s'infléchirent imperceptiblement vers lui, et elles gardèrent le silence. Mais elles vinrent, et tous les amis suivirent.

Quand, muets, nous eûmes serré la dernière main, nous nous retrouvâmes, Papa, Maman et moi, seuls dans l'entrée, au milieu des verres et des assiettes vides ; les enterrements creusent l'appétit. Sur nos gardes, nous nous mesurâmes du regard – lequel d'entre nous se tiendrait-il le mieux, serait-il le moins embarrassant pour les autres, le plus naturel dans l'activité qu'il choisirait ? J'essayai la première.

— Je vais peut-être sortir monter un peu Arch Deacon.

Je ne dis pas « le cheval d'Hubert ». Papa le dit à ma place, sans détour.

— Ah, cette brute de cheval d'Hubert. Attention, ma chérie – tirez bien le mors entre ses dents, et matez-le avant qu'il ne vous mate.

Je frissonnai – pas vraiment de plaisir. Maman dit :

— Je vais me débarrasser de ces horribles vêtements. Il faut que je finisse de diviser mes primevères bleues.

Papa se rabattit sur son évasion habituelle.

— Ces pauvres petites bêtes, enfermées dans l'armurerie depuis le déjeuner. Elles doivent être sur le point d'exploser.

— Vous ne pouvez pas sortir dans ces vêtements ridicules, lui rappela Maman.

Ainsi, quand nous nous retrouvâmes, nous avions quelque chose à dire… Le mors qu'il fallait au cheval d'Hubert. Impossible de lui laisser la bride sur le cou… Les chiens qui avaient souillé l'armurerie… Pourquoi Maman serait obligée de déterrer toutes ses primevères bleues et de les repiquer ailleurs… Comme elle s'était trompée en imaginant qu'elles se plairaient à l'endroit qu'elle leur avait choisi. Elle était pleine de compréhension pour les faiblesses et les excentricités des plantes.

17

Pour moi, chaque jour de ce mois de septembre recela une lueur d'espoir, mais seulement avant le passage du facteur. Tous les jours j'attendais une lettre de Richard, et tous les jours je retardais un peu plus le moment de regarder le courrier sur la table de l'entrée, redoutant l'affreux découragement que j'éprouvais avant de lui avoir trouvé une excuse ; il ne fallait pas oublier qu'il souffrait d'un fort traumatisme crânien, et qu'il s'était cassé plusieurs côtes : Papa avait mentionné cela en passant. Qui conduisait ? Hubert. J'attendais une sortie véhémente, mais Papa s'en était tenu là. Maintenant, comme je regrettais que Richard ne se fût pas cassé un bras, le bras droit de préférence, pour ne pas avoir à lui chercher d'excuses. Le mois s'avançant, Maman reçut de lui une courte lettre. De petits mots, tristement polis et insuffisants, serrés sur une immense page de papier à lettres. Elle me la fit lire. Il ne lui vint pas à l'esprit d'ajouter :

— Veux-tu y répondre pour moi ?

Puis Papa eut des nouvelles par son vieil ami Wobbly. Ils envoyaient Richard faire un safari en Afrique du Sud. Cela l'aiderait peut-être un peu à surmonter cette épreuve.

— Cette malheureuse affaire l'a terriblement affecté, le pauvre, écrivait Wobbly.

De nouveau, Papa n'ajouta rien.

Nos bonnes manières subsistaient et se prolongeaient, interminables comme les jours. Personne ne mentionnait le chagrin que nous partagions. Notre discrétion était presque parfaite. S'ils évitaient de se parler, Papa et Maman passaient davantage de temps ensemble ; mais, loin de se réconforter, ils semblaient se pétrifier plus profondément l'un l'autre dans leur douleur respective.

Je restais en dehors, enveloppée d'un linceul noir et glacé bien à moi. C'était moins dur pour moi, car la perte de Richard me dévorait le cœur. Je n'avais plus de force pour mon autre souffrance.

Papa graissa le fusil d'Hubert et le rangea le plus naturellement du monde, criant sur ses chiens tout en huilant et manœuvrant la détente et remettant soigneusement les pièces dans leur étui en cuir. Les cannes à pêche furent rangées dans leurs gaines de toile et suspendues à des crochets de cuivre par de petites brides. Pas de sentimentalité. Rien n'était de plus mauvais goût que de se complaire et se vautrer dans son chagrin. Ils évitaient de prononcer son nom dans la mesure du possible, mais quand ils ne pouvaient l'éviter, ils le mentionnaient de la voix la plus normale.

Maman, plus encore que Papa, semblait d'une résolution inébranlable.

Un matin, sur le chemin de l'écurie où j'allais affronter le terrible cheval d'Hubert, je la vis. Elle avait laissé les jardiniers au travail derrière elle, en train de déterrer des rhododendrons, et elle surgit d'un bosquet de laurier du Portugal. Son visage était celui d'une vieille dryade, entouré et couronné de feuilles luisantes et pointues ; son corps, immobile, était caché parmi les branches sombres de l'arbuste. Elle ne me vit pas, ou se désintéressa de ce que je faisais. Je savais qu'elle brûlait seulement de trouver Papa, de s'accrocher à sa compagnie, de le garder pour elle seule en ce temps de deuil silencieux. Elle exigeait absolument sa présence.

Je crois que cette exigence l'éprouvait, le vidait de tout son pouvoir de récupération et d'oubli. Tous les jours, il pensait qu'elle relâcherait son emprise et se satisferait de sa peinture, allant, comme autrefois, d'un pas vif et résolu, à son studio, au lieu de passer languissamment devant la porte de la cuisine où il avait avec Rose de longues conversations matinales, joyeuses et ambiguës – parler de nourriture leur inspirait à tous deux la notion de plaisirs nécessaires.

Pendant cette heure passée avec Rose, son précaire équilibre lui était rendu. Plus tard dans la matinée, quand Maman le suivait dans les champs, elle le ramenait avec elle dans le morne bourbier de son chagrin. Sa démarche se faisait plus incertaine quand elle était près de lui ; il était doublement affecté par l'exigence silencieuse qu'elle avait de sa présence et de sa compagnie.

Je la revis le matin même où elle m'était apparue sous forme de dryade. Debout près de Papa, du côté ensoleillé d'une meule. Ils regardaient les chiens qui en grattaient le pied pour trouver des musaraignes. Je les jalousai tous les deux. Ils étaient deux. Et ils évoluaient dans un monde différent du mien.

Mon univers, quand je montais le cheval d'Hubert, était un lieu terrifiant. Je pouvais le monter, mais chaque jour de soins, de nourriture et d'exercice le rendait plus sournois et abominable. J'avais peur, et je le savais, honteuse de ma peur et pleine de haine envers Arch Deacon. Bientôt, il faudrait que je chasse avec lui. L'année précédente, monté par Hubert, c'était un brillant quatre ans. J'abordais la saison de la chasse – chaque feuille qui tombait nous rapprochait de l'hiver – l'estomac noué. Ma seule pensée était de préserver mon secret, de sourire pour dissimuler ma honte. En ce moment, où je le sentis se raidir sous moi, prêt à ruer et à se dérober au groupe debout près de la meule, j'étais prête à affronter la situation et à le lancer vers eux, pour leur montrer ma virtuosité et ma détermination.

Mais je n'étais pas prête pour le chiot qui, mordu par un terrier jaloux, se lança en hurlant sous la queue de mon cheval. Ce fut sa chance de la matinée, lui permettant de montrer ce que j'avais toujours craint et soupçonné.

Je ne saurai jamais comment je survécus à l'embardée plongeante qu'il fit sur le côté, avant de partir au grand galop à travers champs. Mes mains impuissantes restaient bas sur son encolure, essayant d'abord de donner le change, de faire celle qui suivait de bonne grâce, celle qui s'amusait. Le champ était grand, et, je ne sais comment, je parvins à le faire tourner avant d'arriver à la clôture. Il n'y avait aucune chance de l'arrêter. Les muscles de son encolure saillaient vers moi, tandis que nous passions près de la meule, dans le tonnerre de ses sabots.

— Brave petite ! cria Papa. Du calme. Tu vas reprendre le dessus.

Mais tout en criant, il boitillait, courait et trébuchait vers la grille fermant le champ vers les écuries. Il y était quand, après un troisième circuit terrifiant, nous chargeâmes vers les grilles. Je sanglotais, mon nez coulait, j'étais au comble de la peur. Et mon ennemi, le cheval, le savait. Il me dominait de sa volonté et de sa force terribles. Il allait me tuer.

Papa mit fin à la scène. Debout contre la grille, attendant d'être piétiné, sa voix puissante et amicale, sa fermeté et son assurance percèrent enfin la folie et le délire de la bête. Dément, noir de sueur, le cheval d'Hubert se mit au trot et laissa Papa l'attraper.

— Un peu fort pour toi, ma chérie, dit-il en riant. Tu n'as pas eu peur, au moins ?

« Avoir peur », c'était son mot pour « être terrorisé ». Je ris aussi. Le rire estompa la terreur que je venais de vivre.

— Chérie…

Il appela Maman qui venait vers nous à travers le champ ensoleillé.

— … écartez les chiens, voulez-vous ?

Elle acquiesça d'un geste indifférent et s'éloigna sans se presser, sifflant les terriers. Malgré notre rire, je savais qu'il était aussi bouleversé que moi. Après sa course à travers le champ, il haletait et il transpirait.

— Va vite à l'écurie, et dis à Tommy de venir donner une leçon à ce coquin. Tommy sera ravi.

Tommy Fox souriait, savourant sincèrement et calmement son plaisir à l'avance ; fourrant sa cravache sous son bras, il resserra la sous-ventrière et raccourcit les étriers avant de sauter en selle avec une aisance insouciante. Il le fit aller au pas, trotter, courir en décrivant des cercles et des huit, et le cheval réagissait à cette main autoritaire et à cette dextérité satisfaite avec la même docilité qu'il montrait à Hubert.

Je craignis alors que Papa, joyeux bourreau toujours soucieux de mon intérêt, ne me contraignît à remonter sur la bête, pour me calmer les nerfs. Le peur me terrassa. Mon estomac se noua. Et, quand Tommy revint vers nous, la sueur perla au creux de mes poings serrés.

— Il ne pense qu'à jouer, c'est tout, dit-il.

J'aurais voulu le battre.

— Emmenez-le faire un petit galop, dit Papa.

Sursis pour moi. J'ouvris les poings. Je priai qu'il fonçât et ruât avec Tommy comme il l'avait fait avec moi. Et, sous nos yeux, mon souhait fut exaucé. Pas de petit chien jappant pour l'exciter cette fois, simplement sa volonté perverse ; il allongea le pas, prit le mors entre ses dents et fonça. Je me rappelai son encolure, pilier de feu sous mes mains, et un bonheur fou monta en moi, presque heureuse du danger de Tommy.

— Le scélérat, dit Papa en riant. Pas de freins. Pas de freins.

Comme l'heure se réchauffa, comme je redevins humaine et détendue, délivrée de la terreur que je venais de connaître. Maintenant, ils voient tous ce qu'il sait faire. Même Tommy n'arrive pas à le tenir. Arrive-t-il à le faire tourner ? Oui, tout juste. Martelant les chaumes, ils revinrent sur nous, nous dépassèrent, tournèrent et repartirent. Tommy, baissant les mains, souriant, feignit l'assurance en passant près de nous pour la deuxième fois. Ils firent peut-être six fois le tour du grand champ avant que le cheval ne se fatiguât. Tommy le matait maintenant, le forçant à monter la côte, l'arrêtant, l'éperonnant, dépossédant sa mémoire de la puissance qu'il venait d'exercer, afin de le dominer, de le ramener à l'obéissance. Il s'arrêta près de Papa et attendit les ordres.

— J'avais dit un petit galop, dit Papa d'un ton léger.

Tommy répondit sur le même ton.

— Ah, il a son caractère, Major.

Il sauta à terre, toujours preste, passa les rênes par-dessus la tête du monstre, releva ses éperons et desserra la sous-ventrière. Le cheval d'Hubert pencha sa tête suante et brûlante avec une sorte d'innocence. Un frisson traversa son grand corps sombre, une brume tremblait dans l'air autour de lui ; il tendit une jambe pour se frotter la joue dessus tandis que Tommy lui tirait les oreilles et attendait en riant que Papa lui donnât des ordres.

— Ce sera assez pour ce matin, dit Papa. Faites-le marcher pour le rafraîchir.

Nous partîmes vers la maison, et il se retourna alors vers Tommy.

— Dites à Rose de vous donner une Guinness quand vous rentrerez.

Il me regarda.

— Un remontant ne lui fera pas de mal. Pareil pour moi. Et toi, ma chérie ? Prenons un verre ensemble. Juste un.

Joyeuse idée. Son pas s'accéléra quand nous traversâmes les écuries. Nous entrâmes par la porte de derrière, et, dans le couloir dallé, il appela Rose dans la cuisine vide. Sa présence n'était que dans l'odeur du pain chaud, enveloppé d'un linge, et appuyé contre la tour basse d'une passoire.

— Où étiez-vous ?

Il la transperça du regard quand elle rentra, merveilleusement forte et propre.

— En train de tuer la fille de cuisine, répondit-elle.

Puis, le regardant dans les yeux :

— Désirez-vous quelque chose, monsieur ?

— Offrez à Tommy une bouteille de Guinness quand vous le verrez. Le cheval de Monsieur Hubert vient de lui donner du fil à retordre.

— Il faut le chouchouter maintenant, ce petit effronté ?

— Heureux qu'il ne soit pas blessé, dit Papa d'un ton réprobateur. Et il en est de même pour Mlle Aroon. Viens, ma chérie.

Rose était exclue. Elle avait sa propre place et devait s'y tenir.

Dans la salle à manger silencieuse, sombre et ordonnée entre le petit déjeuner et le repas de midi, avec toute son argenterie qui se reflétait dans toutes les surfaces de bois luisantes, Papa plongea dans le buffet et en rapporta la carafe de sherry avec sa petite plaque pendue autour du col. Il réfléchit une minute, puis secoua la tête.

— Meilleure idée. Porto et cognac.

Il s'assit pour verser les alcools ; debout, il était un peu déséquilibré. Je m'assis aussi, et le regardai remplir les verres, pas tout à fait jusqu'au bord. Ses mains tremblaient. À cause de moi ? Ou à cause du cheval d'Hubert ? Nous bûmes ensemble.

— À toi, ma chérie, si tu permets, tu as sacrément bien monté.

Cela n'avait rien d'aussi commun qu'un toast, mais je me sentis admirée et transportée. Nous bûmes, en échangeant des regards complices. Était-ce pervers, était-ce secret ? Papa remplit de nouveau son verre et en reversa une goutte dans le mien, encore aux trois quarts plein. C'était une manifestation d'inquiétude et d'affection.

À ce moment, Maman entra. Elle s'immobilisa un instant sur le seuil, tandis que les chiens se ruaient vers Papa.

— *Eh bien*, dit-elle, n'est-ce pas un peu tôt ?

C'était plus une assertion qu'une question.

— Absolument pas.

Papa avait maintenant parfaitement récupéré. Ses mains ne tremblaient plus quand il lui servit un verre. Elle s'assit à sa droite et le regarda, vivement amusée. Dans ses yeux, il y avait une connivence qui m'excluait de tout secret avec Papa.

— Je crois que je vais aller me changer, dis-je.

— Oui, tu dois avoir chaud – tu en avais un drôle d'air, à détaler comme ça dans ce champ.

Je restai quelques instants immobile, attendant que Papa dise quelques mots de louange en ma faveur. J'attendis, toute bête, me sentant trahie par son silence. Je vis Maman le regarder, avec autre chose à dire. Je vis sa main posée comme une souris sur le bord de la table. C'était la patte d'un petit animal. Il la couva du regard, comme il l'aurait couverte de sa main. Je me détournai, emportant ma solitude avec moi, plus grande que moi déjà si grande, comme une ombre est plus grande que son objet – et aussi irrémédiable que l'était ma taille.

De retour dans ma chambre, au milieu de mes biens et de mes habitudes, je sus que j'étais tolérée et acceptée. Ici, je trouvais un refuge contre l'isolement et le reniement. C'était vrai. Après tout, ils étaient là, les cadeaux de Richard, indéniables – le parfum, l'huile parfumée pour le bain, l'écharpe. Bientôt, il ferait assez froid pour porter le manteau Jaeger. Et que me disaient-ils ? Tous ces présents coûteux me disaient clairement que j'étais aimée, quoique encore intouchée par ce que font les hommes. Intouchée, parce que, sans aucun doute, je lui étais trop chère. De mes souvenirs chargés de déception, je me façonnai en une créature désirée, interdite, enchanteresse. Je pris le froid flacon de parfum entre mes mains et je l'embrassai.

Les moments passaient, et j'avais toujours l'après-midi à affronter. Tandis que je pensais aux longues heures à venir, le flacon de parfum se réchauffa entre mes mains.

18

Au déjeuner, Papa décida pour moi. Il dit :

— Il faut que j'aille à la Cave à Vins. Et la voiture n'est pas dans sa meilleure forme. Veux-tu venir avec moi au cas où elle tomberait en panne ? Nous la ferons réviser pendant nos achats à la Cave.

— Tant que nous ne sommes pas obligés de prendre le thé chez les sœurs Crowhurst.

Les deux sœurs habitaient près de la Cave à Vins et on savait tous qu'il aimait aller passer une heure chez elles, baignant dans leur admiration acidulée. Je peux seulement supposer que ces filles et leur vie étaient pour Papa comme une sorte de bande dessinée. Il suivait leurs activités, dont certaines assez louches ; c'était un jeu, il riait de leurs machinations. Leurs langues piquantes, acérées, le tenaient toujours dans l'attente de ce qu'elles allaient dire ensuite. Il aimait débusquer leurs scandaleuses petites escapades – pas de liaisons amoureuses, pauvres filles, bien sûr, plus vraisemblablement quelque habile transaction sur des chevaux. L'un de leurs plaisirs était de se taire. Cela mettait du piment dans tout ce qu'elles disaient et faisaient. Pauvres malheureuses. J'avais pitié d'elles et je les méprisais vaguement, mais elles avaient quand même le chic pour me donner l'impression que je me traînais sans espoir à travers une vie sans but et mortellement ennuyeuse. Je n'avais jamais envie de les voir et de parler avec elles, ou même de manger aucune des nourritures délicieuses qu'elles tiraient de l'air, de la mer ou du jardin.

Papa, je le savais, était d'un avis tout à fait différent sur leur façon de vaincre la pauvreté, d'en rejeter les limitations. Il était fasciné par tout ce qu'elles avaient appris sur les chevaux, et jamais las d'analyser les curieuses théories de ce pauvre type qu'elles employaient comme palefrenier à mi-temps. Il aurait charmé des démons, et pouvait enfourcher une monture qu'un autre n'aurait pas osé toucher. Non contentes d'être si savantes sur les chevaux et leur folklore, elles connaissaient les remèdes à toutes les maladies dont pouvaient souffrir les chiens. Elles méprisaient les vétérinaires. Et même quand l'un de leurs affreux petits bassets hurlait dans les douleurs de la gestation, elles l'assistaient de leurs doigts habiles, et, une heure après l'accouchement réussi de leur chérie, on les retrouvait, brodant au petit point sur leur canapé, mains aussi élégantes et artistes que celles de leurs ancêtres. Elles étaient extrêmement bien nées, et ne l'oubliaient jamais.

Aujourd'hui, je sentais déjà Papa se diriger tranquillement vers une tasse de thé avec Nod et Blink : ce n'était qu'une question de temps. Au garage, il commanda des révisions qui prendraient des heures. À la Cave à Vins, nous passâmes un bon moment à commander de bonnes choses dans la pénombre odorante du rayon épicerie. Puis nous passâmes aux choses sérieuses, les vins, leurs qualités et leurs millésimes, les prix n'ayant aucune importance en regard des délices que Papa en tirerait.

Quand, à quatre heures et demie, je l'entendis demander une bouteille de gin Gordon, une bouteille de Noilly Prat « et bien entendu, un citron », je sus que le cap était mis sur un thé chez les sœurs Crowhurst, avec un petit présent en remorque.

— Je reviendrai prendre cela plus tard, dit-il en montrant ses achats.

L'aîné des deux vieux et distingués gnomes, propriétaires de la Cave à Vins, nous raccompagna à la porte.

— Et, si cela ne devait pas vous importuner, Major, dit-il avec un petit rire embarrassé, nous aimerions savoir si vous pourriez nous régler une partie de votre compte.

— Bien sûr, bien sûr – vous êtes incorrigibles, savez-vous ? Pourquoi ne me l'avez-vous pas envoyé depuis longtemps ?

— Nous l'avons fait, Major. Excusez-nous, mais nous avons livré plusieurs fois depuis.

C'était une excuse en bonne et due forme, et il l'accepta royalement.

— C'est exact.

Il s'éloigna en boitillant, abattu, sans cesser de parler.

— Les temps sont durs, terriblement durs. Envoyez-moi mon compte immédiatement, entendez-vous ? Sans retard, sans aucun retard, et je vous adresserai un chèque par retour du courrier.

Une fois dans la rue ensoleillée, il se remit à marcher plus gaillardement, vers la maison des Crowhurst, sans s'embarrasser d'explications inutiles. Je marchais à côté de lui, le gin sous un bras, le vermouth sous l'autre, le citron dans mon sac à main.

— Tu t'en sors, mon petit ? Pauvres filles, elles ont bien besoin de ça.

Il me mettait à son niveau, tandis qu'elles sombraient à l'état de pitoyables créatures.

Je me sentis moins disposée à la pitié quand nous ouvrîmes la grille en fer, peinte de leurs mains, et que nous marchâmes vers la maison au milieu de massifs d'hortensias bleu électrique.

— Comment font-elles ?

Papa s'arrêta pour admirer.

— Et elles ne confient leur secret à personne.

Il avait une égale admiration pour le cruel bleu électrique et pour leur amour du secret. Au coin de la petite maison Regency, une plate-bande flamboyante attira son regard.

— Bonnes petites, bonnes petites, murmura-t-il. Des tisons de Satan – mes fleurs préférées.

Blink nous ouvrit la porte. Discrète, élégante, et approchant de la trentaine. Je trouvais les jumelles horriblement vieilles.

— Comme c'est gentil, dit-elle à Papa en me prenant le gin.

Puis elle ajouta :

— Oh, Aroon, comme si elle ne faisait que remarquer maintenant ma présence.

L'entrée, où nous attendîmes, était celle d'une petite gentilhommière. Des cannes gainées de cuir et des cravaches de chasse reposaient sur une commode en chêne. Aux murs, une série de bonnes gravures. Dans un coin, un bol d'eau portant le mot chien, à côté de puissants sécateurs et d'outils de jardin d'une propreté impeccable.

Dans le salon, où les bassets reposaient comme des serpents dans un panier rond et capitonné, le thé était servi pour quatre. La position du plateau dirigeait la vue vers la plate-bande flamboyante où d'énormes dahlias charnus (de la chair à cannibales, ai-je toujours pensé) s'épanouissaient, isolés, mis en valeur par des traînées de marguerites d'automne et des flaques gris-bleu d'agapanthes. Blink détourna les yeux de sa platebande avec une indifférence affectée, donnant à Papa le temps de l'admirer et de s'émerveiller de sa perfection. À ce moment, Nod (la préférée de Papa) entra avec un plateau de nourritures magnifiques.

— Nous avons appris que vous étiez à la Cave à Vins, dit-elle avec naturel, alors nous espérions que vous viendriez prendre le thé.

— Vous avez préparé tous ces sandwichs au cas où ? dit Papa avec gratitude. Uniquement pour nous ? Bonnes petites.

— Enfin, Blink et moi, nous aurions pu les finir pour dîner (elles n'employaient jamais le mot souper). Plus nous mangeons, plus nous sommes minces.

Elle me regarda, comme désirant s'excuser d'une remarque malheureuse, et sous son regard voilé, je sentis mes seins et mes fesses s'enfler jusqu'à ma tête. J'avais une conscience si aiguë de leur présence et de leur taille que je m'en sentais déséquilibrée.

Nous prîmes le thé dans de minuscules tasses de porcelaine, et je trouvai les sandwichs au poisson irrésistibles. Les bassets rampèrent hors de leur panier pour se joindre à la fête, et l'un faillit m'avaler la main quand je lui donnai un petit morceau de scone.

— Je vous en prie, ne donnez rien à ces brutes, dit doucement Nod.

Puis, d'un ton impérieux :

— Au panier, petits, au panier.

Ils s'éclipsèrent, pleins de regret et de rancune.

— Le facteur ne veut plus entrer ici, dit-elle à Papa, très amusée. Ils l'ont mordu deux fois, et l'une de ces morsures s'est envenimée. Blink est en train de fabriquer une boîte aux lettres pour la grille.

— Assez grande pour contenir les catalogues de jardinage et le *Times*, dit Blink, exposant son projet avec sérieux. Ils m'ont donné un ravissant haut de boîte aux lettres en cuivre à la poste et j'ai ramassé un magnifique morceau de teck sur la plage – exactement ce qu'il me fallait.

— Vous en ferez une œuvre d'art, dit Papa, approbateur. Vous devriez utiliser des clous en cuivre.

De temps en temps, elles s'adressaient à moi poliment, et me tendaient des assiettes de sandwichs ou remplissaient ma minuscule tasse. Mais je savais que leur intérêt commun et amical se concentrait uniquement sur Papa. Le thé terminé, Papa nous pourvut chacune d'une cigarette tirée de son étui jamais vide.

— Je savais que je voulais vous demander quelque chose, dit-il à Nod. Comment va la jambe de Fred Astaire ?

— J'ai bien peur qu'il ne soit perdu, dit-elle.

— Quel dommage. Le meilleur chasseur du pays. Voulez-vous que j'aille voir si je peux faire quelque chose ?

Il n'aimait rien tant que s'affairer autour des chevaux patraques. Voilà qui promettait une bonne heure de suggestions et contre-suggestions. Quand je me levai pour les suivre, Blink me dit précipitamment de derrière le plateau du thé :

— Vous l'avez vu assez souvent notre cher Fred, le pauvre. N'aimeriez-vous pas mieux voir les petits d'Heidi ? Ils sont si mignons !

— Ne faudrait-il pas appeler Papa ? dis-je, après un examen prolongé de la portée d'Heidi. Le garage va bientôt fermer.

— Oui, s'il le faut. Nod est si bouleversée de l'état de Fred Astaire. Donnons-lui encore quelques minutes pendant que j'irai chercher des verres.

Il fallut à Blink encore dix minutes pour trouver et essuyer les verres ad hoc et le seul couteau convenant pour couper le zeste d'un citron. Dans le salon où nous portâmes le plateau de verres, elle dit :

— Ne serait-ce pas gentil de débarrasser le thé pour Nod ? Pourriez-vous nourrir Heidi pendant que je rangerai ?

— Non, dis-je. Nourrissez Heidi, moi je rangerai.

— Ne me dites pas que vous avez peur d'elle ; elle est si douce.

Elle me laissa, et, rouge de rage, je me mis à empiler les tasses et les assiettes de poupée.

— Oh, dit Nod, entrant avec Papa, incorrigible Blink – elle trouve toujours quelqu'un pour faire son travail.

Elle parlait sur un ton d'approbation indulgente.

— Méfiez-vous, dit Papa. Aroon est la championne des casseuses de tasses.

Nod me prit le plateau immédiatement et l'emporta.

— Je ne sais ce qu'il en est pour toi, ma chérie, dit Papa quand elle fut sortie, mais je prendrais bien un verre. Martini pour tout le monde – en quelque sorte – sans glace.

Quand les sœurs revinrent, il était en train de peler le citron.

— Lame parfaite, dit-il, inestimable.

Il coupa un zeste dans leurs verres et les leur tendit, exprimant gravement l'espoir que le cocktail serait exactement à leur goût. Il se comportait comme avec des femmes séduisantes. Il était bien trop gentil, pensais-je. Après deux généreux Martini, Papa rompit l'agréable silence pour dire à Blink :

— Je n'ai pas encore vu votre boîte aux lettres, n'est-ce pas ?

— Oh, *Papa*.

La gentillesse, c'était une chose, mais là, il était stupide.

— Le garage sera fermé. Nous ne pouvons pas rentrer à pied.

— Non, convint-il, bien sûr que non. Ma vieille jambe, vous comprenez. Eh bien, fais un saut au garage, mon petit, et ramène la voiture, tu seras un ange. Je t'attendrai à la grille.

« Je t'attendrai à la grille » – ses paroles contenaient une nuance mystérieuse, une promesse faite à moi seule, la compagne élue.

Au garage, le garagiste était prêt à me dire qu'il n'avait rien fait à la voiture. Il fallait plus d'un après-midi pour faire le travail, et ce serait très cher. Le Major voudrait-il venir à sa convenance pour en discuter, et pouvais-je lui rappeler son compte ?

— Le Major s'arrêtera en repartant, dis-je. Serez-vous encore là ?

— J'y serai, s'il y a une chance qu'il s'arrête.

Il avait l'air d'en douter. Je trouvais qu'il aurait dû dire « le Major » et non pas « il ».

Naturellement, il n'y avait personne à la grille. Je ne peux pas dire que je m'y attendais. Il n'y avait personne non plus au salon. Nod était blottie sur un canapé avec cinq bassets et son petit point. Elle leva les yeux quand j'entrai.

— Je pense qu'ils seront bientôt là, dit-elle, reprenant son ouvrage.

C'est alors qu'ils apparurent, marchant lentement sur le gazon parfait, presque plus brillant que l'affreuse plate-bande autour de laquelle il s'incurvait, net et lisse comme de l'eau. Papa s'arrêta et se baissa (toujours difficile pour lui) pour cueillir quelque chose dans l'herbe.

— Regardez ce que j'ai trouvé, dit-il quand ils entrèrent, aussi nonchalamment que s'il avait été trois heures. Du plantain dans la pelouse. C'est un scandale. Je suis outré.

Elles ne nièrent pas le plantain.

— Prenez un verre, proposèrent-elles aimablement.

— Je ne sais pas si Aroon me le permettra, dit-il, me regardant d'un air plein de remords. Et la voiture, mon petit ? Elle est prête ?

— Pas du tout, dis-je. Il n'a absolument rien fait et il veut vous voir ce soir.

Tout naturel et toute joie disparurent immédiatement du visage et de l'attitude de Papa. Il était soudain redevenu le monsieur d'âge mûr, fatigué, soucieux, avec des poches sous les yeux, qui se passait la langue sur les lèvres d'un air hésitant. Un monsieur à jambe de bois, toute gaieté envolée, son fils mort – avec une pensée à fuir à tout prix : l'horrible disparition d'Hubert jamais affrontée.

— Je suis terriblement fatigué, dit-il. Ramène-moi à la maison. Nous allons être en retard pour le dîner et j'ai commandé un soufflé. Pourquoi ? Partons, ma chérie. Non, je n'en *veux pas*, dit-il refusant avec irritation le verre qu'on lui offrait.

Mais il le prit quand même.

— Oh, vous êtes une coquine, dit-il à celle des deux sœurs qui le lui donna.

Dans l'allée menant à la grille, les pigeons des jumelles s'ébattaient comme s'ils se croyaient à Trafalgar Square.

— Vous avez oublié de les nourrir, dit Nod à Blink, d'un ton accusateur. Comment est-ce possible ?

Des pigeons paons et des oiseaux à têtes de pékinois faisaient cercle autour d'elles, se nichaient sur leurs épaules, descendaient l'allée sur leurs pattes rouges. C'était un tableau de Walter Crane – le tableau de deux vies industrieuses et de plaisirs innocents, pleines d'oiseaux, de fleurs et de chiens, sans parler des chers vieux chevaux et de la tapisserie au petit point.

— Nous avons ensoleillé leur journée, dit Papa. Ce n'est pas rien. Conduis. Pourquoi fais-tu demi-tour ?

— Le garage, lui rappelai-je. Le vin.

— Non, non, non. Pas ce soir. Chaque chose en son temps. Rentrons dîner.

19

Il était plus de sept heures quand nous passâmes devant la chapelle trapue à l'entrée de Temple Alice. L'église, vision aussi familière à ma vie que mon petit déjeuner, avait pris maintenant une importance nouvelle – celle d'un chagrin que nous devions ignorer sous peine de le voir envahir notre vie à jamais.

— À propos, dit Papa, évitant de regarder la chapelle, j'ai une solution pour Arch Deacon.

— Tiens. Laquelle ?

— Les jumelles veulent le prendre chez elles.

— Papa, dis-je consternée, il les tuera.

— Impossible de les tuer ou de les fatiguer, dit Papa avec irritation. Et elles sont imbattables avec un animal difficile – magiques.

Le respect qu'il leur portait me laissait un mauvais goût dans la bouche. Je pouvais être sûre d'une chose : là où j'avais succombé et failli, elles réussiraient et triompheraient. Elles remporteraient probablement une course avec lui, l'été prochain. Et, debout à la tribune, je serais obligée de faire écho aux félicitations et de sourire mon approbation. Je me sentais rabaissée et abandonnée sur tous les fronts. Les événements de la matinée, même ma peur et mon soulagement, perdaient leur réalité.

— Pourquoi n'attendez-vous pas de voir ce que Tommy pourra faire de lui ? proposai-je.

— Mais Tommy est un garçon si utile à d'autres tâches, dit Papa sans réfléchir.

Je compris sa pensée. C'était une double commodité, dépourvue de sentimentalité, et, après l'horrible après-midi que je venais de passer, je ne fus même pas choquée. Je sentis même entre nous comme une certaine complicité.

— Je ne leur ai rien caché, naturellement, dit Papa de sa voix la plus naturelle.

— Que leur avez-vous dit ?

— Simplement que tu n'arriverais pas à le monter. (Il émit une sorte de petit gloussement.) C'est ce qui les a décidées. Je savais que tu comprendrais. Après tout, ce ne serait pas gentil d'envoyer le cheval d'Hubert à l'abattoir. Maman serait terriblement bouleversée.

Jalousie et angoisse éteignirent en moi toute protestation. Récemment – ce matin même – il avait été mon compagnon et mon sauveur. Je le voyais encore, courant et trébuchant, boitillant sur sa jambe de bois, pour ouvrir la grille avant qu'un nouveau tour de piste ne m'en rapprochât. Et je l'entendais encore, dans le silence de la salle à manger, « si j'ose dire… ma chérie… », mais après, il m'avait humiliée et écartée, sans me défendre contre l'ironie voilée de Maman. Des larmes de détresse dégoulinèrent sur mon visage. Comment avait-il le cœur de traiter ainsi sa pauvre enfant ? Papa posa sa main sur mon genou.

— Je le fais pour toi. Tu le sais, j'espère, n'est-ce pas, ma chérie ?

Il s'était servi de moi, il m'avait rabaissée, faisant dégringoler quelque chose de plus profond que ma vanité, et il suffisait d'un mot pour que je le lui pardonne. Mon attachement à lui n'avait ni rime ni raison.

Quand nous nous fûmes changés pour le dîner, nous nous retrouvâmes à la bibliothèque.

— Eh bien, dit Maman, levant son verre de sherry, mais sans boire, si vous n'avez pas fait réparer la voiture, comment avez-vous passé le temps, mon chéri ? (Une lueur d'ironique indulgence s'alluma dans ses yeux.) À briller devant les jumelles, je suppose ?

— Si l'on veut, admit-il.

Je me lançai dans le récit des innombrables délais inventés par les deux sœurs, leurs travaux illicites, les jambes de leurs chevaux, leurs boîtes aux lettres, et l'inaltérable patience de Papa au milieu de ces absurdités.

Généralement, elle appréciait assez qu'on les dénigrât, mais ce soir-là, elle dit simplement, le regardant par-delà moi :

— Si elles l'ont distrait, ne serait-ce qu'un peu, Aroon, j'en suis ravie.

Peut-être pensait-elle : n'importe quoi pourvu qu'il ne songe pas à Hubert. Mais ce n'était pas cela. Quelle que soit la distance qui les séparât, ses vêtements de laine aériens sur son corps, ses bijoux portés avec l'insouciance de perles de verre, son teint pâle, ses cheveux vaporeux, ses yeux clairs participaient d'une immense réserve de puissance. Une puissance qu'elle conserverait à travers toute auto-crucifixion.

Pas le moindre incident, je m'en souviens, ne vint animer cette soirée. Les heures passèrent, et arriva le moment où Papa devait faire sortir les chiens. Puis le moment où Maman devait prendre la bougie qu'il lui allumait. Se penchant vers Papa en prenant son bougeoir, elle dit :

— Tu ne tarderas pas *trop* ?

C'était en partie une question, et en aucun cas une exigence.

— Je dois m'occuper des chiens et écrire quelques lettres, dit-il, improvisant hâtivement. S'il est trop tard, je dormirai dans mon dressing-room.

— Oui, acquiesça-t-elle, ça me semble bien.

Derrière cette activité factice, je sentais qu'il brûlait de faire quelque chose ; ses bonnes manières dissimulaient mal son impatience d'être seul. Il alluma ma bougie et m'embrassa.

— Tu as eu une journée chargée, n'est-ce pas ? Bonne nuit, mon petit.

Et c'était une manière de m'envoyer me coucher.

À Temple Alice, l'escalier se séparait, à gauche et à droite, sous une haute verrière ; de là, deux volées de marches, légères et basses, vous emmenaient au premier, encadrant le vide de l'entrée sous elles. Une volée unique menait à l'étage suivant, au-dessus duquel brillait la cloche vernissée du dôme. Je montai la volée de gauche, Maman celle de droite, et ainsi, quand nous arrivâmes au couloir des chambres, nous n'eûmes pas besoin de nous parler ou de nous embrasser. Elle s'éleva légèrement de son côté, je montai lourdement du mien.

— Bonne nuit, dit-elle.

— Bonne nuit, dis-je, et nous nous tournâmes le dos avec soulagement.

Papa avait raison, j'étais fatiguée. Si fatiguée que je n'arrivai pas à m'endormir. Tout ce que cette journée m'avait fait subir était impérissablement clair, net et certain. La peur me reprit, le soulagement sanglota à travers moi. La louange me ravit, la souffrance me crispa… « La journée est finie »… l'hymne que j'avais choisi pour les obsèques d'Hubert, l'hymne de Mme Brock… « Que nos paupières se ferment / Avec Ta Tendre bénédiction »… Les paupières d'Hubert auraient été brûlées ; interdit, tout cela. Interdite l'extase secrète au souvenir de Richard – il n'était plus qu'un immense symbole de bonheur qui s'éloignait rapidement –, nostalgie maintenant bien loin de la réalité. Aucun fétiche, comme lorsque je tenais son cadeau dans ma main, ne pouvait me le rendre. J'étais seule comme le courlis que j'entendis brièvement crier dans un lointain marais.

Les heures passaient, et je restais, pleine d'un désespoir rageur, parfaitement, implacablement éveillée. C'est seulement quand j'eus pris la décision, dernière ressource des insomniaques, de me lever pour aller aux toilettes, que je me souvins que Papa n'était toujours pas monté. Ma montre annonçait une heure du matin. Il s'attardait rarement aussi tard, mais il n'avait pas pu passer devant ma porte sans que j'entende son pas heurté et j'attendis, hésitante. Nous serions embarrassés de nous rencontrer dans mon excursion, aller et retour, aux toilettes. Au bout d'un moment, l'attente devint torture. J'ouvris et refermai ma porte, et enfilai sans bougie le couloir menant aux seules toilettes de l'étage. Pour y arriver, je devais contourner la balustrade ronde du palier.

La lumière s'épanouissait au-dessous de moi, s'affaiblissant dans les hauteurs vides montant vers le dôme. La dernière lampe allumée dans la maison, boule de verre gravé sur une longue tige d'argent, attendait que Papa monte et l'éteigne. Avant que j'eusse contourné la balustrade, la porte de la bibliothèque s'ouvrit, et je m'arrêtai, hésitant à passer ou à retourner vivement dans ma chambre.

Dans cette paralysie, j'observai Papa, rapetissé par la distance, sortir de la bibliothèque et tomber en arrêt devant son bougeoir, posé comme d'habitude près de la lampe sur la petite table. Au lieu de suivre son rituel accoutumé – dernier adieu aux chiens, et dernière visite aux toilettes du rez-de-chaussée – il restait immobile près de la lampe et de son bougeoir éteint, comme s'il avait perdu son chemin au milieu des petites cérémonies du coucher. Enfin, il prit la grande boîte d'allumettes en argent, et en gratta trois ou quatre avant de parvenir à allumer sa bougie. Puis il se mit en devoir d'éteindre la lampe. Là encore, une maladresse, mais pleine de dignité, le gêna. Il monta la mèche, la baissa, souffla dans la cheminée. Qu'avait-il donc ? C'était si simple ; il suffisait de baisser la mèche et d'abaisser un petit éteignoir sur le brûleur de cuivre. À quoi rimaient ces soufflements ?

J'avais envie de lui crier des indications, mais tandis que j'hésitais, je le vis poser une main sur la table comme pour se soutenir, et, de l'autre main, prendre la lourde lampe et l'approcher de sa bouche.

— Papa, hurlai-je, laissez-moi faire.

Ai-je hurlé ou murmuré ? Il ne peut pas m'avoir entendue, car une dernière et vigoureuse expiration lui rabattit la flamme dans le visage. Tenant toujours la lampe, comme en rêve on se raccroche à l'instabilité, il lâcha la table, fit un pas chancelant et – comme un arbre vacille avant d'arracher ses racines du sol – il tomba. La lampe, volant de sa main, s'écrasa, se brisa, arrosant de pétrole le sol où il gisait. Folle de peur, je dégringolai le long escalier, prête à brûler avec lui, et heureuse, si cela devait être.

Avant que mon heure fût venue, elle passa. La porte du fond de l'entrée s'ouvrit toute grande et sans bruit. C'était Rose. Je la regardai se hâter vers lui ; elle n'avait ni tablier ni chaussures. Elle courait, légère comme une enfant sur ses bas. Elle se pencha, tendre et furieuse à la fois, et, tirant et poussant, le releva.

— Rose, ma chère enfant, l'entendis-je articuler, où étiez-vous tout ce temps ?

— Je jouais aux cartes avec les palefreniers.

Sa réponse était à la fois brutale et enjouée.

— Encore saoul ? reprit-elle. C'est que nous ne sommes pas sage !

Saoul ? Papa ? Comment osait-elle lui parler ainsi ? Je me retournai et remontai l'escalier, tantôt refusant, tantôt acceptant cette possibilité choquante ; et reconnaissante, si c'était vrai, de n'avoir remarqué aucun mouvement de recul chez Rose. Elle lui passa un bras autour de la taille et monta avec lui, du côté de sa mauvaise jambe. Fidèle servante, et forte comme un cheval, naturellement. Il tâtonnait pour trouver la rampe, et s'arrêta, cramponné à elle. Une fois, ils rirent ensemble.

Je m'éloignai d'eux de mon pas lourd. Dans les toilettes lambrissées, sans lumière, j'attendis, tremblante. Son dressing-room était au bout du long couloir ; il fallait que je leur donne le temps d'y arriver. Quand j'eus l'impression qu'il n'y avait plus de danger à revenir dans ma chambre, seul le ciel nocturne moulé suivant la forme du dôme conservait encore quelque lueur au-dessus des ténèbres et du silence.

20

Des choses arrivèrent dans notre maison, qui, avec le recul, semblent n'être arrivées que dans ma tête. À part le souvenir parfait que j'en garde, elles se sont évanouies. Il en fut ainsi le lendemain matin, quand Papa entra dans la salle à manger, son élégance retrouvée. Sa peau était rasée de près et brune comme une châtaigne. Ses cheveux sentaient délicieusement bon. Son vieux complet de tweed et sa chemise de flanelle à rayures étaient propres comme des vêtements de bébé. Confortablement installé, il mangeait un copieux petit déjeuner, en faisant des plans pour la journée : il devait aller en ville voir cet imbécile de notaire et ce requin de banquier. Peu après, il trottait résolument dans la cour, appelant les chiens, criant des ordres aux palefreniers, montant en voiture et klaxonnant à l'intention de Maman, tout en grommelant qu'il allait se débarrasser de ces requins et de ces imbéciles.

— Tu viens, ma chérie ? Non ? Comme tu voudras, comme tu voudras.

Rien n'y paraissait. J'aurais pu douter de moi, si, en me levant ce matin-là, je n'avais pas vu par la fenêtre sa veste en velours pendue sur la corde à linge dans la cour. Rose en avait forcément expulsé toute odeur de pétrole. Quand je descendis déjeuner, l'entrée avait été exceptionnellement bien aérée – aucun relent de pétrole, là non plus, et pas le moindre éclat de verre par terre. Seuls les effluves matinaux de cire, d'alcool à brûler du réchaud de la salle à manger, et des roses tardives frémissant ensemble à l'aube d'un nouveau jour. J'étais hypnotisée, j'étais obsédée. Je perdais la certitude que Papa avait été terriblement ivre et que dans la façon dont Rose s'était approchée de lui, il y avait quelque chose de facile et d'habituel que je n'arrivais pas à nommer.

Ce matin-là fut plus frais qu'un jour de printemps. Les dernières chaleurs de l'été n'épuisaient pas comme les chaleurs printanières. Je n'avais devant moi que l'abîme des journées magnifiques. Peut-être laverais-je les chiens. Papa serait content. Il aimait caresser des chiens bien propres. L'idée même de lui être agréable m'aida à prendre mes distances avec ce qu'il m'avait fait et ce que j'avais vu.

Dans l'entrée, à sa place habituelle sur la petite table, le courrier du jour attendait. Ces derniers temps, je n'allais même pas voir, connaissant trop bien la déception lancinante qui attendait, survenait, et passait. Aussi ne fut-ce qu'une heure après, quand les chiens furent lavés, séchés et impatients de partir en promenade, que je retraverserai l'entrée et vis, séparée d'une pile de lettres d'affaires et de factures pour Papa, une lettre pour moi, de Richard.

Je la pris et la gardai sans l'ouvrir pensant que cette agonie de bonheur ne durerait pas. J'allai la lire dans le salon. Il n'y venait jamais personne. Les stores étaient baissés. L'air était mort mais agréablement tranquille. Je fermai la porte et, m'approchant d'une haute fenêtre, je remontai le store pour laisser entre le soleil à flots. Les chiens me bousculèrent et me poussèrent dans un coin du banc sous la fenêtre, pour pouvoir sécher leurs dos humides au soleil ; j'ouvris ma lettre d'amour.

Elle venait du Kenya, j'avais quatre grandes pages à lire. Je pris une profonde inspiration pour calmer mon ravissement, et je lus… Je lus une page totalisant les têtes et les cornes du gibier qu'il avait tué, mensurations au grand complet. Je lus qu'il y avait de nombreuses variétés de poissons dans les rivières ; qu'on allume de grands feux la nuit pour pêcher le poisson-éléphant, bien pourvu de bière (le pêcheur, supposai-je, pas le poisson). Je lus qu'un vieil éléphant mâle était venu boire en face de l'endroit où il pêchait. Je lus sur l'hospitalité des grandes demeures coloniales, cousins et cousins de cousins, et amis de ce vieil Untel, qui avaient tous été si gentils. Et dans toute la lettre, pas un mot qui établît un lien avec moi. Pas un mot d'Hubert. Seul le catalogue complet des têtes et des cornes, des poissons et des oiseaux, des buffles et des chiens courants chassant le lynx. « Éternellement vôtre, Richard », terminait-il.

Je repoussai les chiens tout propres et m'éloignai du soleil, parce que je transpirais. J'étais en proie à la rage de la déception. Je relirais la lettre, et lentement. Il devait bien y avoir quelque chose qui m'avait échappé. Un mot, entre les lignes, dont je pourrais me repaître. Religieusement, méthodiquement, je dévorai pour la deuxième fois « Les animaux sauvages d'Afrique ». Et à mesure que je relisais, la flamme de l'espoir se rallumait, d'abord tremblotante, puis plus vigoureuse. Je débusquais des allusions au passé. Pourquoi décrire la nuit, les rivières et le clair de lune – et les feux de camp, d'accord –, sinon pour me faire comprendre qu'il était seul et que je lui manquais ? Et pourquoi ce catalogue de ses trophées sinon parce qu'il était certain de l'intérêt que je lui porterais ? Ne me trompais-je pas ? Non, c'était bien ça. Nous étions tellement sûrs l'un de l'autre qu'il était inutile de traduire cette certitude en paroles. Peut-être n'existait-il aucun mot pour l'exprimer. Puis, je sentis l'idée pointer en moi : maintenant, je pouvais lui écrire. Évidemment que cette lettre appelait une réponse. Je lui écrirais, parlant avec détachement des chevaux (rien sur l'affreux Arch Deacon d'Hubert, bien entendu), des chiens, de notre poulain, de la date d'ouverture de la chasse. Plus tard, mes bécasses remplaceraient ses buffles d'eau, et jamais un mot d'amour. Il répondrait, et je lui récrirais, et il répondrait.

Je repliais la lettre quand j'aperçus au dos de la dernière page les mots mêmes que je pouvais traduire en triomphe : « Je veux que vous sachiez,

Aroon (il avait écrit Aroon) que le poulain Black Friday vous appartient en entier, ma part et celle d'Hubert. Richard. » Nos trois noms côte à côte. Mon bonheur m'effraya. Toute la matinée, je fus dans un état second d'énergie et de ravissement. Je ne relirais pas la lettre. Je ne voulais pas la connaître au point que la familiarité dissolve mon assurance. J'avais insufflé ma propre vérité entre les lignes, c'était le souffle de l'espoir, qu'il fallait abriter, protéger, et garder secret.

Ils rentrèrent très tard pour déjeuner.

— Avez-vous amené la voiture au garage ? demandai-je à Maman.

Lointaine, toujours chapeautée et gantée, debout près de la table de l'entrée, elle tournait et retournait les factures d'un air dégoûté. Elle ouvrit le tiroir, y fourra le tout, et le referma.

— Rien qui fâche avant d'avoir déjeuné.

Elle s'éloigna de moi, ôtant délicatement ses gants, en les tirant par le bout des doigts.

— Non. Cet affreux notaire a gardé Papa pendant des heures, et il l'a bien inquiété, aussi.

— Avez-vous rapporté les vins ?

— Il y avait des vins à rapporter ? Il a peut-être oublié. Allons donc déjeuner.

Les chiens nous suivirent. Papa suivit les chiens. Il ne parut pas remarquer qu'ils avaient pris un bain.

— Pas de courrier ? dit-il à Breda qui attendait, plutôt boudeuse, pour nous servir.

— J'ai laissé les lettres dans l'entrée, comme d'habitude, monsieur.

Nous nous mettions à table épouvantablement tard, son propre repas serait froid, le temps de faire la vaisselle, Breda arriverait en retard à la fête du presbytère, et voilà qu'on la trouvait implicitement en faute, ce qui était injuste.

— Vous n'avez pas eu votre lettre, mademoiselle Aroon ? me demanda-t-elle, sur la défensive.

Je me sentis rougir, d'une rougeur terrible qui commença derrière mes oreilles et se répandit de la racine de mes cheveux au-delà du décolleté de mon corsage.

— Oui. Je l'ai bien eue, dis-je.

Je les sentis tous les trois détourner les yeux de moi, étonnés de ma rougeur.

— Alors, où sont les miennes ? C'est ce que je voudrais savoir. Ce requin de Kiely m'a annoncé un courrier d'un autre requin de son espèce, et il en a besoin immédiatement.

— Tiens, dit Maman, comme inspirée, se pourrait-il que je l'aie mise dans le tiroir avec le reste des vieilles paperasses ? Si c'est le cas, j'en suis désolée.

Breda sortit et revint avec une pile d'enveloppes brunes sur un plateau.

— Merci, Breda. Merci.

Papa gémit avec accablement jusqu'à la fin de la pile.

— Ne l'ouvrez pas, dit Maman comme il prenait une enveloppe et la considérait d'un air hésitant, ou vous ne mangerez plus rien.

— Comme vous avez raison ! Chaque chose en son temps.

Il se mit en devoir d'avaler un énorme déjeuner. Après quoi il était redevenu lui-même, et capable d'ignorer la lettre offensante. Mais il ne l'oublia pas complètement.

— J'ai une idée, dit-il à Breda quand elle apporta le café. Vous allez tous à la fête du presbytère, n'est-ce pas ? Tommy vous y conduira en voiture. Passez par le village et postez-moi ceci.

Il frissonna en considérant l'enveloppe.

— Je ne l'ouvrirai pas, dit-il à Maman. Après tout, je paye bien Kiely pour quelque chose. Je suppose que je dois modifier l'adresse.

Il partit vers la bibliothèque, vu qu'aucun gentleman ne transportait un stylo dans sa poche.

— Vous allez tous au presbytère ? demanda Maman à Breda. Qui nous servira le thé ? Rose, peut-être... ?

— C'est l'après-midi de congé de Rose, madame.

Breda regarda les tasses à café avec impatience avant de sortir avec les assiettes du fromage.

— Tous des bolcheviks de nos jours, soupira Maman.

Durant cette conversation, m'étant rétablie de ma rougeur, je flottais sans contrainte dans le bonheur que je n'avouerais à personne. Ainsi renfermé en moi, il transcendait chagrin ou jalousie. Je revivais aussi exactement que possible le moment où j'avais couru dans le sable humide, où il avait effleuré le creux de mon bras salé par la mer. S'y joignait le souvenir de cet autre après-midi où j'avais appris à nager, quand l'eau de la mer m'avait soulevée et que la joie de Mme Brock avait rayonné sur moi, nous unissant dans un bonheur dont Hubert était exclu. Lui aussi en était exclu. Je repoussai cette idée, l'attribuant au juste chagrin que son absence m'inspirait.

Papa me rejoignit sur le perron où je brossais les chiens lavés de frais.

— Ils sont magnifiques, dit-il. Tu sais bien t'en occuper.

Il ne dit pas « merci ».

— Et si nous allions faire la fête ? Un tour au presbytère ? proposa-t-il, riant de cette plaisanterie extravagante. Tu viens te promener ? Les chiens ne tiennent pas en place.

— Je comptais aller voir Black Friday.

— Très bien.

Il partit, plus vite que sa jambe ne pouvait le porter, ce qu'il faisait toujours quand il était contrarié.

— S'il le faut, il le faut. Et sans doute le faut-il. Moi, je voulais aller voir les chevaux dans la tourbière. Il faut que j'en vende quelques-uns. Je ne peux pas me permettre de les engraisser tout l'hiver.

— Ce n'est pas dans la tourbière qu'ils engraisseront, remarquai-je, consolante.

— Ils n'y passeraient pas l'hiver, dit-il, rouge de contrariété. Tu devrais savoir ça. Il faudra les rentrer et les nourrir à l'écurie. Cette propriété nous conduira à la ruine. Tu as une idée des gages des domestiques ?

— Non.

Je me sentais rêveuse, inattentive à son irritation, lointaine et tranquillement optimiste.

— Évidemment. Je n'en avais aucune idée moi-même avant ce matin. Ce coquin de Kiely, il m'a terriblement bouleversé.

Quittant l'ombre des hêtres, nous débouchâmes dans le soleil.

— Il ne faut pas vous inquiéter, dis-je, bénie par le soleil.

Il ôta son chapeau et s'épongea le front de son mouchoir de soie rouge sombre – Papa, qui ne transpirait jamais.

— J'ai chaud, dit-il. Ce maudit curry, sans doute. Dieu sait ce que Rose met dedans. J'oubliais les factures d'alimentation. Tous des pirates. Le boucher – ce n'est pas le pire, loin de là. Je suis tout simplement acculé à la faillite. C'est Kiely qui le dit. J'étais passé à son bureau pour une bricole, et il en a profité pour me tomber dessus. Il m'a fait une peur terrible, ma chérie. Nous sommes dans le pétrin jusque-là, financièrement. L'argent sort. Et rien ne rentre. Tiens, celui-là par exemple…

Nous nous étions arrêtés pour regarder le poulain et l'âne qui, pour moi, composaient un tableau parfait dans la prairie inondée de soleil.

— Il n'est même pas à moi, et il va falloir que je l'entretienne comme un prince tout l'hiver.

— Il a bien profité, n'est-ce pas ?

Le sens de la propriété m'emplissait d'une douce chaleur.

— Oui, et il a fait beaucoup de progrès, reconnut Papa à contrecœur. Mais il s'en ira quand même. Pourquoi devrais-je le nourrir ? Je vais écrire dès ce soir à mon vieil ami Wobbly, pour qu'il le récupère. Ce sera toujours ça. Kiely verra que je suis fiable.

— Papa, vous ne parlez pas sérieusement ?

— Mais si. La situation est épouvantable. Il faut bien économiser quelque part.

Mes yeux s'emplirent de larmes.

— Mais il est à moi, m'écriai-je. Il m'appartient.

— Ce petit coquin vous appartient ?

— Il n'est pas petit du tout. Absolument pas. Richard me l'a donné. Sa part et celle d'Hubert.

— Tu aurais dû me le dire, ma chérie, dit Papa sur un ton de reproche, comme si je lui avais caché un secret.

Ce que j'avais fait. Maintenant, je ressentais le désir brûlant de le partager avec lui.

— J'ai reçu une lettre de Richard aujourd'hui.

De nouveau, je rougissais cruellement, mais cette fois, Papa ne détourna pas les yeux. Au contraire, ses yeux me dévoraient, impatients d'en savoir davantage.

— Richard te l'a donné ?

Toute nervosité, toute irritation avait disparu de sa voix. Il se pencha vers moi sans rien ajouter, attendant, quémandant une certitude. Que lui dirais-je ? Comment traduire en paroles ce que j'étais seule à percevoir à travers son tableau de gros gibier ?

— Parfait, dit enfin Papa.

Il alluma une cigarette ; sa main tremblait.

— Tu en veux une ? demanda-t-il, et je hochai la tête.

Il me donna la sienne, signe certain d'affection chez lui, et en alluma une autre. Je savais qu'il faisait cela pour me donner du temps. À la fin, il m'aida :

— A-t-il dit quand il reviendrait nous voir ?

Il parlait d'une voix blanche. Je fus incapable de résister à son tact prodigieux, à son désir extrême de s'assurer de mon bonheur. J'éprouvai le besoin de lui faire plaisir en retour. C'était moi qui devais faire monter sa température, l'exciter.

— Il revient au printemps.

Ce mensonge s'échappa tout seul de ma bouche. Mon cœur palpitant le lâcha comme une grosse grenouille – monstre qui allait me tourmenter dès que je serais revenue à la raison. Sur le moment, pourtant, il me fit du bien. Ce que Papa pensait de moi me donnait une brûlante importance. Voluptueuse, plutôt, avant que le doute ne revienne s'insinuer. Si peu de paroles communiquaient tant de choses entre nous. Mais je savais qu'il n'en resterait pas là. Le visage crispé d'angoisse et de timidité, il baissa les yeux, appuyé à la clôture du pré, et murmura :

— Mon petit, ce fameux soir, la veille de leur départ, ne me dis rien si tu préfères te taire…

— Oui, dis-je, regardant fixement le poulain et l'âne.

— Jusqu'au bout ? dit Papa.

— Jusqu'au bout, répondis-je fermement.

— Dieu merci, dit Papa assez haut. (Puis, plus bas :) Merci, ma chérie… Tu ne sais pas comme je me suis inquiété… abominablement injuste de ma part. Impossible, bien sûr, je m'en rends compte maintenant, prodigieux. Mais cela semblait laid. Cela semblait bizarre. Cela ne me plaisait pas. Tout est clair maintenant. Je suis très heureux.

Qu'avait-il pensé tout ce temps ? Que j'attendais un enfant ? Que Richard m'avait abandonnée à jamais – de sorte qu'une affreuse entrevue avec son vieil ami Wobbly l'attendait ? Il avait enduré la mort et l'enterrement d'Hubert, le chagrin de Maman, son propre chagrin, cette angoisse mortelle à mon sujet – et sans dire un mot. Pour couronner le tout, le stress de ce matin et l'inquiétude suscitée par le notaire. Pas étonnant qu'il boive. Pas étonnant que ses séances matinales avec Rose constituent de brefs intermèdes entre son chagrin et le triste instinct possessif de Maman. Et c'est seulement alors que je compris l'inquiétude qui le rongeait à mon sujet. Cher Papa. Je me tournai vers lui et posai une seconde ma main sur la sienne.

— Tout va bien, Papa. Je vous assure.

— Oui, dit-il, revenant de très loin. Dieu te bénisse, tu m'as bien réconforté. Écoute… dit-il, s'excusant distraitement, je crois que si tu es d'accord, je vais continuer seul. Ramène les chiens avec toi. Ils vont se faire piétiner dans la tourbière.

Mise à l'écart, je le regardai s'éloigner dans l'allée. Quand il eut disparu, les implications de mon mensonge concernant le retour de Richard me poussèrent à me ronger le cœur et les ongles. Quand viendrait le printemps, où en serais-je ? Tous les jours, on inspecterait discrètement le courrier, tout en gardant un silence mortel et plein de tact. Bien entendu, il discuterait de l'affaire avec Maman, comme ils discuteraient du cheval d'Hubert et des progrès qu'il ferait sous la direction des jumelles. La pitié glaciale de Maman m'étoufferait encore un peu plus.

Dans l'entrée, je rencontrai Maman, debout, et prête à quelque exercice. Pas du jardinage, pensai-je, parce qu'elle avait à la main sa mince canne de noisetier à bout doré. Un panier de poupée reposait sur la table, au milieu du courrier, des fouets et des chapeaux, et dedans, un petit bouquet de cyclamens, les fleurs fermement ficelées avec leurs feuilles tachetées. Peut-être qu'elle allait les peindre. Il lui arrivait de peindre des fleurs qui, le tableau terminé, n'étaient plus que des fantômes de fer-blanc et fil de fer.

— Déjà de retour ? dit-elle, commentant ce nouveau petit échec. Pourquoi les chiens ne sont-ils pas avec Papa ?

— Parce qu'il ne voulait pas les emmener avec lui pour aller voir les jeunes chevaux dans la tourbière.

— Ah, dit-elle avec satisfaction.

Soudain, elle eut l'air certaine de quelque aventure. Son après-midi serait beaucoup plus animé que le mien. Évidemment – idiote que j'étais – je lui avais dit où aller pour le rencontrer. Elle avait obtenu de moi ce renseignement sans même poser une question directe. Quand elle prit le petit panier de fleurs avant de se retourner, je vis la courbe langoureuse de son chapeau de feutre contre sa joue : comme tout ce qu'elle portait, il était devenu partie d'elle-même, d'une façon qui constituait son mystère personnel.

21

Quand elle fut partie, le silence de la maison s'étendit à l'après-midi. Pas même le murmure ou le bruit des domestiques – tous à la fête du presbytère. L'odeur des heures écoulées traînait encore dans la bibliothèque : fleurs, cigares, cire des meubles. Des journaux rôtissaient au soleil.

Tout était figé dans sa transe journalière. Ma chambre m'attendait, impassible.

Regardant mon lit, je sus que je n'étais pas une grotesque mal aimée : un homme s'était couché ici avec moi. Je savais ce que croyait Papa, et sa conviction m'enveloppait, et transformait en réalité mes espoirs et mes désirs. La lettre de Richard était une réalité absolue.

Je la relus, pour trouver tout ce qui y était – entre les lignes. Par exemple : la rivière, le clair de lune, le vieil éléphant mâle – et moi. C'est cela qu'il indiquait, naturellement, naturellement. Tout ce qui me rappelait à son esprit était bienvenu, mais l'idée du vieil éléphant mâle et de sa grosse masse au clair de lune ne m'enchanta pas beaucoup, quand je pensai à mon grand corps. Un écho retentit dans mon souvenir : Vous êtes tellement lourde… puis il avait reposé dans mes bras. Non – seulement dans mon lit qui penchait. Non. Il devait avoir reposé dans mes bras. C'était dans mes bras. Tout de même, je regrettai que ce n'eût pas été une gazelle, ou un troupeau de gazelles, qui fût venu boire au clair de lune. Alors, j'aurais su qu'il se rappelait notre course dans le sable et le baiser qu'il avait déposé sur mon bras salé. Avait-il embrassé mon bras ? Une fois, dit l'écho. Et une fois suffisait, me répondis-je, suffisait à m'informer. Je n'ai pas besoin qu'on me serine tout. Je sais comment construire la vérité.

Rompant le vide et le silence de l'après-midi, une voix retentit, lointaine, puis plus proche.

— Rose, criait-elle, Rose, Rose !

Maman, bien entendu, oubliant que les domestiques étaient sortis ; c'était tout elle. Elle sonna dans la bibliothèque. Personne ne répondit. Elle cria, distraitement exigeante. Qu'elle appelle, pensai-je en ouvrant la porte de ma chambre ; qu'elle continue à appeler. Puis, comme j'arrivais près de l'escalier, je distinguai la panique, violente et voilée, dans sa voix. Que de caprices. Que de sottises. Je descendis, calmement, raisonnablement, la main sur la rampe, la tête encore parmi les étoiles africaines. J'étais bien au-dessus de cette absurde agitation.

Puis je la vis, trottinant et courant, sa prestance envolée, aussi empêtrée qu'un animal habillé. Je revis cette horrible Mrs Tiggywinkle, courant vers la forêt, s'enfuyant comme dans le conte, retournant à l'état sauvage. Maman, toujours si froide, si composée, était là, la bouche grimaçante, les cheveux dénoués sous son chapeau maintenant incliné à un angle ridicule.

— Rose ! criait-elle, Rose !

Puis elle me vit.

— Oh, c'est TOI !

Sa déception passionnée m'exaspéra et me laissa en dehors de sa terreur.

— Trouve quelqu'un, dit-elle. Trouve quelqu'un. Il est mourant !

Chancelante, elle courut à la porte battante, loin de moi. Inutile d'en dire plus ! Je savais qu'elle parlait de Papa.

— Où est-il ?

Je courus après elle. Mais elle ne me dit pas où le trouver, elle courait simplement devant moi, suivant ses mains, ses pieds trébuchant sur les dalles, criant « Rose ! » à la sombre dépense, au cabinet des lampes, au cabinet des bottes, et « Rose ! Rose ! » à la cuisine chaude et vide. Je me plaçai sur le seuil avant qu'elle ne puisse m'échapper. Je la pris par les épaules – geste impensable que je n'avais jamais fait avant. Je lui criai :

— Où est-il ?

— Il est très mal ; il ne peut pas se relever. Trouve Rose, grande sotte, trouve Rose.

— Vous savez qu'ils sont tous au presbytère. Maman, où est-il ?

— J'avais les cyclamens pour Hubert. Il est là-bas – il ne peut pas parler.

— Il est au cimetière ?

— Oh, pourquoi n'écoutes-tu pas ? Combien de fois faudra-t-il te le dire ? Va chercher les hommes, quelqu'un pour le transporter, appelle le docteur.

Si c'est comme hier soir, pensai-je, est-ce bien nécessaire qu'ils soient tous au courant ? Il me fallait prendre cela sur moi. Il y a des infirmières qui s'évanouissent à la vue d'une opération. Cette idée me fortifia. Si elles peuvent se dominer, je le peux aussi. J'étais une jeune infirmière.

— Mettez des bouillottes d'eau chaude dans son lit, ordonnai-je d'un ton décidé, puis je tournai les talons.

— Où rangent-elles les bouillottes ? Comment fait-on bouillir de l'eau ? Ne m'abandonne pas comme cela. Comment faire ça toute seule ? me cria-t-elle tandis que je m'éloignais en courant, traversant le dernier couloir menant aux écuries, passant sous l'arche et m'engageant dans l'avenue.

Il n'était pas mourant, je le savais. Il était saoul comme hier soir. Je n'allais pas le lui dire ; je ne le lui dirais jamais. Hier soir, je m'étais détournée de lui, je l'avais abandonné aux mains de Rose – Rose, solide comme une véritable infirmière, forte comme un homme, l'avait monté jusqu'à son lit.

Que faire, pensais-je en courant dans l'avenue, comment le ramener à la maison ? La voiture n'était pas là, elle avait servi à emmener les servantes au presbytère. Si je le remettais debout, je pourrais le prendre par le bras et le faire marcher jusqu'à la maison. Il fallait me hâter. Il fallait que j'arrive la première. Personne d'autre ne devait l'aider – seulement moi.

Dans l'ombre en forme de chien projetée par la chapelle trapue sur l'herbe et les tombes, je le trouvai. Rose assise par terre, les genoux écartés, le tenait dans ses bras. Sa tête, renversée en arrière, reposait absurdement sur son sein et son épaule. Son corsage s'était déchiré sous le bras, dans ses efforts pour le tirer et le maintenir. Elle lui avait posé sur les pieds la veste de son tailleur bleu marine. Il y avait quelque chose de protecteur en elle, à la fois mélancolique et désespéré. Son chapeau à fleurs gisait par terre. Il était couvert de rosée, et les tombes aussi. Je me souvins du chapeau de Mme Brock, son chapeau dégoulinant d'avoir reposé dans l'herbe, un chapeau ridicule en rappelait un autre, absurde et net, et réunissait une nuit lointaine au soir même.

— Rose, dis-je, qu'allons-nous faire ? Il est saoul.

Il nous faudrait bien nous l'avouer, l'une à l'autre. Elle ne réagit pas, continuant à le dorloter dans ses bras.

— Il faut le ramener à la maison et le coucher, dis-je.

Il fallait le coucher. Le coucher et le cacher.

— Il n'est pas saoul, dit Rose avec violence en le serrant plus fort. C'est une attaque, il ne peut pas parler. Regardez…

Elle lui pencha la tête, comme elle aurait fait avec un bébé, et je vis sa mâchoire pendante.

— Allez chercher le docteur – il est peut-être à la fête –, prenez ma bicyclette, contre la porte de l'église. À la loge, dites-leur de m'apporter des couvertures, et envoyez chercher les palefreniers et un brancard pour le transporter à la maison.

Elle donna tous ces ordres d'un ton impératif et véhément. Impossible de discuter son bon sens, ou de suggérer une autre possibilité. Elle attendrait, le derrière écrasé sur l'herbe mouillée, tenant Papa pour le protéger de l'humidité, jusqu'à ce que le brancard, les couvertures et le docteur viennent à lui. C'était l'essence de la force et de la passion qu'elle mettait dans sa cuisine. Ce serait comme elle voulait, et pas autrement. De nouveau, j'étais reléguée à la seconde place.

Mais, descendant la route à toute vitesse sur la bicyclette de Rose, au-delà du chagrin, de la peur et du choc de n'avoir vu qu'une effigie, une mauvaise imitation de Papa, un sentiment affreux de libération et de soulagement se fit jour en moi, lié aux paroles de Rose : « Il ne peut pas parler. » C'était ça. Il ne parlerait peut-être plus jamais. Dieu nous préserve. Dieu nous préserve. Et je pédalais furieusement pour aller chercher le docteur. Penchée sur le guidon de la bicyclette de Rose, cherchant à accélérer, appuyant de tout mon poids sur les pédales, je fuyais mon terrible vœu.

22

Grave accident cérébral, tel fut le diagnostic. Sa chambre prit l'aspect d'une nurserie qui vient d'accueillir un nouveau-né. Tous les matins, Rose aidait l'infirmière de Dublin à le soulever dans son lit. Quand on lui donnait ou qu'on lui ôtait le bassin, il les regardait avec de grands yeux tristes et pleins d'embarras. Le rituel était strict et elles s'y tenaient avec un plaisir strict.

Rose apportait la veste de pyjama odorante et repassée, les serviettes chaudes, la nouvelle bouillotte, la taie d'oreiller propre, et elles faisaient son lit et l'habillaient comme une poupée propre et aimée, une poupée sans jambes, car l'une était morte, et l'autre était rangée dans un tiroir de la commode. Elles l'asseyaient contre ses oreillers et mettaient la bouillotte, dans son sac de flanelle, à son pied.

— Chaud ou froid, ce pied ne sentira rien, dit l'infirmière.

— Son pied me paraît froid, dit Rose d'un ton définitif, gardant un moment le pied de Papa dans sa main.

Maman et moi venions le voir alors. Le plus bizarre, c'est qu'elle semblait avoir envie que je l'accompagne. Elle avait peur. Elle feignait d'agir comme d'habitude. Elle amenait aussi les chiens avec elle. Cela faisait un sujet de conversation.

— Continue. Ne peux-tu donc pas dire quelque chose ? me murmura-t-elle quand, pendant un silence, Papa remua misérablement dans son lit.

Je ne me laissai pas impressionner.

— Peut-être qu'il veut, tu sais, sa bouillotte ?

— Appelle l'infirmière, dit-elle, bondissant sur ses pieds, distraite. N'y touche pas. C'est son travail après tout. Infirmière ! Infirmière !

L'infirmière arriva vivement de sa chambre, incarnation du calme amidonné.

— Je crois qu'il veut faire quelque chose, murmura Maman pour que Papa n'entendît pas.

Papa eut l'air satisfait. J'eus l'impression qu'il pressait faiblement ma main. Je me torturai un instant, me demandant ce qui se passait dans sa tête.

Tous les gens du pays défilèrent en pèlerinage à Temple Alice prendre des nouvelles de Papa ; ils arrivaient généralement vers six heures, et acceptaient généralement de prendre un verre, parlant à voix étouffées parfaitement accordées à la tristesse de la situation. Vint le soir où il n'y eut plus qu'une demi-bouteille de whisky dans le buffet, et plus aucune à la cave. Le lendemain, Maman envoya à la Cave à Vins une commande de six bouteilles de scotch. Ils en expédièrent trois, avec leur facture : deux cent trente-sept livres.

— Parfaitement impossible, dit Maman en la fourrant dans le tiroir avec les autres.

Les chiens sentirent qu'un changement important était survenu dans leur vie. S'ennuyant prodigieusement, ils devinrent assez antipathiques, tournant boudeusement la tête quand je leur demandais de quitter leur panier et de venir avec moi sur les traces de Papa – par exemple pour la visite rituelle aux écuries, après le petit déjeuner. Là, ils tournaient en rond, maussades, tandis que j'échangeais quelques mots avec Tommy.

Tommy pansait le cheval d'Hubert. Tout en travaillant, Tommy lui parlait, murmurait, criait, grognait et roucoulait, et sa main semblait stimuler la force de ce grand corps vigoureux et satisfait. Il s'immobilisa enfin, debout à côté de son cheval, comme un maître d'équipage sur une estampe.

— Je me demande ce que le Major a l'intention de faire de lui ?

Je sentis mon sang s'accélérer dans mes veines.

— Vous a-t-il parlé de quelque chose, Tommy, avant de… avant…

Tommy vint à mon secours. C'était si difficile de dire que Papa avait perdu la parole.

— Avant de tomber malade, mademoiselle ? Non, mademoiselle, il m'a seulement dit de lui rationner l'avoine, c'est tout.

Maintenant, je savais – et une satisfaction certaine me réchauffa tout entière – que Papa ne lui avait rien dit de son cadeau ou de son prêt aux jumelles Crowhurst. J'étais aux commandes. Je devais penser pour Papa. Après tout... un grave accident cérébral.

« *Reparlera-t-il jamais, docteur ? – Eh bien, voilà la question. Parfois, ces malades recouvrent la parole. Il faut rester optimistes. – Est-ce qu'il comprend ? Est-ce qu'il se souvient ? – Peut-être. C'est une question... c'est difficile à dire...* »

Voilà ce que j'entendais dans ma tête, avec un certain contentement.

C'est ce soir-là que les jumelles Crowhurst arrivèrent à bicyclette prendre des nouvelles de Papa. Je les entendis retirer leurs manteaux – manteaux qu'elles avaient magnifiquement confectionnés elles-mêmes dans de la toile de voile rouille, le Burberry du pauvre ; puis j'entendis leurs pas légers traverser l'entrée en direction de la bibliothèque.

Breda, notre femme de chambre mal embouchée, vint me trouver, un canard dans une main, un bouquet de gentianes dans l'autre.

— C'est les demoiselles Crowhurst qui demandent le Major, et tout ce qu'elles apportent ; on dirait qu'on n'a rien ici.

Légèrement ironique et sournoise, elle repassa la porte battante en annonçant :

— Madame est au jardin.

Il ne me restait plus qu'à les recevoir moi-même. Je me demandai si je devais feindre de tout ignorer de leurs manigances, leurs messages, fleurs et caneton adressés à Papa.

Elles s'étaient assises confortablement et lisaient les deux derniers numéros de *The Field*. Je versai deux verres de sherry, écartant la vision de Papa en train de lâcher un zeste de citron dans leurs Martini. En fait, ses Martini étaient tout à fait ordinaires, sauf qu'il y mettait beaucoup de gin ; leur magie venait uniquement de ses manières.

— Merci, dirent-elles, gardant le doigt à l'intérieur du *Field* pour ne pas perdre les pages sur le jardinage.

— Et le Major ? demanda Blink avec tristesse.

Polies et discrètes, restant vagues. Il aurait pu s'agir d'un rhume de cerveau. Elles savaient parfaitement se conduire.

— Son état est stationnaire, dis-je.

Ce qui ne les renseigna guère.

— Nous ne pensions pas le voir.

Nod rouvrit son *Field*.

— Non, dis-je. Naturellement.

— Vous lui direz, dit Nod d'un ton résolu, que nous sommes venues pour le cheval.

— Je ne comprends pas.

— Le cheval d'Hubert, Arch Deacon. Le Major pensait que nous pourrions en faire quelque chose.

— Vous savez qu'il le trouvait un peu difficile.

Blink n'en dit pas plus.

— Je ne vous suis vraiment pas. Tommy s'en occupe admirablement. Vous pourriez le monter à la chasse un de ces jours. Après Noël, peut-être.

— À vrai dire, nous pensions que Maxie Riley le ramènerait ce soir à la maison.

Maxie Riley était leur palefrenier à mi-temps. Leur calme et leur conviction étaient absolus.

— Écoutez, dis-je, je suis vraiment désolée, mais ne pensez-vous pas que nous devrions attendre que Papa puisse prendre une décision ?

— Il l'a prise, insistèrent-elles poliment, mais leurs longs visages distingués rougirent.

Elles étaient plus avides et moins polies qu'en arrivant.

— Je me demande s'il en a parlé à Tommy ? Pas à moi en tout cas. Dès qu'il le fera, je vous préviendrai. En attendant, peut-être…

— Il ne parle pas du tout ?

Quoique la question fût posée avec douceur, la préoccupation pratique et terre à terre était évidente. La résistance que je leur opposais et la colère que provoquait chez moi leur curiosité m'étouffaient.

— Non – il ne peut pas du tout parler.

— S'il le pouvait, dit Nod, tandis que sa sœur et elle se levaient comme mues par un mécanisme d'horlogerie, je me demande ce qu'il vous dirait.

Je ne fus pas plus capable que d'habitude d'une prompte repartie. Peut-être virent-elles les larmes que je retenais.

Près de l'arcade des écuries, Maxie Riley était assis sur la marche du montoir. Les plumets gris des clématites pendaient en abondance au-dessus de sa tête rousse.

— Tommy, dis-je après un « bonsoir » étonné de la tête à l'adresse du rouquin, le Major vous a-t-il donné des instructions au sujet du cheval de M. Hubert ?

— Non, mademoiselle. Cet homme est venu me dire qu'il devait l'emmener chez les demoiselles Crowhurst ; première nouvelle.

— Maxie, dirent-elles d'un ton désapprobateur, ne vous avions-nous pas dit d'attendre sur la route ?

Je sais qu'ils échangèrent un regard. Ils se le repassèrent comme dans une partie de « main chaude ». Puis, gracieuses comme des oiseaux, elles remontèrent sur leurs bicyclettes et disparurent sur la route, le vent dans le dos et le rouquin courant à leur côté.

J'étais sincèrement consternée de leur affreux courage et de leur effronterie, mais je me demandai quand même ce que Papa aurait dit s'il avait pu parler. Il n'aurait été que trop content d'elles, j'en ai bien peur. De tous leurs talents, c'était leur don d'amuser qui me répugnait le plus.

Toutes coquines qu'elles fussent, leur canard était délicieux. Papa n'en put avaler qu'un tout petit morceau, dit l'infirmière, et Maman ne mange jamais rien, de sorte que j'en eus, moi, deux exquises portions ; il n'y a pas grand-chose à manger dans un canard. Je m'en régalai plus que de toute autre chose depuis la maladie de Papa. Je sentais me revenir le plaisir de la table, furtif mais vigoureux.

— Il y a au moins une chose qui ne change pas, dit Maman, se levant sans impatience, parce que la soirée serait désœuvrée, c'est ton appétit, ma chérie.

Je ne me sentis pas humiliée. Mon esprit retourna d'un seul vol au Horse Show, à Hubert montrant fièrement ma voracité à Richard, et à l'attention amusée de ce dernier. Tout ce qu'elle ignorait de moi était pour moi une force. Dieu merci, j'avais des secrets à garder. Maintenant que Papa les garderait aussi, j'étais en sûreté.

23

On était à la mi-octobre, et l'état de Papa ne s'améliorait guère. Parfois, il essayait de parler, mais ses paroles restaient tristement inintelligibles. Nous acceptions l'absence de ses progrès comme nous acceptions le raccourcissement des jours. Sa jolie infirmière abandonna certaines de ses manières antiseptiquement arrogantes. Son brillant se ternit un peu, et Rose et elle n'étaient plus les grandes amies qu'elles avaient été en septembre. Un matin, j'entendis Rose insister pour qu'on changeât les draps du Major.

— Ils feront encore l'affaire, dit l'infirmière. Nous avons été propre la nuit dernière.

Et la réponse de Rose prononcée avec une autorité effrayante :

— Tirez-moi ce drap de votre côté avant que je vous frappe.

Il les regardait alternativement l'une et l'autre, avec de petits grognements dociles, désireux de leur plaire. Quatre heures et demie, c'était l'heure de Maman.

Elle entrait avec le thé de Chine et des biscuits très spéciaux de chez Fortnum, que quelque ami avait envoyés et qu'ils ne mangeaient jamais. Dommage. Elle apportait une branche de verveine ; elle en écrasait une feuille entre ses doigts et les sentait avant de se pencher sur lui pour lui murmurer un bonjour. Je ne sais pas ce qu'elle disait quand l'infirmière les laissait seuls avec la théière en argent et les tasses en porcelaine bleue de Worcester. Elle ne restait jamais longtemps dans la chambre. Je l'entendais appeler d'un ton malheureux Rose ou l'infirmière avant que je sois seulement venue à bout de la moitié de mes scones et de mes sandwichs.

Un soir, elle le quitta plus tôt que d'habitude, et vint à la bibliothèque, l'air perdue et outragée.

— Cette infirmière, dit-elle, exaspérée, quelle plaie. Elle se plaint de ses « collations ». Qu'est-ce que ces « collations » ?

— Oh, une habitude qu'elles ont, dis-je. Tout à fait innocent.

— Elle dit que Rose lui a fait monter du thé froid et des biscuits mous trois matins de suite. Elle me demande si je crois qu'elle va cirer elle-même ses chaussures. En quoi ses chaussures devraient-elles m'intéresser ?

— Ou vous soucier le moins du monde.

— Exactement. Et de plus, elle veut être payée. Immédiatement.

— Elle est ici depuis plus de six semaines. Ne l'avez-vous pas encore réglée ?

— Bien sûr que non. Je laisse ces choses à M. Kiely. D'ailleurs, elle ne fait pratiquement rien pour Papa. Rose se charge de tout ce qui est important. C'est une invitée. Une invitée coûteuse. Et ennuyeuse.

— Papa a besoin d'elle.

— Rose pense qu'elle ne s'occupe pas de Papa comme il faudrait. Rose pense (Maman hésita) que Papa a peut-être des escarres.

Elle émit un petit cri de consternation, ou de dégoût.

— Et autre chose. Rose pense qu'elle le bourre de somnifères.

— Il faut en parler au Dr Coffey.

— Oui, il le faut.

Elle parlait avec lassitude, n'aspirant qu'à mettre tout cela de côté.

— Et il faudra que j'aille voir cet horrible Kiely. Je n'ai plus du tout d'argent.

Quelques jours plus tard, je la conduisis à Kildeclan pour voir M. Kiely. Je l'attendis dans la voiture devant l'étude, tandis que la pluie passait par le pare-brise et dégouttait sur moi, à petites gouttes glaciales, par une déchirure de la capote.

Le petit M. Kiely sortit de son bureau, abritant Maman de son parapluie. Il avait le visage beaucoup trop beau pour sa taille, ce qui lui donnait une apparence grotesque, tout comme ses vêtements, fidèles imitations de ceux de Papa, qui prenaient sur lui une vie propre, étrangers à son corps comme s'ils n'avaient jamais quitté la boutique.

— Merci beaucoup, dit Maman, lui tendant le bout de ses doigts gantés, tandis qu'elle s'installait en frissonnant dans la voiture.

Il garda ses doigts quelques instants de plus dans sa main, penchant son beau visage sur fond de parapluie noir, dans la voiture. Il sourit, lueur sur le noir.

— Plus de soucis, dit-il. Ce chèque devrait arranger les choses pour le moment, et je passerai la semaine prochaine jeter un coup d'œil sur les bœufs.

— Comme vous êtes gentil.

Elle se rabattit vers moi, presque contre mon épaule.

— Démarre, Aroon, je t'en prie. Je pense, dit-elle comme nous descendions la rue – avec toutes ses maisons, belles et laides, noires et semblables sous la pluie –, je pense que nous devrions aller prendre le thé chez les sœurs Crowhurst.

— Oh, Maman, non ! Est-ce indispensable ?

— Tu n'as aucune idée de ce que je viens d'endurer, dit-elle. On se demande où ils vont chercher toutes ces choses ; on n'est jamais assez prudent ; enfin, tout va s'arranger. Mais pour le moment, j'ai besoin d'une tasse de thé. *Terriblement.*

Elle étira le dernier mot, avec infiniment de délicatesse et de certitude.

Malgré ma victoire lors de notre dernière rencontre, je me sentais glacée, malade et intimidée quand Maman poussa leur porte, riant avec une autorité plaintive :

— Mes enfants, mes enfants, Nod, Blink ! Du thé, s'il vous plaît !

Nod sortit de la salle à manger pour nous accueillir. Elle semblait moins bien mise que d'habitude – les cheveux moins parfaitement coiffés, avec un pull et un cardigan qui n'étaient pas parfaitement coordonnés.

— Comme c'est gentil d'être venues, dit Nod, de son ton mi-figue mi-raisin, et par un temps pareil, encore !

— Oh, dit Maman, laissant glisser un peu son manteau sur ses épaules, comme s'il s'agissait d'une zibeline, les affaires, toujours ces horribles affaires. Sinon, nous ne serions pas là.

— Excusez-moi un instant, dit Nod en s'écartant de nous. Je suis en train de réparer de la porcelaine, et il faut que je vérifie la prise de mon ciment.

Maman la suivit dans la salle à manger, et je l'entendis s'écrier :

— Oh, quelle pièce ravissante. Je l'ai toujours adorée. Elle est parfaite.

Je savais qu'elle ne parlait pas de la porcelaine cassée. Elle parlait d'une petite table Regency qu'elle convoitait, et après laquelle elle soupirait depuis que les jumelles l'avaient achetée pour une somme dérisoire et toujours tue, dans quelque demeure pauvre et jamais nommée.

Je passai la tête par la porte du salon et j'aperçus Blink assise au milieu d'un monceau de tricot, et vêtue de tricot, mais ne faisant pas de tricot. Jamais auparavant je ne l'avais vue inactive.

— Vous avez été surprise par la pluie ?

Elle ne répliqua pas, pour une fois, par une réponse mordante, à la stupidité nerveuse de ma question. Assise avec ses bottes trempées, elle ne semblait pas se douter que j'attendais, sur la défensive, une réplique cinglante. Elle semblait habitée d'une langueur inquiète. Je perçus comme un désespoir tranquille qui émoussait son énergie habituelle.

— Nous avons fait une longue promenade. Asseyez-vous donc. Je vais faire du thé.

Elle parlait à la cantonade, comme si je n'étais pas là, ou, si j'y étais, comme si je ne comptais pas.

— Thé de Chine ou des Indes ?

— Maman aime le thé de Chine.

— Oh, elle est là ? Curieux.

Elle se leva du canapé comme si cet effort était presque au-dessus de ses forces – ce qui changeait bizarrement de son autorité habituelle et souveraine, en paroles et en actes.

Quand Blink fut sortie, je m'assis discrètement sur le canapé, espérant que les chiens, qui remuaient d'un air chagrin dans leur panier, ne me remarqueraient pas. Le tricot enflait autour de moi. Je comptai les pièces d'au moins cinq cardigans, pas encore assemblés. Ils témoignaient d'une industrie quelque peu désespérée.

Je remarquai, à mesure que les minutes passaient, que le cadre avait bien changé depuis le jour où j'avais rendu visite aux jumelles avec Papa. La pièce était propre et élégante, alors. Elle avait du brillant. Aujourd'hui, une poussière collante de cendre de bois recouvrait les tables. Le feu était non seulement éteint et mort, mais il avait l'apparence d'un feu ni nettoyé, ni préparé, ni allumé depuis des jours. Les arrangements floraux étaient flétris dans leurs vases, pétrifiés jusqu'à la dernière feuille morte. Les chiens, autrefois nets, propres et agressifs étaient aujourd'hui humides et malodorants dans un panier en désordre. Un verre était posé sur un livre, près du canapé où j'avais trouvé Blink assise au milieu du tricot. Il sentait, lui aussi. Gin. Gin et quoi ? J'y plongeai un doigt. Gin, et rien. Tous les petits détails délicats et raffinés disparaissaient dans le négligé nouveau de la pièce. Je m'y sentis mal à l'aise, toute seule.

Enfin, Nod et Maman entrèrent avec le thé. (Rien que du thé. Et des Indes, en plus.) Pas de Blink.

— Où est Blink ? demanda Maman.

Nod consulta sa montre.

— C'est l'heure de son bain, dit-elle.

Puis, remarquant que je consultais aussi la mienne, d'un air incrédule, elle ajouta avec conviction :

— Rien de tel qu'un bon bain chaud si on est assez stupide pour aller faire dix kilomètres sous la pluie avec un gros rhume.

— Oh, je vois, dis-je. Mais cela paraît toujours drôle de prendre un bain en plein après-midi, sauf après la chasse.

— Avec un seul cheval boiteux pour nous deux, dit Nod d'un ton acide, nous ne chasserons pas beaucoup cette année.

— Vous aurez le temps de faire beaucoup plus de tricot, dit Maman, consolante.

Elle drapa un bout de cardigan violet sur son épaule, et, frissonnante, se mit à boire son thé des Indes à petites gorgées.

— Oui, c'est votre couleur, dit Nod, présumant immédiatement que Maman essayait le cardigan. Nous pourrions vous le céder pour presque rien. C'est une taille trop petite pour la plupart des gens.

— La couleur est ravissante, dit Maman, reposant le morceau de tricot. Couleur primevère du Caucase. Mais non. Hélas, je ne dois plus rien dépenser. Plus de jolis vêtements neufs.

— Peut-être pouvez-vous vous permettre quelques primevères doubles ? suggéra Nod.

— Eh bien, peut-être.

La fureur de vendre qui animait Nod finirait par avoir gain de cause de la résistance de Maman, je le sentais.

Je regardai, par les vitres embuées, les dahlias minables, récemment flambants de vie et de couleurs ; ils étaient maintenant détrempés et pourris, leurs fleurs tournées en gelée, leurs feuilles malades et noircies.

— Vous n'avez pas encore rentré les dahlias, remarquai-je, ne trouvant rien d'autre à dire.

— Encore du thé ?

Nod souleva la théière. Elle la reposa d'un geste précis et résolu avant d'ajouter :

— Non. Il faudra y penser avant notre départ pour l'Angleterre.

— L'Angleterre ?

Pour une fois, Maman et moi parlâmes ensemble. Pour une fois, nous étions incrédules en même temps, pour la même raison. Depuis la fin de leurs études, les jumelles s'étaient tenues à l'écart de l'Angleterre. Elles évitaient leurs assez opulents cousins anglais, ne les invitaient jamais (ni personne d'autre, dans la mesure du possible), acceptaient encore moins les invitations dans les grandes demeures, les gentilhommières et les châteaux de leur famille, et pourtant, nous savions que des invitations étaient souvent adressées à ces deux parentes pauvres – qui étaient presque des jardinières professionnelles, des tricoteuses et couturières accomplies, et, soyons juste, des cavalières de premier ordre.

— Nous sommes un peu en difficulté, dit Nod. Je veux dire que nous avons quelques factures en retard.

— Ne m'en parlez pas, implora Maman. Nous en sommes tous là. Monstrueux, ces boutiquiers. Et comment pensez-vous que l'Angleterre vous aidera ? demanda-t-elle avec envie.

— Notre cousine Imogen doit se retirer dans sa maison d'Husband's Budsworth, et elle nous a demandé de lui dessiner le jardin – en friche depuis des années.

— Et de retapisser les fauteuils aussi, j'imagine.

Maman comprit immédiatement la situation.

— Alors, vous serez absentes pendant des mois.

— Oui, j'en ai bien peur. Six ou huit mois, je ne sais pas exactement.

Ainsi, elles partaient. Je me sentais mieux disposée à leur égard, maintenant. Leur situation devait être devenue intenable pour qu'elles abandonnent toute leur vie – jardin, pigeons, canards, chevaux (enfin, cheval) – et qu'elles se lancent dans le monde du Gloucestershire.

— Les chiens ? demandai-je.

— Oh, dit Nod avec hauteur, ne vous inquiétez pas. Nous avons fait nos plans.

J'eus l'impression, à son air, que la réalité venait de la frapper de plein fouet.

— Je crois que si tu as fini ton thé… (Maman me regarda comme si j'avais avalé un bœuf) nous devrions rentrer auprès de Papa.

Elle repoussa la manche de son manteau pour consulter sa minuscule montre.

— Si vous permettez – puis-je utiliser vos toilettes ? Ça a été un long après-midi.

— J'ai bien peur que non. Blink est dans son bain.

— Encore ? Mais c'est impossible. Cela fait plus d'une demi-heure.

— Mais oui, dit Nod avec fermeté. Elle aime tremper longuement. Il vous faudra utiliser celles du bas. Je vais en faire sortir les chats. Ils s'y plaisent énormément quand il pleut.

Je les imaginai, couchés entre le trône, les maillets de croquets, les bottes et l'herbicide. Tandis que nous attendions que Nod eût fini de chasser les chats, Maman se glissa un instant dans la salle à manger. Elle reparut, l'air pieusement satisfaite.

— Beaucoup moins tardif qu'elle ne pense.

— Il est cinq heures passées.

— Oh, l'heure, dit-elle. Je parlais de ma petite table. Celle à la ceinture annelée. La tête de bélier y a peut-être été ajoutée plus tard.

La table des jumelles l'avait toujours obsédée.

Sur le chemin du retour, repensant à ce cardigan lilas, bruyère ou Wanda, je demandai :

— Et mon allocation pour mes vêtements ?

Elle se retira un peu plus loin sur le siège. Je la sentis resserrer son manteau pour se protéger.

— Oh, répondit-elle, oui – je devais te la donner sur ce misérable petit chèque.

— Que voulez-vous dire, Maman, « devais » ?

Une onde d'angoisse m'envahit.

— Je suis très contente de mon coup, dit Maman avec satisfaction. Figure-toi que... Nod m'a vendu la petite table.

— Combien ?

— Si tu permets, dit Maman, poliment réservée, cela ne regarde que moi. Je lui ai donné une assez jolie somme.

Elle se renfonça sur son siège avec une satisfaction évidente.

— Plus que jolie.

— Sont-elles dans une situation très difficile ?

— Oui, je crois.

Elle semblait cruellement amusée.

24

Je voyais et entendais l'infirmière devenir chaque jour plus brusque et en même temps plus morose avec Papa. Beaucoup moins de joyeuses plaisanteries tandis qu'elle remplissait ses devoirs. Elle se montrait grossière dans son indifférence à ses balbutiements de bébé. Les rares mots isolés qui passaient péniblement ses lèvres, il n'arrivait à les prononcer qu'au prix d'un terrible effort de concentration.

Rose la surveillait.

— Je me demande s'il obtient son dû, disait-elle sombrement. Elle lui a fait avaler mon poisson en cinq minutes, pour que sa lettre ne rate pas la levée... son pied était raide de froid et elle n'a pas voulu aller chercher de l'eau chaude pour la bouillotte... et s'il avait des escarres ? Vous devriez parler au docteur, mademoiselle Aroon.

Le Dr Coffey venait voir Papa tous les jeudis, et parfois plus souvent. Il lui parlait de la chasse, et des bécassines du marais. Un matin, je le rattrapai dans l'entrée avant qu'il ne sorte. À la patience nonchalante qu'il affichait envers Papa, on voyait bien qu'il n'avait pas d'autre visite à faire, ou aucune aussi importante.

— Comment est-il aujourd'hui, docteur ?

— Il y a peu d'espoir de changement. Continuons.

— C'est bien la question, dis-je. C'est impossible. L'infirmière ne semble pas satisfaite.

— Oui, dit-il, voilà notre problème. Quel dommage. Elle est compétente. L'ennui, ma chère enfant, c'est qu'elle veut son argent.

Il se mit aussitôt à fuir le problème en direction de la porte. Je ne le lâchai pas.

— Et si elle s'en va, docteur ?

— Rose est très compétente. Tommy pourrait l'aider à le soulever.

— Rose est la *cuisinière*.

— Oui, dit-il avec une curieuse réserve. Oui. Mais elle représente peut-être la solution.

Ainsi, rien n'était résolu. Je restai là, impuissante, et refusant de désespérer de Papa. Voyant Maman froisser et écraser des feuilles de verveine entre ses doigts en se penchant sur lui à l'heure du thé, ce que Rose avait dit de son odeur me revint. Quand elle fut partie, je tartinai de la gelée de nèfle sur de petits morceaux de scones beurrés, et j'en fis manger des miettes à Papa tout en avalant le reste (des scones de Rose). Il me regardait, terriblement mécontent, émettant de petits sons impatientés, furieux de ne pas obtenir quelque chose que j'ignorais. Mon Dieu, et si c'était le bassin ?

— Vous voulez l'infirmière ?

— Non-non-non, arriva-t-il à dire.

NON-NON, semblait-il hurler.

— Rose viendra bientôt reprendre le plateau, dis-je tout haut, et il retomba sur ses oreillers, triste et impatient.

Je m'arrangeai pour finir les scones et une tranche de cake aux cerises avant qu'elle n'arrive. J'avais désiré sa venue, et maintenant, je résistais à sa force et à son assurance.

— Son Altesse a trouvé quelqu'un pour l'emmener en ville en voiture, et elle n'est pas encore rentrée.

Elle parlait comme si la sortie de l'infirmière était une licencieuse faiblesse.

— Je suppose qu'il est mort de froid.

Elle recula la table à thé loin du lit, rabattit les couvertures et posa la main sur son pied.

— Glacé, évidemment, dit-elle, satisfaite de cette négligence. Et sa bouillotte est glacée. Je parie qu'elle ne l'a pas remplie depuis ce matin. Je vais vous frictionner un peu, Major, dit-elle, s'agenouillant doucement à côté du lit pour atteindre plus commodément son pied. Pourriez-vous descendre la bouillotte à Teresa, mademoiselle Aroon, et lui dire de faire chauffer la bouilloire – et vous pourriez peut-être nous la remonter –, il faut qu'elle me plume un faisan.

Je la laissai, penchée avec une merveilleuse souplesse au-dessus du lit ; tout en frictionnant son pied glacé, elle parlait à Papa avec naturel, comme si elle participait de ses idées intimes.

Il n'y avait personne dans la cuisine. Un magnifique faisan gisait sur la table, avec toutes ses plumes. Des niches sombres béaient dans les murs. Haut, énorme, gothique, un texte encadré pendait au-dessus du buffet : JE SUIS LE PAIN DE LA VIE. Les grandes majuscules bleues, rouges et or s'estompaient sous des années de fumée, de poussière et de graisse. Je posai la main sur la poitrine du faisan, pierre sous les plumes rouges. Par les fenêtres, je regardai les étoiles. Demain, j'aurais une lettre. Ou pas. Il voyageait à travers l'Afrique. Il n'avait jamais reçu la lettre où je lui parlais de Papa. Je vis un indigène courant vers nulle part avec ma lettre coincée dans un bâton fendu, ou sa lettre à lui, pour moi. L'idée m'égaya un peu.

Avant de prendre la bouilloire, j'entendis rire dans l'aile des domestiques ; un rire se sépara des autres, le rire de quelqu'un qui partait. C'était l'infirmière, nette et pimpante dans ses vêtements de ville.

— Cela fait du bien de prendre un thé chaud un jour comme aujourd'hui, dit-elle, en guise d'excuse effrontée pour justifier sa présence chez les domestiques. Je rêve, ou est-ce bien la bouillotte de mon patient que vous avez là, mademoiselle St. Charles ?

— Oui, dis-je, je viens de la remplir.

J'avais l'impression que j'aurais dû m'excuser, et je ne me trompais pas.

— Vous me permettrez de vous faire remarquer que, dans un cas comme celui du Major, il est important qu'il trouve sa chaleur en lui-même.

Le ton professionnel était bien différent de la joyeuse amitié du passé, et de l'efficacité morose du présent.

— Quand même, insistai-je, il avait les pieds glacés.

— Il n'a aucune sensation dans ce pied, dit-elle rudement, appuyant sur le singulier, comme si je n'étais pas au courant pour la jambe de Papa.

— Je ne suis pas la seule à le penser. Rose aussi le pense.

— Et j'en déduis qu'elle vous a envoyée remplir la bouillotte. Merci beaucoup, mais je vous prie de ne pas oublier que je n'accepte personne entre mon malade et moi, à part le médecin traitant. Je vais maintenant vous reprendre cette bouillotte, et j'espère que nous en resterons *là*.

Sa stupéfiante autorité m'intimida et je restituai la bouillotte que je pressais contre mon cœur. Je m'éloignai de cette furie vers la porte battante, l'impression de mon utilité me désertant un peu plus à chaque pas que je faisais vers la bibliothèque.

Maman travaillait sans lever les yeux à une grande tapisserie estivale, lis et feuilles grises cascadant sur ses genoux.

— Vous avez oublié le feu, Maman.

— J'ai sonné.

— Je suppose que personne n'a entendu.

— Je suppose que personne n'a écouté.

Elle continua à broder, les doigts bleus de froid. Il y avait comme un halo de buée autour des lampes.

— Sonne encore, dit-elle, les yeux baissés sur son ouvrage.

Je me penchais sur le feu quand la porte s'ouvrit en coup de vent. L'infirmière vigoureuse, jeune et furieuse, se rua vers Maman, recroquevillée au milieu de ses lis et de ses feuilles, et l'accabla d'un torrent de paroles, accusant Rose – de quoi ? Elle parlait de son salaire qu'elle réclamait sur-le-champ, de son départ le lendemain matin, d'une main sous les draps. Maman écoutait trop patiemment. J'étais consternée. Il fallait que je dise quelque chose.

— Il avait froid – quoi que vous prétendiez. Il avait affreusement froid.

— Froid ? répéta-t-elle d'une voix stridente. Alors qu'elle est chaude à le brûler !

— Mais j'étais là. Sa bouillotte était froide. Rose lui frictionnait le pied.

— Le pied ? glapit-elle. Ce que je vais vous dire, c'est ce que je dirai à mon curé, à mon infirmière en chef, à mon docteur…

— S'il en a tiré le moindre plaisir, je n'en suis que trop heureuse, l'interrompit Maman d'une petite voix posée.

L'infirmière la regarda, complètement démontée, et se réfugia dans une sorte d'assentiment boudeur.

— Vous comprenez, Madame St. Charles, j'exige mon salaire et je partirai demain matin.

— Dommage que vous ne puissiez pas partir ce soir.

Maman continua à broder ses feuilles.

Quand l'infirmière fut partie, elle s'arrêta de broder. Elle repoussa sa tapisserie comme si son poids l'accablait. Elle se leva de son petit fauteuil. S'approchant du secrétaire, elle déplaça les papiers dont il était couvert, comme cherchant quelque chose d'utile dans leur désordre.

— Ça ne sert à rien, dit-elle. Il n'y a absolument pas d'argent, c'est tout.

Elle s'éloigna du secrétaire, et se mit à marcher de fauteuil en fauteuil, effleurant les dossiers, redressant un coussin, cherchant une contenance.

— Mais l'argent de M. Kiely ?

Je voulais qu'elle revienne à un peu de bon sens. Je voulais qu'elle s'inquiète.

— Non, non. Je l'ai donné aux jumelles.

— Tout ? Ce n'est pas possible.

— C'était nécessaire.

Elle parlait de la même voix calme et fatiguée avec laquelle elle avait maté l'infirmière.

— Elles en avaient besoin.

— Et vous aviez besoin de la petite table ?

— En effet, dit-elle, et elle se remit à marcher de fauteuil en fauteuil.

25

Le lendemain matin, après le petit déjeuner, j'ouvris la porte de l'entrée comme d'habitude pour laisser sortir les chiens. J'attendais le facteur, aussi. Quand il arriva, je lui pris les lettres – quatre enveloppes brunes, et une autre, plus grande, marquée PERSONNELLE.

Maman descendait au moment où je posais les lettres sur la table de l'entrée. Je sus qu'elle allait peindre en la voyant habillée de son vieux manteau de fourrure. Les longues lattes du plancher se glaçaient sous mes pieds et un frisson serra mon cœur, auquel il fallait que j'échappe. Il fallait que je me trouve une occupation.

— Le courrier est arrivé.

— Oh, des lettres. Il n'y aura que des choses désagréables. Désagréables et inquiétantes.

— Vous avez repensé à l'infirmière ?

Ces paroles sortirent de nulle part, tout à trac.

Elle prit ses lettres et les reposa sans curiosité. Elle poussa les factures dans le tiroir où elles finissaient toutes et s'essuya les paumes, en les frottant légèrement l'une contre l'autre.

— Oh, faut-il vraiment penser à elle ? Je pense que les choses devraient s'être arrangées, maintenant.

— Mais, Maman, vous savez bien que rien ne s'est arrangé. Elle était tellement furieuse. Et Rose trouve qu'elle ne s'occupe pas bien de Papa. Et le Dr Coffey pense qu'elle veut son argent et qu'elle ne partira pas sans l'avoir.

— Ma chère enfant, pourquoi faut-il que tu dramatises tout à ce point ? Pourquoi ne vas-tu pas monter un peu Arch Deacon ?

Elle resta un moment immobile, dans le cercle de lumière hivernale tombant du dôme, retournant à son isolement. Puis elle s'éloigna, élégante, comme marchant sur des échasses au-dessus de tous les ennuis semés sous ses pieds. Sur elle, même son vieux manteau de fourrure craqué aux coutures prenait une apparence aérienne.

Ainsi, elle avait deviné que j'avais peur du cheval d'Hubert, et que je me félicitais de ce que mon propre cheval boitât. Que faire ? Je consultai ma montre. Trois longues heures avant le déjeuner. Immobile, incertaine de ce que j'allais faire, j'entendis quelqu'un courir dans l'escalier de service, derrière le mur séparant l'escalier des domestiques du nôtre que – sauf pour le nettoyer – ils n'empruntaient jamais, bien entendu. La porte capitonnée s'ouvrit brusquement mais sans bruit, et Rose, suante et rageuse dans sa mince robe de coton, fit irruption.

— Elle est en train de faire la toilette du Major alors que le feu n'est pas encore allumé, et qu'il pleure de froid.

J'avais l'impression qu'on assassinait Papa, et que je ne pouvais rien faire, impuissante.

— Comment l'empêcher ? Que puis-je faire ?

— Il pleure, répéta Rose.

Elle me tourna le dos. Elle pleurait aussi. Elle acceptait mon inutilité. Elle repassa en silence la porte de service, me laissant dans le froid. Je m'assis sur les roses de laine démesurées de l'énorme causeuse victorienne de l'entrée, sous la galerie et sous le dôme ; et sur ce siège, magnifiquement décoré par une grand-tante, un ressentiment désespéré s'empara de moi devant mon statut impuissant de fille vivant à la maison – fille de famille vivant dans la grâce et la faveur d'une obéissance insondée. Je n'avais pas bougé, abrutie sur toutes ces roses, quand Breda passa devant moi pour aller ouvrir la porte de l'entrée, répondant à la cloche qui sonnait dans le couloir de l'office, et que je n'avais pas entendue. J'entendis une voix d'homme qui demandait Maman, et pas du genre pour lequel elle tolérerait qu'on l'interrompît dans sa peinture.

— Entrez, monsieur ; si vous voulez bien attendre un instant…

Breda savait sa mission vouée à l'échec. Cela s'entendait à la politesse compassée et hésitante de sa voix. Elle ouvrit la porte un peu plus, et une tiède bouffée du monde extérieur entra à l'intérieur. Fumier, feuilles de groseilliers, urine de cheval et haleine de bœuf entrèrent et flottèrent quelques instants avant d'expirer dans le froid poignant de l'entrée.

Je vis alors qui arrivait, marchant vers moi dans l'entrée, bien que Breda lui eût indiqué une chaise droite près de la porte. Il portait un manteau Jaeger, jumeau des nôtres, un col roulé très crâne et des pantalons de gabardine. Il tenait à la main un chapeau de feutre marron à large ruban, qui donnait l'air factice à tout le reste. C'était M. Kiely, et j'aurais pu lui dire tout de suite que sa visite était vouée à l'échec. « Petit poseur. » Le sobriquet que lui donnait Papa me vint à l'esprit et se répercuta dans la tiédeur de mon accueil.

— J'ai pensé que j'éviterais un déplacement à Mme St. Charles, dit-il. J'ai quelques papiers plutôt urgents à lui faire signer.

— Oh, je ne sais vraiment pas où elle est.

Je trouvais qu'il valait mieux le préparer au refus qu'elle avait sans doute déjà prononcé. Breda le confirma une minute plus tard.

— Madame est sortie, dit-elle avec une sombre certitude. Voulez-vous lui laisser un message, monsieur ?

À travers mon aversion des hommes petits et vulgaires, un sentiment d'embarras et de sympathie s'empara de moi ; Maman se comportait envers lui comme envers moi.

— Je suis désolée, dis-je, baissant les yeux sur lui. J'imagine que je ne peux rien faire pour vous ?

Il s'assit sur la causeuse, et choisit quelques papiers dans sa serviette.

— Voulez-vous lui demander de signer aux endroits marqués d'une croix, et me renvoyer tout cela aujourd'hui ? La situation est un peu délicate en ce moment. Bien entendu, les circonstances… mais les banques n'ont guère de patience de nos jours. Mme St. Charles m'a dit qu'elle avait quelques petits comptes pressants à régler.

Quelques… il fallait saisir l'occasion. J'ouvris le tiroir de la petite table. Que le lapin voie le chien, pensai-je, faisant cause commune avec le petit poseur de Papa.

— Je pense qu'il n'y a presque que des relances, dit-il avec calme, prenant sur lui une partie de la phobie que m'inspirait ce tiroir bourré à craquer.

— Celles-ci sont arrivées aujourd'hui.

Je lui tendis la pile ; il ouvrit l'enveloppe marquée PERSONNELLE, et fit la grimace en lisant.

— Mauvais. C'est le garage. À l'avenir, toute transaction devra être réglée en liquide. Y compris l'essence.

— Mais les voitures ne marchent pas sans essence, dis-je, stupéfaite.

— Eh oui. C'est un fait.

Le tiroir béait, la gueule grande ouverte. J'étais pétrifiée de consternation.

— Mettez tout cela dans un sac, et envoyez-le à mon bureau. Je verrai ce qu'on peut faire.

— Il faudra que j'en parle à Maman.

— Je crois que cela ne vous mènera nulle part. Elle n'est pas, si je puis me permettre de parler ainsi, très femme d'affaires.

— Je sais.

— Et financièrement, nous sommes dans une mauvaise passe pour le moment, sinon je n'aurais pas fait le détour ce matin, avant d'aller aux courses de Leopardstown.

Cela expliquait sa tenue, et cet air de joyeuse sécurité financière qu'il avait.

— Je sais, répétai-je.

Je sentis la morsure du froid. Je sentis Papa qui pleurait dans sa chambre, aux mains de cette infirmière vindicative. Je m'assis. Je baissai la tête.

— Je suppose que vous ne pourriez pas me donner un peu d'argent sur le compte de la ferme, ou autre chose… Maman n'a pu payer les gages d'aucun domestique.

— Je lui ai donné…

— Je sais.

Il me regarda. Il savait, lui aussi.

— Vous devez trop à la banque, dit-il.

Je sentis l'étau du désespoir se resserrer autour de ma tête. M. Kiely, comme le Dr Coffey, fuyait mes problèmes, me laissant seule à mon agonie. Nous nous levâmes ensemble.

— Pourrions-nous vendre quelque chose ? (Il me vint une idée.) Le cheval de mon frère ?

— Vous parlez du bai de cinq ans ? Fils de Great Moments et d'une jument demi-sang ?

— C'est un excellent cheval de chasse, dis-je.

Ce qui était assez vrai quand Hubert le montait.

— N'empêche qu'il y a comme une tare chez tous les fils de Great Moments, et qu'il n'a pas très bonne réputation.

Il me regarda avec pénétration.

— Il boite, n'est-ce pas ?

— Oh, c'est beaucoup dire.

— Eh bien, dit-il, je ne sais pas comment le bruit s'est répandu.

— Mon père avait l'intention de le vendre.

— Et nous en resterons à l'intention. Maintenant, dit-il, détournant les yeux avant de les ramener sur moi, s'il s'agit d'une question urgente – c'est un sacré poulain que vous avez là-dehors. Voilà qui serait facilement vendable.

— Oui. Il est à moi.

Cette simple affirmation m'enfla d'une vanité très agréable.

— Voilà quelque chose que vous pourriez facilement transformer en espèces.

— Je n'ai pas l'intention de m'en défaire.

La valeur du présent de Richard prit une réalité écrasante. Même s'il devait me mordre, me lancer des ruades ou faire des misères à l'âne, il était là, témoignage tangible de mon amour, de notre amour. Plus arrogant et plus beau de semaine en semaine. Il serait là quand Richard reviendrait. Nous irions le voir ensemble.

— Ce n'était qu'une idée, dit M. Kiely. Deux cents livres – je ne suis peut-être pas raisonnable… vous pourriez les avoir en liquide. (Il fit une pause.) Je rencontre un Anglais aujourd'hui. Il cherche des chevaux pour les grands entraîneurs. J'aurais pu lui en toucher un mot. Toutefois… (Il soupira et renonça à son idée.) Si je veux assister à la première course, dit-il, il faut que je m'en aille.

En haut, une porte claqua ; les chambres étaient trop loin pour qu'aucune voix, même des cris d'enfants, n'atteignît la civilisation de l'entrée où nous nous trouvions, mais ce bruit coléreux me rappela trop clairement la situation de Papa. Je chancelai vers la décision : mon cadeau, mon tout. C'était la mort de mon cœur. M. Kiely s'éloignait. Je perdrais ma seule planche de salut.

— Disons trois cents, disait ma voix, et je vous laisse aussi le bai.

— Parfait, et pas un mot à Mère, n'est-ce pas ?

Je lui en voulus de la nuance de familiarité. Pourquoi aurait-il su si oui ou non cette affaire resterait mon secret ? Mais, assis tous deux sur la vaste causeuse, les billets de banque tombant entre nous parmi les roses et les pétunias en laine, mon intolérance à son égard diminua. Je n'avais jamais vu tant d'argent. Les billets craquaient sous ma main comme les feuilles mortes craquent sous les pieds en automne.

— Il faut que je m'en aille, dit-il. Vous arrive-t-il de jouer ?

— Oui, parfois.

Je ne jouais jamais.

Il reprit l'un de mes nombreux billets de cinq livres.

— Il y a quelque chose d'intéressant dans la quatrième. Je placerai ces cinq livres pour vous, si vous voulez.

Comment lui dire que cinq shillings seraient ma limite ? Son geste ne me plaisait pas. Que je gagne ou perde, ce serait un lien de plus entre nous.

— Cela restera entre nous.

Il sourit en me serrant la main (tout à fait inutile) avant de dégringoler le perron, s'éloignant de Temple Alice sous le soleil, rapide comme un gamin.

Je me hâtai de retourner vers la causeuse, impatiente de retrouver le réconfort et la sécurité que devait m'apporter la vue de tout cet argent. Je n'éprouvai aucun réconfort. Assise au milieu des billets et des roses, de grosses larmes joufflues rebondissaient sur mes grosses joues. J'avais vendu mon unique gage d'amour. Les frissons qui me traversèrent étaient aussi profonds que ma perte.

Quelle honte que ces larmes, mais une tiédeur et un bien-être ignobles leur succédèrent en moi ; j'avais un but et le moyen de le remplir, qui m'appartenaient à moi, et à personne d'autre. J'étais quelqu'un. Pleine de respect pour moi-même, je me sentis investie d'une autorité nouvelle. J'allais renvoyer l'infirmière, je la chasserais de la maison et vers le train de Dublin avant que Maman ne sortît de son studio. Mais je me devais à moi-même d'exécuter cette action avec quelque cérémonial. Je sonnai, et envoyai Breda convoquer l'infirmière à la bibliothèque. Je m'installai sur la chaise de Papa devant le secrétaire, plume, encre, papier, petites liasses bien carrées de billets, petite pile bien nette de pièces d'argent, tout bien préparé, de même que l'expression distante de mon visage, avant qu'elle entrât, froufroutante et résolue, fraîche et rose comme les agapanthes que Maman avait mises dans un vase sur une table basse.

— Vous avez sans doute pensé que nous devions avoir une petite discussion.

Elle s'assit, croisant ses jolies jambes. Je ne l'avais pas invitée à prendre un siège, et la seule chose que je pus faire fut de me lever.

— Y a-t-il quelque chose à discuter – à part vos gages et l'heure du train pour Dublin ?

Ma voix sonnait glacée à mes oreilles, légère et méprisante. Je ne sais pas d'où elle sortait.

— Mon salaire se monte à trente-quatre livres, six shillings et huit pence. Je peux faire mes bagages en dix minutes – et avec joie.

— Oui, dis-je, toujours de la même voix. Oui.

Je ressentis quelque plaisir à exhiber ma richesse.

— Voulez-vous compter ?

Elle accepta les billets de ma main, et les compta rapidement.

— Parfait. Merci.

Avec satisfaction, elle coinça mon argent entre le devant de son tablier et les rayures bleu vif de sa robe.

— Me conduirez-vous à la gare, mademoiselle St. Charles ?

— J'espère que Tommy pourra vous y emmener.

Elle s'attardait encore.

— Peut-être devriez-vous commencer vos bagages ?

À la porte, elle se retourna.

— Écoutez, dit-elle, c'est une chose innommable, et je ne chercherai pas à la nommer. C'est un mot dégoûtant pour une chose dégoûtante.

— Mais de quoi voulez-vous parler ?

De surprise, je repris ma voix habituelle sans m'en rendre compte.

— Je n'en dirai pas plus. Seulement, si j'étais vous…

— Et si j'étais vous, je ferais mes valises aussi vite que possible. Il me déplairait beaucoup que vous manquiez le train.

Ma repartie fut à la fois nette et digne, mais, quand elle quitta la pièce, une bizarre curiosité, une supposition désagréable et inexprimée demeura en moi. Comme si le corps de l'infirmière, propre et frais comme des aiguilles de pin, eût laissé derrière lui une odeur, une odeur tenace, que j'ignorerais, comme il se doit.

26

Ma décision et mon sacrifice eurent une conséquence merveilleuse : l'amélioration de l'état de Papa. Nous le ressentîmes tous comme un rayonnement.

Rose avait maintenant avec lui toutes les privautés d'une infirmière. Elle pouvait réchauffer son pied, lui frictionner les talons ou le derrière à l'alcool à brûler et au talc ; elle pouvait lui donner tous les jours des draps propres, et des pyjamas fraîchement repassés parfois deux fois par jour. On devinait qu'il avait eu un petit accident, mais il n'avait plus jamais l'air apeuré ou désolé, seulement amusé et gêné. Rose l'inondait d'eau de Cologne, réduisant presque à néant les effluves forts et piquants de l'ammoniaque. Elle le lavait et le nettoyait avec une dextérité presque professionnelle, le laissant appuyé contre ses oreillers, éclatant et parfumé. Quand elle sortait chercher le thé, il regardait la porte d'un air nostalgique. Ou peut-être, retroussant sa moustache, regardait-il la porte avec nostalgie parce que Maman entrait. Elle apportait un petit bouquet de cyclamens ou un capricieux rameau de daphné, ou toute autre plante émettant une odeur douce et forte quand elle l'écrasait ou la jetait dans le feu.

Rose et moi entrions avec le thé. Le thé avec Papa était devenu une habitude, maintenant. Maman s'asseyait sur une chaise basse près de son lit. Elle se penchait en arrière, s'écartant de lui, tristement silencieuse quand il essayait de lui dire quelque chose. Il faisait de grands efforts.

— Voilà, voilà, voilà, disait-il, comme un comique attaquant son boniment, et Rose arrivait à temps pour prendre part à son combat.

Elle posait le plateau, se penchait sur le lit pour rajuster l'écharpe dans l'encolure de son pyjama de soie bleue, et lui essuyer la bouche.

— Bestiale, s'acharnait-il. Bestiale, bestiale…

— Oui, je sais, chéri. C'est ce que j'ai toujours pensé, répondait Maman au hasard, souhaitant désespérément qu'il se tût.

Quand il restait sagement appuyé sur ses oreillers, comme une poupée de chiffons, c'était plus facile pour elle de continuer à écraser tranquillement sa verveine en pensant au temps passé. Mais Rose, le soulevant et le secouant comme pour forcer les mots à sortir, vivait le présent, et lui prêtait sa force dans ces luttes.

— Qu'est-ce qui est bestial, Major ? Dites-le-nous, Major. Vous y étiez presque.

— Bestial – bain – froid, terminait-il sur un souvenir dénué de sens.

Mais pas tout à fait – Rose avait compris.

— Plus de bains froids, le consolait-elle, depuis que Sa Majesté est repartie à Dublin. Et plus de feuilles dans le thé.

Elle lui versait son thé dans une tasse de porcelaine propre, y ajoutait du sucre et de la crème, tous deux interdits par l'infirmière, et le faisait boire gentiment. Elle agissait comme si c'était elle qui l'avait sauvé des griffes de l'infirmière, alors que c'était moi, et que je brûlais qu'il sût que c'était mon œuvre.

Maman s'était montrée rien moins que reconnaissante quand elle avait appris le départ de l'infirmière.

— Partie ? Sans ses gages ?

— Non. Je l'ai payée.

— C'est impossible ; pas sans me consulter.

— J'ai vendu mon poulain. Je pensais que cela vous ferait plaisir.

— Tu juges remarquablement mal de ce qui peut faire plaisir ou non.

— Papa et Rose sont ravis.

— Oh oui. Rose pourra l'avoir tout à elle maintenant. Bien trop à elle.

— Le Dr Coffey pense que Rose et Tommy pourront se débrouiller.

— Rose aura beaucoup trop à faire, dit-elle.

Puis elle ajouta avec une répugnance extrême :

— Qui l'entendra s'il appelle pendant la nuit ?

— Rose ne pourrait-elle pas coucher dans la chambre rose, où dormait l'infirmière ?

— Pas vraiment.

— Pourquoi pas ?

— Oh, Aroon, laisse-moi m'occuper de cela veux-tu. Ne t'es-tu pas déjà suffisamment immiscée dans mes affaires ?

Elle semblait plus désemparée et exaspérée que vraiment en colère.

Je n'insistai pas. J'attendrais. Je me sentais plus forte. Ce n'était pas le bonheur qui s'épanouissait en moi, c'était une sorte de détermination raisonnable. Peut-être était-ce moi qui entreprendrais les sinistres pourparlers avec M. Kiely ; il l'avait pratiquement suggéré. Quatre jours plus tard, il le suggéra en effet. Je reçus une lettre, contenant trois billets de dix livres et un de cinq, et disant : « Nous avons joliment réussi, n'est-ce pas ? Vous trouverez vos gains ci-joints. Peut-être Mme St. Charles ou vous-même pourriez-vous passer à mon bureau un de ces prochains jours pour discuter des autres affaires. »

Comment avertir Maman, sans révéler qu'il m'avait écrit ? Ne pas lui dire, ne rien lui dire. Cela devint ma force et ma tactique. C'est pourquoi je ne lui révélai pas que Rose dormait maintenant toutes les nuits dans la chambre rose. Si elle ne le savait pas, les choses suivraient naturellement leur cours. Rose savait cela aussi. Elle ne m'avait pas demandé mon avis avant de s'installer dans cette chambre. Elle y était, et Dieu merci qu'elle y fût, sommeil léger, toujours prête à répondre à son appel, et compétente en tous les domaines.

J'appris bientôt autre chose dont je gardai le secret. J'appris que les sœurs Crowhurst étaient parties. Je laisserais Maman le découvrir par elle-même. J'aurais pu le lui dire, mais je préférais garder la nouvelle pour moi, maintenant que j'étais une femme fortunée ; non, une fille fortunée ; non, une femme. On est une femme quand on a eu un amant dans son lit comme c'était mon cas. Les pauvres sœurs Crowhurst, toujours filles et toujours sans fortune.

— Vous savez sans doute que les sœurs Crowhurst ont déménagé à la cloche de bois ?

J'étais allée à l'étude de M. Kiely sans Maman, et avec un autre gros paquet de factures. Il se penchait sur le large plateau de son bureau, comme pour diminuer la distance entre nous. À mon avis, il aurait mieux convenu à sa situation qu'il restât assis bien droit sur sa chaise. J'étais venue pour affaires. Je n'étais pas venue pour entendre des cancans, prendre le thé ou fumer une cigarette, toutes choses qu'on m'offrit.

— Oui. Elles vont à Husband's Budsworth passer un mois ou deux.

— Ce n'est pas l'adresse qu'elles ont laissée à la poste pour qu'on fasse suivre leur courrier, corrigea-t-il. Il se trouve que j'ai une petite affaire à régler pour elles. J'ai vendu leur trois ans.

Je n'allais pas lui poser de questions sur cette affaire, mais il ne s'était pas trompé en pensant éveiller ma curiosité.

— Elles sont redoutables, dit-il en riant, mais des filles remarquables.

— Qui nourrit les chiens ?

Il me sembla que ma voix chevrotait ; la nouvelle de leur départ était une telle félicité. Quand même, il convenait de manifester quelque intérêt pour les animaux.

— Le rouquin qui s'occupait de leurs chevaux ; il y va tous les jours.

— Curieux de laisser cet homme en charge, dis-je. Et triste.

— Pour nos petits ennuis, dit-il, rassemblant prestement des papiers pris dans un dossier en carton, je crois que les choses les plus pressantes sont arrangées pour le moment. Ils attendront de voir comment va le Major.

— Mon père va beaucoup mieux.

J'étais absolument ravie de pouvoir lui annoncer cette nouvelle. C'était mon œuvre. Il fut loin de sembler aussi enchanté que je m'y attendais.

— Ah, parfait, dit-il. Il y a toujours un espoir avec ces malades-là.

Je mis mes gants avant de lui dire au revoir, et je ne lui tendis que le bout de mes doigts. J'avais vu Maman le faire. Cela a un effet dissuasif.

— Contente d'avoir gagné ? demanda-t-il.

Je sentis mon visage s'empourprer. Comment avais-je pu oublier de le remercier ? Et il ignorait mes bouts de doigts gantés ; il secouait, non il tenait ma main tout entière.

— Eh bien, reprit-il, me lâchant doucement la main, il faudra risquer ensemble un autre petit pari.

Irritée et confuse, je sortis en trébuchant. Pourquoi lui accorder la moindre pensée ? Il y avait d'autres questions, moins irritantes, à considérer. Les sœurs Crowhurst, par exemple. La raison pour laquelle je prends plaisir aux désastres des autres, c'est qu'ils suscitent ma compréhension et ma sympathie comme ne le font jamais leurs réussites – j'aime éprouver une pitié sincère. Même quand je sais qu'ils sont indignes de mon intérêt, je ne crois pas avoir jamais manqué de générosité envers des amis plus malheureux que moi. J'aurais adoré aller voir le nid douillet des Crowhurst, l'air qu'il avait à présent, l'odeur qu'il sentait, l'impression qu'il faisait.

27

Tous les jours, Papa allait un peu mieux. Il parlait mieux, bien que son esprit et sa mémoire fussent encore totalement confus. Il y avait quelque chose de touchant dans l'acceptation polie de son embarrassante dépendance à l'égard de Rose, et tous les jours, mon cœur était plus calme et réconforté grâce à l'importance que j'avais prise. J'étais celle qui lui lisait les chroniques des courses.

— Quel imbécile, disait-il.

Puis « non, non, non », à chacun des chevaux sélectionnés. Les jours où les résultats lui donnaient raison, nous étions absolument triomphants. Je pensais que, le printemps venu, je pourrais l'emmener un peu partout dans la charrette à âne. Papa serait content, et moi aussi. Ce serait merveilleux de le promener ainsi, comme un bébé dans son landau.

J'imaginais tout ce que je pourrais faire pour Papa – projets et plaisirs pour lesquels il m'aimerait. De temps en temps, je lui détaillais ces joyeux projets, mais il ne les comprenait pas toujours, ou ne semblait guère les apprécier. Par exemple, quand je parlais de l'été futur, des jours où je l'emmènerais à la mer (en voiture, bien entendu, pas en charrette à âne), prévoyant même les sandwichs que nous emporterions, il s'énervait et fulminait.

— Non, non, disait-il. Affreux. Affreux.

— Mais Papa, pensez comme ce sera amusant. Vous pourriez pêcher des maquereaux sur la jetée.

— Non.

Il me regardait d'un air bizarre.

— Elle viendrait me prendre.

C'était une longue phrase. Il allait vraiment mieux.

Je l'encourageai à continuer.

— Qui, Papa ? Qui viendrait vous prendre ?

— Celui-là. Celui-là... (Il semblait vraiment bouleversé.) Il marche sur l'eau.

— Vous ne voulez pas dire Jésus, Papa ?

— Je sais qui je veux dire.

Il ferma les yeux et ne prononça plus un mot.

— Je pourrais démêler votre ligne. (Il se contenta de me foudroyer du regard.) Et si vous aviez envie de faire un petit somme dans la voiture, j'irais pêcher des crevettes dans les rochers.

— Pauvre enfant, dit-il distinctement.

— Non. Ce serait merveilleux, répondis-je. Et nous pourrions acheter des homards au retour des bateaux.

J'aime tant le homard. Le souvenir de leur goût fit ressurgir dans la chambre hivernale ce jour ensoleillé de septembre où Richard et moi avions couru entre les champs et la mer ; où j'étais si légère, si assurée dans mon émerveillement. Le bout salé de mes cheveux frôlait ma bouche ; sa main froide et nerveuse était dans la mienne. Maintenant, alourdie par mes gros vêtements d'hiver (quelle sottise de penser que les gros ne sentent pas le froid), je pourrais supporter mes souvenirs et remplir mes jours jusqu'à ce qu'il me revienne, comme il le devait. Alors, bien sûr, je remettrais ma main dans la sienne, et j'avancerais légèrement dans l'entrée à son côté, vêtue de satin blanc. (Non, de satin beige, peut-être, pour un grand gabarit.) La tombe d'Hubert toute proche et les efforts linguistiques de Papa seraient bien loin de nous ce jour-là.

28

C'est en novembre, mois où les heures assez claires pour peindre étaient rares, où le temps était toujours trop froid ou trop humide pour jardiner, et où la restauration de la petite table des sœurs Crowhurst tirait à sa fin que Maman se lança dans une nouvelle occupation – une campagne d'économies.

Cela commença le matin où je fus en retard pour le courrier. Rose m'avait appelée pour l'aider à soulever Papa pendant qu'elle changeait son drap. Cela fait, j'allai vivement sur la galerie regarder, en bas, dans l'entrée, si une lettre de Richard, ou toute autre lettre, était arrivée pour moi. C'est alors que je vis Maman examiner le tiroir vide, un paquet de factures non ouvertes à la main. Elle observait une immobilité parfaite, si parfaite que je voyais son haleine former une petite brume devant sa bouche, tandis qu'elle continuait à regarder et à réfléchir. Puis elle referma doucement le tiroir – elle manifestait toujours beaucoup d'égards pour les meubles – et elle traversa l'entrée de sa démarche aérienne, les lettres toujours à la main, et monta légèrement l'escalier.

— Rien pour toi, dit-elle en passant près de moi.

Ce fut tout pour le moment. Mais pendant le déjeuner, cela commença. Cela commença par la pâtée des chiens. La nourriture des chiens, viande, pain de seigle, soupe et légumes, était apportée à la salle à manger. Papa leur avait toujours composé leur pâtée lui-même, sûr des quantités et respectueux des préférences et des aversions individuelles. Quand il avait un invité inintéressant près de lui, ou que la conversation était trop ennuyeuse, ce rite lui procurait un merveilleux prétexte d'évasion ; cela lui permettait d'éviter l'impolitesse et d'éviter l'hôte indésirable. Maintenant, nous n'avions plus d'invités. Nous essayions de nous parler un peu, surtout quand Breda était là.

Quand vint pour moi le moment de composer la pâtée des chiens, je sentis que Maman me regardait d'un air plus que bizarre.

— Quelles énormes pâtées vous donnez à ces bêtes, dit-elle.

Je fus très étonnée.

— Vous devez les confondre avec des chats. Ces pâtées sont assez modestes pour des chiens.

— Deux fois plus grosses qu'eux, tout au plus !

Elle dit cela d'une voix si tranchante que je restai debout, immobile, à la regarder, tandis que les chiens, assis, me dévisageaient.

— J'ai reçu aujourd'hui une facture du boucher absolument épouvantable ! reprit-elle. J'ai l'habitude de la malhonnêteté, mais à ce point, c'est incroyable.

Elle me fixait, par-dessus le bouquet sec de chrysanthèmes blancs dans son anneau d'argent, et à travers l'immensité neigeuse de la nappe.

— Et bien, qu'attends-tu pour les nourrir ?

— Oui, Maman. Il faut encore hacher leurs épinards.

— Autre chose…

Elle se pencha vers moi en levant les yeux. Inclinée au-dessus des plats des chiens, ma taille gigantesque m'emplit d'un sentiment de culpabilité.

— Autre chose que j'aimerais savoir : où sont toutes les lettres d'affaires que j'avais si soigneusement rangées à leur place habituelle ?

— Je les ai données à M. Kiely.

— Dois-je comprendre que tu les as données à ton ami le notaire ? Ne trouves-tu pas que tu prends beaucoup de choses sur toi ?

— Mais vous ne vouliez pas le voir, Maman.

— Comment savait-il que ces lettres étaient là ?

— J'ai dû le lui dire.

— Bien entendu, souffla-t-elle en détachant sèchement les syllabes. Après quoi, tu t'es mise en devoir de renvoyer l'infirmière de ton père.

— Vous savez qu'il se porte beaucoup mieux depuis son départ, beaucoup plus heureux.

— Les nuits sont trop fatigantes pour Rose.

Ce fut comme un cri qui lui échappait.

— Rose ne se plaint pas, la rassurai-je. Elle ferait n'importe quoi pour lui. Elle se lève trois fois par nuit.

— Oui. À vous deux, vous le tuerez – et peut-être plus tôt que vous ne croyez.

Quelle horrible remarque, incroyablement fausse, alors que nous faisions l'impossible pour Papa. Mais je restai calme et raisonnable.

— L'ennuyeux chez les infirmières, lui rappelai-je, c'est qu'il faut les payer. Et il ne semble pas que nous ayons l'argent nécessaire.

— Quel est l'imbécile qui t'a dit cela ? Ton M. Kiely, sans doute ?

— Eh bien, oui. Et il dit…

— Je ne veux pas savoir ce qu'il dit. Je sais seulement qu'il a fait peu de choses, voire rien du tout, depuis la maladie de ton père, à part court-circuiter mon autorité. Quant à trouver de l'argent frais, ce qui est sa fonction, pour laquelle nous le payons – c'est le dernier de ses soucis. Et qui économise, je te le demande ? Qui veille à la moindre dépense ? Regarde le volume de ces pâtées…

— Ce n'est presque que du pain de seigle.

— … et la facture du boucher. Je n'ai pas le courage de la regarder. Elle me rend malade.

— Elle ne doit pas dater d'hier. Et il faut bien manger.

— Si tu acceptais de manger un peu moins, peut-être n'aurions-nous pas ces factures épouvantables ; bien sûr, tu es grande et forte.

Elle dit cela comme elle aurait dit : tu as trois jambes. Je me remis à parler aux chiens.

— Et le tout pour de la viande rouge – pourquoi le précisent-ils ? Existe-t-il une viande qui n'est pas rouge ? Je me le demande.

— Le lapin, lui dis-je.

— Le lapin ? Alors nous mangerons du lapin plus souvent. Bien que je sois incapable d'en avaler.

— Les servantes aussi.

— Et pourquoi avons-nous tant de servantes ? Qui mangent toutes comme des ogres. Moi, je me contente d'un peu de pain de seigle avec du beurre. Une fine tranche beurrée. Peut-être pourriez-vous manger du lapin de temps en temps, toi et les chiens ? J'en parlerai à Rose…

Tout partit de là – tentatives d'économies avortées, projets conçus et abandonnés ; son objectif final était la pénitence pour tous. Elle voulait que tout le monde souffrît.

— Je me demande parfois, dit-elle un soir que j'entrais dans la bibliothèque, vêtue de ma robe en velours bleue la plus chaude, et regrettant de ne pas posséder une paire de renards argentés, d'où tu crois que l'argent sort ?

Elle était assise dans son petit fauteuil personnel. Les fleurs de sa tapisserie composaient un fantôme d'été, qui retombait tout autour d'elle jusqu'au sol.

Je ne relevai pas la question, changeant de sujet avec naturel et diplomatie.

— Cette idiote de Breda a laissé le feu s'éteindre, dis-je.

J'aurais dû sonner, mais je me baissai pour prendre des bûches. Je sais que je ne dois pas faire le travail pour lequel nous payons les domestiques.

— Arrête, dit Maman.

— Mais, Maman, elle s'occupe du dîner, et le feu va s'éteindre.

— On ne peut s'empêcher de remarquer combien tu es attachée à tes petits conforts.

— Comme ?

— Comme les poêles à pétrole qui brûlent dans tous les coins de la maison. J'imagine que c'est toi qui as eu l'idée plutôt inélégante d'en mettre un dans les LIEUX, dit-elle, prononçant bravement le mot. Te rends-tu compte que le pétrole, comme toute chose, coûte cher ? Et pour faire des économies, il faut que chacun accepte de se sacrifier un peu, rien qu'un tout petit peu.

— Le réservoir de la cour est plein, Maman.

— C'est ce que tu crois, et les lampes ? poursuivit-elle de son ton le plus pratique. Qu'arrivera-t-il quand nous n'aurons plus de lumière pour lire ? Dis-le-moi.

— Je vous le dirai quand le moment viendra.

Dès que j'eus parlé, je sus que j'aurais dû me taire.

— Ce sera très gentil, mais tout à fait inutile. Je n'ai pas l'intention de laisser les choses en venir là. Je suis résolue à mettre un frein à ces extravagances, et je commencerai par les poêles à pétrole. Dès demain.

— Ne serons-nous pas obligées de faire davantage de feu dans les cheminées ?

— Pas pour moi. Plus de feu dans ma chambre, ou alors, rien qu'avec des pommes de pin et du bois que je ramasserai. Et je te conseille d'en faire autant.

— La cheminée de ma chambre fume trop.

— Alors, peut-être seras-tu obligée de t'en passer.

À la façon dont elle me regardait, je devinai qu'elle mourait d'envie d'ajouter : les gros ne sentent pas le froid.

— C'est une erreur, dis-je, avant qu'elle ne parle. Ils sentent le froid.

— Ma pauvre enfant – ne parlons pas de ta taille. Il y a certains sujets que je préfère éviter.

Elle broda le dernier point d'une feuille verte.

— Il paraît que les baleines survivent pendant des mois sur leur graisse – ne dit-on pas plutôt lard pour les baleines ? Ou sont-ce les phoques ?

— Les phoques, je crois.

Le mot « phoque » me ramena à un jour d'été enfoui dans ma mémoire. À Mme Brock, qui plongeait, nageait et jouait dans l'eau. Gentillesse est le mot qu'évoque toujours le mot phoque. Sous ma main, ce soir, le velours bleu de ma robe se redressait, électrisé par le froid ; cela, c'était le présent, l'époque passée, où je ne savais pas encore que j'étais laide, était un mythe. Tendresse attentive, lait et biscuits, pieds enterrés dans le sable doux, beau chapeau couvert de roses, toutes ces choses n'étaient que de faux-semblants. Tout ce qu'elles promettaient ou donnaient n'avait aucune réalité. La réalité, c'était ce soir, avec mes mains froides sur ma robe froide, et mon désir de nourriture, sans compter la certitude que Maman ne manquerait pas de faire des commentaires sur mon appétit. La grandeur en toute chose l'effrayait…

— Et qui, disait-elle, a acheté ce magnum d'eau de Cologne 4711 que j'ai remarqué dans la chambre de ton père ?

— Rose en a besoin. C'est contre les escarres.

— Les escarres, murmura-t-elle. Quelle sera votre prochaine invention dégoûtante ?

— Mais cela existe. Le Dr Coffey nous a mises en garde.

— Oui. Et les honoraires du Dr Coffey, as-tu idée à combien ils s'élèvent ?

— Le Dr Coffey n'envoie jamais sa note d'honoraires.

— C'est ce que tu penses. Il s'est fait payer dix livres à ta naissance. C'était un prix tout à fait déraisonnable.

Elle regardait à travers moi dans le passé.

— Tout à fait injustifié, dit-elle.

29

Elle pouvait exécuter tous ses projets. Et elle les exécuta. Les feux et les poêles s'éteignirent. Des servantes furent renvoyées. La nourriture devint impossible. Elle s'arrêta de peindre. Elle s'arrêta de jardiner. Elle rôdait dans la maison, traquant le gaspillage. C'était un jeu, dans lequel tout point de vue nouveau représentait une économie nouvelle. Mais quand Noël et la saison des bals de chasse approchèrent, elle afficha beaucoup de sollicitude pour mes distractions. Nouveau supplice.

— Naturellement, j'aime être seule, mais je ne veux pas me montrer égoïste. Pourquoi n'essayes-tu pas de voir plus souvent tes jeunes amis ? Qui sont tes amis ? Et le Bal de la chasse, n'y a-t-il pas quelqu'un qui puisse t'inviter ?

— Mais je n'ai pas envie d'y aller.

— Et tu n'as pas envie de chasser – de quoi as-tu envie… ?

Qu'avais-je envie de faire ou d'avoir ? J'avais envie, par-dessus tout, d'une lettre pour illuminer ma vie. J'avais envie que Papa dépende de moi plus que de Rose (sauf pour le bassin). J'avais envie de manger la nourriture que nous mangions quand il dirigeait la maison. Et j'avais envie d'avoir chaud.

Maman continua à parler du Bal de la chasse, et quel dommage que je n'eusse ni amis ni cavaliers. Elle avait une liste de relations mondaines inaccessibles, et elle geignait sans discontinuer, parlant sans cesse des gens qui pourraient m'inviter, et ne m'inviteraient probablement pas…

— J'ai été débutante la même année que leur mère.

— Cela remonte à assez loin.

— Ton père était souvent invité sur leur chasse.

— Ce n'est pas la même chose qu'un bal de la chasse.

— Non. Bien sûr, il y a une différence, ils auront à trouver des cavaliers pour danser avec toi.

Le supplice inutile continua.

— Et les sœurs Barraway ?

Elle savait que les sœurs Barraway vivaient dans une sphère hors de ma portée. Même avec Hubert comme talisman, nos rapports n'avaient jamais dépassé le petit salut de la tête, aux courses. Quand une invitation m'arriva, pour un bal, précédé d'un dîner, qui devait avoir lieu à Ballytore Barraway, je restai suspendue entre l'horreur d'aller toute seule dans ce monde inconnu, et le désir de faire savoir à Maman que j'avais été invitée. J'aurais pu ne jamais le lui dire – en fait, je composais déjà ma lettre de refus – si elle n'avait pas, un soir, manifesté tant de commisération doucereuse pour mon manque d'amis et d'invitations aux bals et aux soirées de Noël.

— Pauvre enfant, dit-elle, brodant le bord déchiqueté d'un œillet rose – les œillets ont un air anguleux et rébarbatif, qui défend contre la séduction de leur texture et de leur parfum –, qu'allons-nous faire de toi ?

Elle souleva sa tapisserie, pour que son poids ne la lui arrachât pas des mains, et se renfonça dans son petit fauteuil.

— Sans Hubert et sans Papa, que pouvons-nous espérer ?

Je me raffermis dans ma résolution de ne rien lui dire, mais la nouvelle m'échappa comme un oiseau qu'on retient par la queue.

— En fait, dis-je, j'étais en train de me demander si j'accepterais d'aller à la réception des Barraway.

Sa surprise fut totale. Elle lâcha même sa tapisserie et fit semblant de perdre son aiguille pendant qu'elle cherchait une réplique.

— Je pense, dit-elle, que tu n'y connaîtras personne.

Cela me décida. Le lendemain, je postai ma lettre d'acceptation et j'allai à bicyclette chez Mme Harty, avec deux anciennes robes de bal dans une boîte ficelée sur le porte-bagages. L'une était en mousseline rose, et l'autre en dentelle or. Je les lui apportais, parce que, en les essayant, je m'étais aperçue qu'elles avaient lamentablement rétréci au nettoyage.

Je laissai ma bicyclette contre le mur de la maison de Mme Harty. Un jasmin d'hiver poussait près de la porte. Il ne portait plus aucune fleur, et seuls ses bourgeons en forme de poissons avaient survécu à la gelée. Je frappai, puis j'entendis son pas lourd traverser la cuisine. Elle marqua une pause derrière l'épais rideau en filet, et enfin elle m'ouvrit. Après la matinée que j'avais passée dans les espaces austères de Temple Alice, Mme Harty et sa chaude cuisine m'enchantèrent, comme un refuge contre les loups.

— Tiens, et comment allez-vous ? dit Mme Harty, me prenant la boîte comme si c'était un cadeau de Noël. Et le Major, le pauvre ? Un peu mieux… Dieu soit loué.

Je me plaçai dos au poêle crasseux et ronflant. La chaleur de la pièce était sublime.

Mme Harty posa mon paquet sur un renard empaillé dans sa vitrine. Des magazines de mode cascadaient devant ses yeux en boutons de bottines. On aurait dit un renard en peluche, et je présume qu'il lui tenait compagnie. Comme le blaireau empaillé, enroulé et cloué sur la planche où elle reposait son pied bot tandis que l'autre actionnait la pédale de sa magnifique machine à coudre Singer. Maintenant, secouant mes robes d'une main précautionneuse, elle les pinçait à la taille pour faire gonfler les jupes, comme sur les photos publicitaires. Je fus heureuse d'être apparue ainsi aux yeux de Richard, autrefois.

Mme Harty portait un cœur en satin rembourré suspendu à un lacet de corset. Il se balançait, plein d'épingles, entre ses seins et me rappela le Sacré Cœur de Jésus qui flamboie sur les images pieuses, avec la petite lumière qui brûle éternellement dessous. Mme Harty en arrachait des épingles et boitillait sur son pied bot, reculant pour juger de l'effet, ou se ruant pour corriger un défaut. Elle tournait et piquait sur moi, armée de ses ciseaux, et marmonnait en faisant passer ses épingles de son cœur à sa bouche et de sa bouche à mes coutures ; enfin, elle s'écarta lourdement... Je sentis son mécontentement, et, à travers lui, je pris connaissance de ma masse imposante comme un vaisseau dans la brume.

— La vérité vraie, dit-elle, c'est que nous n'avons pas assez de tissu.

J'imaginai les trous triangulaires à remplir, et les tensions aux coutures que la mousseline ne supporterait pas. Je me gardai de regarder dans son étroit miroir.

— Et si... je me demande ce que cela donnerait si nous drapions notre or sur ce qui nous chagrine ?

J'hésitai, puis j'acceptai. De longs pans de dentelle dorée cascadèrent depuis mes hanches jusqu'au sol, mes seins se voilèrent de mousseline.

— Et une grosse rose, or et rose – vous voyez, sur une épaule.

Il n'y avait pas de rose. Elle la dessina en l'air, et m'épingla du vent sur le sein gauche. Je me passai la langue sur les lèvres et acquiesçai de la tête. Dans la lumière hivernale, entre le renard, le blaireau et le Sacré Cœur de Jésus, je sentis qu'une petite princesse de conte de fées s'insinuait en moi – prenait possession de moi.

— Bon. Regardez-vous maintenant.

Elle me tourna comme un enfant ou un mannequin vers mon reflet. Je pivotai avec satisfaction sur mes talons hauts. Je fermai les yeux, déployai la main sur ma poitrine, comme un éventail. Je choisis mon sourire – et je souris. J'ouvris les yeux, rentrai mon ventre, et me penchai vers mon image. La dentelle dorée tombait en pointes et en godets jusqu'au sol. La chair et la mousseline se confondaient tendrement à l'encolure. Je retins mon souffle, et pendant un instant, je restai seule en compagnie de cette ravissante poupée qui était moi.

Mme Harty rompit le silence. Enchantée, elle aussi regardait alternativement, moi et mon reflet.

— Eh bien, mademoiselle Aroon (je sentis qu'elle cherchait le mot juste), vous en feriez une statue colossale !

Une statue ? Je savais exactement ce que le mot voulait dire. Et moi qui me sentais si mignonne et séduisante. J'étais redevenue Aroon – une grande fille, et même une très grande fille. Elle me tourna le dos et s'éloigna.

— Il faut que j'allume la lampe, dit-elle, pour voir comment ça tombe.

Mais comment affronter la statue qu'elle voyait ? Il fallait que je me sauve avant qu'elle ne répète le mot « statue ». Je tirai la robe par-dessus ma tête, empêtrée dans l'obscurité glissante de la doublure. Je me libérai à l'arraché. Quand elle revint, portant la lampe allumée, je tâtonnais lourdement, grande créature à demi nue, à la recherche de mes vêtements d'hiver.

Quelle panique m'avait terrassée, me demandai-je en pédalant vers la maison, la gelée aux joues et mes roues avançant sans efforts sous mon poids. Puis je me rappelai que « colossal » était un compliment dans la bouche de Mme Harty et je repris un peu confiance. Une rose avait une odeur colossale. Six mètres de dentelle arachnéenne avaient une qualité colossale. Et statue n'était pas mal non plus. Une nymphe dans une clairière, par exemple.

Je montai vivement chez Papa, espérant que le thé n'avait pas encore été desservi. Il était assis, confortablement appuyé contre ses oreillers. Avec son pyjama bleu et son écharpe mouchetée, il avait l'air merveilleusement élégant et naturel comme s'il était parfaitement normal. Il montra du doigt la cheminée où attendait la théière : « CHAUD POUR TOI. »

Il parlait en lentes majuscules, mais il souriait, de son sourire intérieur. Il essaya encore :

— Très bon gâteau.

Maman était venue et était repartie. Quelques gouttes de thé de Chine clair, sans lait, sans sucre, restaient encore dans sa tasse, et un brin de romarin, écrasé à mort, dans sa soucoupe. La main valide de Papa errait parmi les petits objets de sa table de nuit. Il voulait quelque chose.

— Non, dit-il quand je lui offris une autre tasse de thé ; et « horrible, horrible », quand je lui présentai sa tisane d'orge.

— Table du pot, dit-il triomphant d'avoir trouvé le mot.

Oh, le pistolet, et moi qui avais à peine commencé mon thé – mais il écarta aussi cette idée d'un geste. Je regardai mieux. Je vis une de ses timbales en argent posée sur la table de nuit. Rose les astiquait comme des boutons. Elle trouvait qu'il y prenait ses médicaments plus facilement, vu qu'il n'en voyait ni la couleur ni la quantité. Je mis la timbale dans sa bonne main et retournai vivement à mon thé. En général, il avalait ses remèdes avec une exaspération ostentatoire. Ce soir, il se mit à siroter doucement, me regardant par-dessus le bord de sa timbale, l'air approbateur et amusé.

— Bonne petite, bonne petite, parvint-il à articuler comme je finissais le dernier scone.

On se mit à rire tous les deux. Et il continua à se tordre.

— Attention, Papa, vous allez tout renverser.

Je bondis trop tard pour lui prendre la timbale. Il continua à pouffer devant l'incident. La tache sombre et humide s'agrandit, et en même temps une odeur s'éleva comme un petit nuage de son corps tiède et du lit. Je reniflai – l'odeur et la timbale vide. Du whisky ! Papa venait de boire du whisky. Et le whisky ne pouvait que provoquer une autre attaque, et sa mort. Les excitants lui étaient interdits. J'étais atterrée. Mais, quand je le regardai, calme et joyeux et libéré de sa nerveuse mélancolie, la pensée fugitive me vint et s'envola, qu'il méritait bien un répit à la détresse où le retenait la dépendance terrible et polie qui le livrait à nous sans défense.

Dans son intérêt, pourtant, je bannis cette indulgence, et me concentrai sur la façon dont il avait pu obtenir ce whisky. Il n'y en avait plus à la salle à manger, maintenant, ni au cellier, quelqu'un lui en avait donc acheté. Je ne suis pas exactement demeurée, et je trouvai la réponse en moins d'une minute.

— Nous demanderons à Rose s'il y en a encore.

Tant de diplomatie faillit m'étouffer.

— Oui, dit-il, ça aide. Brave fille, brave fille.

Quand Rose entra pour prendre le plateau du thé, je la suivis dans le couloir, la timbale d'argent à la main. Je ne savais pas trop quoi dire. En se rendant indispensable, elle avait drainé vers elle toute l'autorité.

— Rose, dis-je, vous savez que c'est défendu.

— Une goutte qui restait du gâteau de Noël, dit-elle, désinvolte et impénitente. Et il en avait besoin. Ça lui a fait du bien.

— Ne pensez-vous pas que le docteur le sait mieux que vous ?

— Les docteurs ont leurs idées à eux.

Il y avait une résolution inébranlable dans cette échappatoire.

30

— Tu te souviens peut-être, dit Maman quand je lui en parlai (il fallait bien que j'en parle à quelqu'un), qui a renvoyé l'infirmière et donné carte blanche à Rose.

— C'est le Dr Coffey qui l'avait suggéré.

— Vous avez manigancé cela entre vous. Je savais que quelque chose dans ce genre-là arriverait. J'étais contre.

— L'infirmière était si brutale. Si rude. Rose aurait fait n'importe quoi pour lui.

— Exactement.

Si elle avait été à sa tapisserie, Maman aurait ligoté une fleur d'une aiguille implacable en prononçant le mot. Mais nous étions à la fin du dîner. Une cox orange reposait sur son assiette verte. Elle avait repoussé son rince-doigts sur son petit napperon, mais elle n'allait pas toucher à sa pomme.

— Ne comptez-vous pas lui parler ? dis-je. Ça pourrait le tuer.

— Peut-être, dit-elle.

— Peut-être lui parlerez-vous ? Ou peut-être cela le tuera-t-il ?

Elle lorgna sa pomme.

— Allons à la bibliothèque.

Elle posa sa serviette pliée à côté de son assiette et repoussa sa chaise. J'avais l'impression que Rose et elle étaient des alliées, et que j'étais une intruse. C'était un cercle d'amour, et Rose y était inclue.

Balayant tout sur son passage, Rose continua, insolente et invulnérable, à s'occuper de Papa. Elle le coiffait, le rasait, le parfumait – c'était sa chose. Elle lui confectionnait des mets délicats, et tous les jours elle avait moins besoin d'aide, de Tommy ou de moi. Elle était très forte, et magnifique dans sa santé florissante et son renoncement à tout confort et repos pour elle-même.

Je maintins mes horaires de visites à Papa. Et tous les soirs, l'odeur du whisky se faisait plus forte autour de lui. Coulant sans entraves et sans réprimandes, l'alcool lui donnait une sorte d'entrain stupide. J'attendrais encore un peu avant de prendre des mesures draconiennes. Le whisky du gâteau de Noël devrait bientôt tirer à sa fin. Mais des semaines passèrent, et Papa buvait toujours son apéritif. Un jour qu'il me regardait avec nostalgie par-dessus sa timbale en argent, je pris une décision.

— Vous en voulez un autre ?

Il fit oui de la tête.

— Juste un, dis-je. J'ai oublié. Où met-elle la bouteille ? Là ?

J'essayai le bas de la table de nuit.

— Non.

— Dans la commode ?

On jouait à cache-cache.

— Folle, folle, rageait-il en grognant tandis que je cherchais à l'aveuglette.

Jeu cruel, mais je découvris enfin la bouteille – plus qu'aux trois quarts pleine – dans la corbeille à linge vide. Je savais que j'allais le priver d'un plaisir. Je savais que je le devais. Rose lui achetait du whisky, et j'allais l'en empêcher. J'en parlerais au Dr Coffey. Il venait le jeudi.

Le lendemain matin, quand il descendit vivement le perron, en bas et culottes de chasse sous son pardessus, sa moustache blanche luisante et raide de froid, Rose marchait sur ses talons, comme une infirmière qui attend des instructions pour son patient. Vraiment, elle va trop loin, pensai-je. Mais c'était une couple de bécasses qu'elle attendait.

— Quand ont-elles été tuées ? demanda-t-elle simplement.

Il le lui dit et son visage refléta ses calculs quant au moment propice pour les cuire.

— Il va se régaler, docteur, dit-elle, et elle s'éloigna avec le présent du médecin, irréprochablement polie et dévouée.

— Ah, Aroon, mon enfant, il fait bien froid ce matin.

Il contourna vivement sa voiture pour se mettre au volant.

— Il faut que je vous pose une question, docteur.

Piqué par mon ton pressant, il s'arrêta, son impatience se fondant en bonté prévenante. Il m'écouta avec une attention sans défaut et je lui fis part de mes premiers soupçons et de ma certitude actuelle que Rose lui achetait et lui donnait du whisky ; qu'elle allait le tuer par ignorance ; qu'elle sortait de son rôle… je m'interrompis.

— Dois-je vous trouver une autre infirmière ? Bien entendu, Rose est celle qui le comprend le mieux.

— Oui, elle sait exactement comment lui faire cuire ses bécasses.

Il me regarda, d'un air bizarre et étonné.

— Si ce n'était que ça, dit-il, elle serait remplaçable à la minute. Les choses étant ce qu'elles sont, dit-il reprenant sa voix de docteur, je crois que, dans son état, ce serait une erreur que de lui imposer le moindre changement. C'est redoutable, le changement.

— Je le comprends bien, docteur. Tout ce que je vous demande, c'est d'interdire à Rose de lui donner du whisky. Pour que je ne sois pas toute seule… toute seule contre eux…

— Toute seule à le priver de ce petit plaisir ?

Il comprenait au-delà de ce que j'avais voulu dire. Il posa la main sur la poignée de sa portière. Il partait. Rien n'avait été interdit ni décidé. Puis il se retourna vers moi.

— Ma chère enfant, dit-il, cela ne changera pas grand-chose. Tant qu'il est heureux, heureux et à l'aise, fermez les yeux. Je vous reverrai jeudi, ou tout autre jour si vous êtes inquiète. Prévenez-moi. Vous êtes une jeune fille courageuse, Aroon...

Je ne pouvais rien faire de plus. J'étais écartée. Pourquoi m'ignoraient-ils ? Les choses auraient pu être différentes. Je ne le saurai jamais avec certitude.

Dans les semaines qui précédèrent Noël, je me demandai par moments si Rose n'avait pas exagéré les souffrances que l'infirmière faisait subir à Papa. Au début, Rose et l'infirmière s'entendaient très bien. Rose et moi aussi, tout de suite après le départ de l'infirmière. C'était agréable de dorloter Papa. J'étais heureuse de mes responsabilités pratiques. Quand je le soulevais et le reposais doucement contre ses oreillers, j'étais contente d'être grande et forte. Je pouvais le tenir aussi confortablement que Rose. Mais maintenant, le mépris grandissant qu'elle manifestait à mon utilité était comme une marée tranquille et inexorable me chassant de la place que j'occupais près de lui. Elle disait : « Il se repose », quand j'entrais pour bavarder un moment après le déjeuner. Papa fermait les yeux. Un jour je me retournai à la porte sans raison spéciale, et ses yeux étaient ouverts et vifs. Il regardait Rose qui me regardait avec quelque chose comme de l'impatience. Peut-être que Papa voulait le bassin. Je sortis.

J'emmenai les chiens en promenade. Je descendis l'avenue où Papa et moi nous étions arrêtés pour regarder mon poulain, Black Friday – seul l'âne était là, avec maintenant une chèvre pour lui tenir compagnie. Richard comprendrait-il cette vente que j'avais faite par amour et par compassion ?

Je revenais dans la chambre de Papa à l'heure du thé. J'étais bien résolue à préserver ce moment. Bien qu'il n'en mangeât pas beaucoup, Papa aimait les sandwichs, les petits scones, la gelée de nèfles, les gâteaux glacés à l'orange et les gâteaux au gingembre. Maman, naturellement, ne mangeait rien, de sorte qu'il en restait généralement assez pour moi. Maman me regardait avec un dégoût glacial, et Papa avec plaisir, vider les assiettes. Je ne pouvais pas me retenir. Je déteste le gaspillage. Quand je dépliais le journal du jour et commençais à analyser les résultats des courses, elle se levait, s'attardait un instant près de lui, puis quittait la pièce pour aller s'asseoir sous sa tapisserie à la bibliothèque, une bouillotte chaude sous les pieds.

À six heures, Papa commençait à s'agiter ; il grognait plus fort aux idioties des chroniqueurs des courses, regardait plus nostalgiquement vers la porte. Je savais que ce n'était pas à cause des chroniqueurs – il adorait leurs erreurs. Il attendait deux choses : Rose et son whisky. Quand j'entendais Rose, avançant dans le couloir d'un pas preste et énergique, je savais qu'il était temps de m'en aller. Parce que je ne pouvais pas reconnaître qu'elle était sortie victorieuse de l'histoire du whisky, il fallait que je fasse comme si rien ne s'était passé. Il fallait que je garde un semblant d'autorité. C'était comme si je devais mettre mon pied dans la porte pour la maintenir ouverte.

31

À Temple Alice cet hiver-là nous ignorâmes Noël ; nous étions trop embourbés dans les catastrophes pour penser à faire la fête. Nous gardions la tête au-dessus du bourbier, seules nos bonnes manières nous préservaient de nos criants désespoirs. Mais les bonnes manières, ratatinées jusqu'au néant, ne me soutinrent guère dans mon regret insensé d'Hubert et de Richard à mesure que la nuit du Bal de la chasse approchait – approchait au point que j'avais presque l'impression de la toucher.

L'après-midi précédant l'épreuve fut d'une oisiveté paralysante jusqu'à ce que vînt l'heure de me baigner, me parfumer, me corseter, de cette forteresse de satin rose et de dentelle écrue, soigneusement rangée depuis le Horse Show. Au moins, je pus allumer mon poêle dans ma chambre, rempli grâce à ma provision ostentatoirement personnelle de pétrole, puis je pus tailler et polir mes ongles avant que la lumière ne commençât à décliner, et avec elle, mon courage. Et ce serait alors l'heure du thé.

J'étais au milieu de l'escalier, retournant dans ma chambre, quand une idée pratique et plutôt agréable me vint. Elle me ramena dans l'entrée et me précéda en courant jusqu'à la porte du salon. Une fois entrée, je m'immobilisai sur le seuil, dans l'air stagnant de ces espaces inemployés ; inexorablement distante de nos amours, l'amour de Richard, et de moi et d'Hubert, la pièce rayonnait la perfection malveillante de la solitude. Je n'étais pas venue respirer d'anciens souvenirs ; je m'emparai du petit gramophone noir, gelé depuis des mois sur le piano à queue. J'avais décidé de m'exercer à danser avant le bal ; cela me réchaufferait et meublerait mon temps.

Dans ma chambre, je mis un disque assez bas, et mes pieds se mirent à bouger, toujours strictement dociles à la mesure. Hubert disait toujours que j'avais un sens du rythme étonnant, et c'est vrai. Et je suis plus légère que l'air quand je danse. Je dansai par toute ma chambre, tenant la lumière dans mes bras. Je dansais bien. C'était exaltant. Je remontai le gramophone, et, saisissant le pied en laiton de mon lit, j'assouplis mon charleston. Je n'entendis pas Rose frapper à ma porte, si toutefois elle frappa. Immobile et respectueuse, elle regardait, sans sourire tout à fait, attendant que je m'arrête de danser et que je soulève l'aiguille du gramophone avant de prendre la parole.

— Il vous intéressera peut-être d'apprendre, mademoiselle Aroon, que le Major se repose.

Ce fut tout.

Quand elle se retourna et sortit, avec son calme majestueux, je rougissais jusqu'au décolleté de ma chemise, parce qu'elle m'avait vue cramponnée à mon lit, en train de lever mes puissantes jambes au rythme de la musique. Elle devait avoir remarqué mes seins, balancés comme des sacs de gelée, ballottant de droite et de gauche ; sans dire un mot, elle avait parfaitement traduit l'impression d'avoir vu quelque chose d'inconvenant – la Femme Canon de la foire. Non. Foin de ces pensées – la rougeur régresse, les aisselles ne picotent plus. Si Rose revenait sous un quelconque prétexte, elle me trouverait devant ma coiffeuse, en train de me polir les ongles d'un air dégagé, au son du gramophone qui jouait en sourdine, le couvercle rabattu. Je me revis telle que j'étais – jeune fille se préparant à aller à un bal très élégant. Je sais que je suis grande et forte, mais je suis quand même une fille, pas un monstre.

Au thé, je redis à Papa où j'allais dîner et danser.

— Ah, attention, attention. Gibier de haut vol.

Le cerveau de Papa était parfaitement normal quand il pensait à la chasse.

— Mais je vais danser, Papa.

— Affreux, affreux, dit-il en me prenant la main.

Je me demandai s'il y avait quelque chose qu'il ne comprenait pas. Même maintenant.

— Pas de courses aujourd'hui, dis-je quand il se mit à s'agiter comme dans l'attente de quelque chose.

Je savais qu'il ne se préoccupait pas pour le résultat des courses mais je me cramponnai au mythe de notre occupation habituelle.

— L'Angleterre est paralysée par le froid.

Je me levai. J'allais le laisser avant d'y être obligée.

— Je vais me changer maintenant. Il faut que je parte de bonne heure. Il y a du verglas sur les routes.

— Quoi ?

— Du verglas.

— Sois prudente.

Il était soulagé de rester seul à attendre Rose. Mais quand je fus à la porte, il m'appela, angoissé.

— Tout va bien, dis-je. J'entends ses pas dans l'escalier.

Maintenant, j'étais en colère.

— Non, non, non, dit-il, ardent dans son impossibilité de s'exprimer. Veux te voir HABILLÉE, articula-t-il enfin.

Mon cœur fondit et quand je croisai Rose sur le seuil, mes pieds ne touchaient pas terre.

J'étais en proie à une grande excitation. Je m'habillais pour quelqu'un. Je bandai fermement mes seins ; j'étais hors de mon corps, et je l'habillai avec un soin minutieux. Enfin, je fus prête à enfiler ma robe. Je m'y introduisis avec effort. Et je me regardai, incrédule. Le rose et l'or se pâmaient autour de moi, estompant mes formes.

Je m'approchai de mon reflet, m'en éloignai, ne trouvant que surprise et ravissement dans ce que je voyais. Je déplaçai la rose sur mon épaule, et attendis d'éprouver un frisson de plaisir avant de plonger l'épingle de sûreté dans l'épaulette. Enfin, j'enlevai le filet qui maintenait mes cheveux. Je le remettrais, bien entendu, comme je remettrais la rose dans sa boîte, pour le voyage, mais Papa devait me voir exactement telle que je serais, chaque cheveu bien à sa place, impeccable. J'étais aussi avide de son approbation que d'un bon dîner. Légère et froufroutante, je contournai la balustrade sous le dôme constellé d'étoiles, et je m'engageai dans le couloir menant à la chambre de Papa ; je flottai jusqu'au pied de son lit, mûre pour son approbation.

Mais avant que mon moment de gloire ne prît corps, il s'effondra autour de moi, fracassé en miettes. Maman était assise près de lui, comme si elle avait deviné que je viendrais. Elle jetait des brindilles de lavande dans le feu, respirant leurs petites flammes parfumées avant d'en rajouter d'autres.

— N'est-ce pas un peu tôt pour te mettre en route ?

J'aurais aussi bien pu sortir mettre une lettre à la poste, pour l'attention qu'elle accorda à ma robe.

J'avais pensé rire et évoluer avec grâce, paradant devant Papa sous tous les angles ; l'embrasser, et l'entendre admirer mon ravissant parfum. Mais, devant elle qui souriait à Papa, je ne pus que marmonner quelque chose sur le verglas, tandis que ma fièvre tombait, me laissant debout au pied du lit, de nouveau grande et grosse comme dans la réalité.

Papa était appuyé sur ses oreillers, sa timbale en argent dans sa bonne main. Ainsi arrangé, on oubliait qu'il lui manquait un bras valide d'un côté, et une jambe de l'autre. Qu'il ne parlait pratiquement pas non plus. Son élégance et ses manières survivaient.

— Bonne petite, dit-il.

Il regarda Maman pour qu'elle se joignît à lui et l'aidât à exprimer son admiration. Elle me considéra, mornement obéissante.

— Oui. Stupéfiant – voilà ce qu'elle dit.

Je rougis comme j'avais rougi quand Rose avait surpris ma danse, et cette fois, des larmes de douleur et de haine m'étouffèrent. Le moment fut traumatisant pour nous tous. Le moment le plus mal choisi pour hésiter sur l'attitude à adopter.

J'avais la main sur la poignée de la porte quand un son venu du lit de Papa m'obligea à revenir vers lui. Il n'avait pas de main libre à me tendre, à cause de sa timbale de whisky, et nous ne nous embrassions pratiquement jamais, mais son regard me maintint devant lui, séparée de lui par son admiration. Et, des ténèbres de son esprit et du temps, il arracha une formule, une phrase qu'il prononça distinctement :

— Je suis de ton côté, ma chérie.

Il était impossible que Maman eût évité ou manqué de l'entendre. Il m'avait ressuscitée.

Je conduis bien et ce soir-là, sur les routes glacées menant à Barraway, je me sentis moins nerveuse qu'à tout autre moment de la journée. Des phrases à dire à mes cavaliers me venaient facilement à l'esprit : « Je suis vraiment désolée. J'ai bien peur que le numéro huit soit parti à… Oui, l'Angleterre est paralysée par la glace… Pas de courses à Sandown… Merveilleuse mélodie… Oui, volontiers… » Mais quand j'arrivai devant la grande et étrange maison, une nouvelle vague de timidité ébranla mon assurance. Le besoin poignant d'Hubert et de Papa m'emplit tout entière.

Je passai sous une arcade, aussi haute qu'un pont de chemin de fer, sur laquelle ressortaient les armes de la famille, vulgaires et gigantesques. Au-delà de cette arche, sur les trois côtés de la cour, tours et remparts gothiques pointaient et ballonnaient. Des arches plus petites, accroupies devant les portes, gardaient les seuils ténébreux. Des fenêtres s'enflaient sur les vastes étendues des murs. C'était comme un conte des frères Grimm en folie taillé dans la pierre, et comme dans les contes de fées, des lumières brillaient à toutes les ouvertures. Malgré toutes ces lumières, j'eus du mal à repérer la porte de l'entrée. Des escaliers en fer à cheval bordés de balustrades menaient à un choix varié d'entrées possibles. Je choisis la porte la plus large, précédée de l'escalier le plus long et le plus imposant, et je tombai juste. Dans l'entrée, un homme, si aristocratique et sévère que je le pris d'abord pour mon hôte, me renseigna bientôt sur son statut.

— Vous restez pour la nuit, mademoiselle ? s'enquit-il avec courtoisie.

— Non, dis-je. Je viens juste pour le dîner.

— Votre manteau ? C'est en haut, mademoiselle. La chambre bleue. À votre droite. Le dîner est à neuf heures.

— Oh, dis-je, chancelante. Je suis donc très en avance.

— Oh non, mademoiselle. Chez nous, la ponctualité n'a pas cours.

À sa façon de dire ça, avance et retard se fondirent en une sorte de gloire.

La chambre réservée aux manteaux des dames était bleue, crème et bleue. Mes talons s'enfoncèrent dans le tapis bleu qui touchait aux murs ivoirins. Je sombrai jusqu'aux chevilles dans des fourrures blanches. Devant le haricot doucement renflé de la coiffeuse et son miroir doré à trois faces, je m'assis sur un tabouret bleu et or, les pieds perdus dans la fourrure. J'épinglai ma rose d'or sur mon épaule. J'ôtai mon filet. J'étendis un peu de rouge à lèvres clair sur mes lèvres pâles, et, ce faisant, toutes les phrases que j'avais fignolées dans la voiture s'évanouirent, me laissant sans aucun sujet de conversation.

Tandis que je m'attardais, prête et hésitante, en haut de l'escalier, une petite fille monta vers moi. Une des petites sœurs sereines et bien élevées entrevues aux courses : enfants sachant se tenir dans le paddock. Ce soir, elle passa en trombe à côté de moi, la bouche pleine. Ses culottes de cheval la moulaient comme une seconde peau, et sa petite chemise de garçon était déboutonnée sur son cache-corset.

— Hello.

Il fallait que je dise quelque chose. Elle atteignit le milieu de l'escalier avant de s'arrêter.

— Comment allez-vous ?

Elle était d'une politesse corrosive. Elle ajouta :

— Vous êtes en avance.

Puis elle disparut en sautillant dans son univers particulier. Au pied des marches, je m'attardai, gagnant encore une minute avant de faire mon entrée prématurée. À mon arrivée, j'étais trop nerveuse pour observer le hall. Maintenant, regardant autour de moi, il m'impressionna comme un cantique protestant : « Drapé de splendeur et sanglé de louanges »... De petites armures enfonçaient leurs pieds pointus dans le tapis. Il était une fois quelqu'un qui avait dit : « J'enfile mon armure et je suis à vous. » Pas ici, corrigeai-je mentalement, me rappelant les informations dédaigneuses de Maman sur le très bref lignage de ces privilégiés. Château et titre ne remontaient qu'à 1890.

J'attendais, immobile. Personne pour me dire où aller. J'étais l'enfant perdue du conte de fées. Je me risquai à avancer. J'ouvris une porte, au linteau couronné d'épées. Puis je fonçai tête baissée dans une enfilade de pièces – des grandes, des petites, d'encore plus petites. Dans chacune un feu brûlait, pas très ardent. Des lampes aux épais abat-jour de parchemin dispensaient de la lumière. Des canapés pleins de pompons attendaient, vides.

Jacinthes et freesias emplissaient d'immenses jardinières. Des photographies décoraient toutes les tables, dans de luxueux cadres de cuir. Photos d'enfants, de chevaux, de chiens, de mariées. Je reconnus un visage royal, un peu à part, attirant l'attention par son modeste isolement. J'entendis, au fond de la troisième pièce, des voix derrière une porte fermée. Je savais que je devais entrer. Je ne pouvais pas rester devant la porte. Et si quelqu'un allait l'ouvrir ? Que dirais-je ? C'est moi, Aroon ?

À l'intérieur, un homme éclata de rire. Personne ne se joignit à lui. Puis, quand j'ouvris, ils se mirent soudain à rire tous ensemble, appréciant et partageant sainement une joie rude et confiante. Loin dans la pièce, cinq ou six personnes étaient assises autour du feu. Tous jusqu'au dernier, les hommes étaient en veste de tweed et pantalon de flanelle grise ou de gabardine, les femmes en chemises Aertex et cardigans de laine fine, avec quatre ou cinq rangs de perles. Je ne les avais pas imaginés autrement qu'en robes du soir et habits à revers de soie.

Debout sur le seuil, encore inaperçue, je sentis mes épaules nues s'enfler en montagneux hectares de chair. Impossible de retrouver ma voix, même si j'avais pu trouver quelques paroles pour annoncer ma présence. Puis je me rendis compte qu'ils écoutaient tous avidement un disque – un filet de voix rauque galvanisait leur attention. Un homme se leva pour remonter le gramophone. J'eus l'impression qu'il me vit, mais je n'entrais pas dans ses attributions, beaucoup moins importante que le disque qu'il changeait. J'avais tort. Il toucha une fille dont la grande tête blonde pendait entre les épaules ; elle semblait brouter les perles de son collier. Elle se leva et vint à moi d'une démarche élastique sur ses chaussures plates. Elle était aussi grande que moi, mais sa tête s'épanouissait comme une campanule sur la tige fine de son cou, et ses vêtements de laine diminuaient la longueur de son corps. Elle parla d'une voix vibrante et attentionnée.

— Aroon, dit-elle, comme c'est gentil d'être venue. Les routes n'étaient pas trop difficiles ? Prenez un verre. Permettez que je vous présente. John Savernake… Mary Noisesome… Ronnie Pennine… Gwenny Fishguard… Dominick… Thomasine et Janine, je sais que vous les connaissez.

Ils marmonnèrent tous quelque chose, et quand le gramophone s'arrêta, ils se levèrent tous et sortirent à la queue leu leu, comme s'ils jouaient à suivez le guide.

— Oh, zut, gémit-elle.

Je pensai qu'elle devait s'appeler Penelope, mais je me félicitai d'avoir gardé le silence, car je découvris plus tard que c'était Mary Ann, la ravissante sœur mariée… mariée auquel de ces hommes ravissants ? Et elle était la gentillesse incarnée.

— Je vais vous donner quelque chose qui vous réchauffera.

Elle regarda au fond du shaker, aussi grand qu'un tunnel ferroviaire.

— Il n'y a plus que de la glace, dit-elle. Qu'est-ce qui vous ferait plaisir ? Vous n'avez qu'à parler. Je ne m'y connais pas en alcools. Et cet affreux Dominick qui est parti prendre son bain le premier.

— Je prendrais bien un verre de sherry.

— Pas de sherry.

Elle cherchait désespérément parmi ses bouteilles.

— Ils sont décourageants. Pardonnez-moi de ne pas appeler O'Brien ; il est toujours de si mauvaise humeur les soirs de réception. Et si vous preniez une coupe de champagne ? Pourquoi pas ? Je vous en prie. Savez-vous ouvrir ces affreuses choses ?

Elle se tut, puis ajouta :

— Oh, comme vous êtes habile ! quand le bouchon vint sans bruit dans ma main.

Papa m'avait souvent montré comment faire.

— Mettez-vous à votre aise. Et au chaud. Cette pièce est glaciale. Croyez-vous qu'ils ranimeraient le feu ! Oh, et soyez gentille avec Oncle Ulick. Il est adorable mais si original. Vous me promettez ? Ça ne vous ennuie pas ? Comme vous êtes gentille.

Je m'installai près du feu. Les quotidiens du jour et le calendrier des courses se trouvaient sur une table basse. Je pensais qu'il serait convenable qu'on me trouvât en train de lire le calendrier ; cela me donnerait quelque chose à dire : « Untel a bien couru dans telle et telle course. » Mais je n'arrivais pas à me concentrer. Je bus mon champagne, le journal à la main, en examinant la pièce autour de moi. Même ça, je n'y arrivais pas vraiment.

Je tiens très bien l'alcool – champagne ou orangeade, c'est tout un pour moi – et je venais de décider de me resservir quand la porte s'ouvrit et qu'un vieux monsieur entra. Grand et gros, il portait des souliers vernis à nœuds. Son immense nœud papillon, blanc mais crasseux, donnait l'impression qu'il le tripotait depuis des jours. Les ailes s'affaissaient, comme brisées ; il me faisait penser à un oiseau – un oiseau pas en très bonne forme, en plus.

— J'habite dans le pigeonnier, dit-il, ce qui me parut plus que vraisemblable. On y a fait installer la plomberie et des tas de choses, mais l'eau n'arrive pas encore jusqu'à moi. Vous êtes bien ravitaillée en eau ?

— Oui, très bien, mentis-je.

— Quelle chance ! Vous ne connaissez pas votre chance. Quand même, il vaut mieux vivre dans mon pavillon que dans cette triste bâtisse gothique, ne trouvez-vous pas ? Moi, je suis partisan du *dix-huitième**. Puis-je vous servir une coupe de champagne ?

Il remplit une coupe qu'il vida aussitôt.

— Pas très bon ; je ne saurais dire que je vous le recommande.

Il se resservit. Si j'en avais eu le courage, j'aurais dû me lever et remplir moi-même ma coupe, tandis qu'il restait assis, bavardant et buvant tant qu'il pouvait, aussi vite qu'il pouvait.

— Vous êtes un oncle, dis-je enfin.

— Je suis plutôt sourd.

— Vous êtes l'Oncle Ulick, criai-je.

— Ils m'appellent Oncle Ulick ; je pense que c'est plutôt regrettable. Je n'ai pas le moindre lien de parenté avec eux, ni la moindre envie d'en avoir d'ailleurs – et encore moins depuis que j'écris l'histoire de la famille. Je ne me suis jamais tant ennuyé. J'en suis au point où je ne vois pas bien ce que je pourrais ajouter. En fait, il n'y a rien à dire. La généalogie, voilà ce que j'aime, et ils n'en ont pas à proprement parler.

Pensant à l'assurance et à la beauté que j'avais admirées si souvent, bien que de loin, et au luxe d'élégance qui m'entourait, assise, mon verre vide à la main, je ne pus que le lorgner, impuissante devant une telle trahison.

— Connaissez-vous les sœurs Crowhurst ?

Pour une fois, je fus contente de pouvoir dire que je les connaissais.

— Voilà une famille intéressante. Trois branches remontent jusqu'à ma famille, et nous descendons en ligne directe de Cuchulainn, le Chien de l'Ulster. Je pourrais porter le titre de Prince Drumnasole, n'était cette misérable baronnie attachée à mon cou comme un boulet.

— Monsieur, dis-je, et c'étaient les paroles les plus courageuses et les plus réussies que j'avais prononcées jusque-là, pourrais-je avoir une autre coupe de champagne ?

— Ce « monsieur » me plaît, dit-il, approbateur. Il est clair que vous savez comment on s'adresse aux princes. Il faut que vous veniez déjeuner un jour dans mon pavillon. Je fais une excellente mayonnaise.

De nouveau, il remplit son verre.

— Il n'y a plus grand-chose, reprit-il, vidant la bouteille dans le mien. Dommage.

Il posa la bouteille sur une table près de mon fauteuil. J'étais au supplice à la pensée que quelqu'un pouvait revenir, et croire que j'avais tout bu.

— Vous êtes la fille de Beleek ?

Il me considéra, paupière tombante, le regard comme tourné vers l'intérieur.

— Sa petite-fille, dis-je.

— Tom l'Affreux, l'appelions-nous. Mais on m'a dit que sa fille était belle.

— Il s'agit de ma mère, m'écriai-je.

— Extraordinaire, dit-il, se parlant à lui-même. Toutes les filles ici sont ravissantes. Superbes. Je ne sais pas d'où elles le tiennent. Pas de leurs ancêtres en tout cas. Bonnes familles de pasteurs dans le meilleur des cas. Et des avocats, des avocats.

Il frissonna. Il se leva à l'entrée de la gentille et jolie jeune femme. Elle était suivie d'un homme splendide – splendide mais distant à un point qu'il paralysait l'air autour de lui. Son mutisme trouva un refuge dans l'état du feu. Il sonna. Il sortit et revint avec un garçon apeuré et un gros paquet de bûches. Il en dirigea l'empilement sur le lit de cendres, puis il s'assit pour tourner la roue du ventilateur qui soufflait de l'air sous le foyer.

— J'aime bien faire cela, dit-il, s'attelant joyeusement à la tâche.

De nouveau, je me retrouvais dans le vide. À côté d'une table lointaine, chargée de bouteilles, Oncle Ulick était debout, aussi près que possible de celle dont j'ignorais encore le nom. Je l'entendis qui disait :

— Oh, Oncle Ulick, comme vous êtes négligé.

— C'est ma cravate. Nouez-la pour moi, ma chérie.

Comme sa voix était différente du ton de dénigrement entendu quelques instants plus tôt. Il implorait sa jeunesse de faire quelque chose pour lui, de se pencher vers lui, de se montrer gentille. Elle avait les bras si longs qu'elle maintint entre eux une distance aérienne tandis qu'elle lui refaisait son nœud papillon, tout en lui murmurant quelque chose.

— Je n'entends pas un mot. Rapprochez-vous, cria-t-il.

Je l'entendis dire :

— … soyez gentil. Vous me le promettez ? Oh, comme vous êtes gentil.

Les mêmes mots qu'elle m'avait dits, et le même ton.

— D'accord, répondit-il avec une sorte d'irritation irrépressible. Mais il faut que je mette d'abord du cognac là-dedans.

J'étais en proie au doute, un doute qui devint bientôt une certitude. L'homme qui soufflait le feu interrompit son travail et montra la bouteille à côté de mon fauteuil, avant de s'adresser directement à moi, et pour la première fois.

— Je parie que c'est Oncle Ulick qui l'a vidée.

— Oui, en effet.

Mes yeux rencontrèrent les siens, et je remerciai Dieu pour ce lien de connivence.

— Mary Ann l'a invité. Il nous manquait un homme ce soir.

On l'avait invité pour moi – je devais être gentille avec lui ; il devait être gentil avec moi. J'eus un peu mal au cœur. Je regrettai de ne pas savoir être impolie. Quand elle revint vers moi, avec une coupelle de noisettes et un grand cocktail au champagne, mon ressentiment me donna la force de ravaler mes larmes.

Au moins, je pouvais honnêtement penser que sa robe était horrible. Elle me faisait pitié. Courte chemise blanche, droite comme un tablier, pas même éclairée d'une seule paillette, elle lui montait jusqu'au cou où une barre de diamants de six pouces maintenait une orchidée minuscule. Dans le dos, un profond décolleté révélait un grand « U » de chair brune – vêtement malvenu pour une fille qui était aussi corpulente que moi (quoique en des endroits différents).

— Buvez donc. Et mangez.

Elle m'obligea à prendre noisettes et biscuits, comme si j'étais un petit chien malade.

— Il y a une éternité à attendre avant le dîner. Oh, vous, grand sot, maladroit, propre-à-rien, quel feu épouvantable.

Elle parlait à son mari, maintenant. Je supposai que c'était son mari car il ne répondit pas. Oncle Ulick s'approcha et se percha en équilibre instable sur le bras de mon fauteuil.

— Vous semblez vous intéresser à ma famille, alors, comme je vous le disais, nous remontons au Chien de l'Ulster…

Je feignis une attention passionnée, émettant quelques « oooh » tandis qu'il me ramenait jusqu'aux Croisades où ses ancêtres avaient si bien réussi.

— Oh, comme vous êtes gentille, me murmura Mary Ann alors que nous étions tous debout, hésitants, ne sachant pas qui devait passer le premier pour aller à la salle à manger.

« Oncle Ulick vous adore, c'est pourquoi je l'ai placé près de vous. Vous serez aussi à côté de Kenny Norton ; surveillez qu'il ne s'endorme pas. La dernière fois, il a cassé une assiette en piquant du nez dans sa mousse de framboises. Quel malheur. Il n'est plus le même depuis qu'il est tombé à la rivière de Kempton.

C'est alors que je sus que j'allais être assise à côté du plus célèbre cavalier de l'époque. Ce serait quelque chose à mettre dans ma lettre à Richard. Je n'insisterais pas, naturellement, mais quand je récrirais, je lui ferais savoir que Kenny (j'écrirais « Kenny ») m'avait parlé. Il ne parla pas pendant que nous buvions le consommé, aussi clair que de l'eau de roche, et à peu près aussi insipide. Oncle Ulick versa un plein verre de sherry dans son assiette creuse, au fond de laquelle on voyait distinctement une tortue nageant parmi des algues et des fleurs marines. Il posa sa cuillère et soupira de dégoût. Puis il s'éclaira.

— Un curieux incident – je suis très mauvais tireur, vous savez – se produisit un jour qu'Ethelred l'Irrésolu chassait avec le Drumnasole de l'époque, et qu'une des flèches de mon ancêtre…

Et il repartit. Il était trop sourd pour des interruptions ou des commentaires.

Un filet de sole dans une sauce délicieuse ; puis une venaison épouvantable – Oncle Ulick mangea sa gelée de groseilles avec sa cuillère à pudding, ce que je trouvai assez noble, et Kenny Norton n'avait toujours pas dit un mot. Il ne parlait pas plus à la fille assise de l'autre côté, mais il y avait entre eux comme une réserve familière et amicale, et non pas le gouffre de courtoisie froide et hautaine qui nous séparait, lui et moi. Enfin, il parla. Et ce qu'il dit me stupéfia.

— J'ai vu Richard à Newbury.

La distance entre nous disparut. Il était au courant, pour Richard et moi.

— Vous êtes sûr ? dis-je. Il est en Afrique.

— Je l'ai vu en chair et en os à Newbury. Et il perdait.

Il retourna à son affreuse venaison et à son silence. Mon cœur battait à se rompre. Mes mains se crispaient au bord de la table. Il se trompait lamentablement. Il fallait que j'en aie le cœur net.

— Vous connaissez Richard depuis longtemps ?

Cela sonnait si affreusement banal.

— On se voit de temps en temps. Nous sommes vaguement cousins.

Donc, il devait savoir. Cela ne changeait rien, Richard était en Afrique.

— Quand est-il rentré ?

— Depuis… (Il s'interrompit.) Depuis peu, sans doute. Il était encore très bronzé.

Il venait de rentrer. Après des semaines en mer. Ce qui expliquait son silence. Demain m'apporterait peut-être une lettre. Après-demain m'apporterait peut-être Richard. Tout se mit à chanter dans ma tête. La peur m'abandonna. Je me détournai avec désinvolture d'Oncle Ulick. Tout ce que j'avais répété dans la voiture me revint.

— Que pensez-vous de Seamonster pour la Gold Cup ?

Et je me souvenais de tous les autres partants sans effort.

— Curieux petit cheval… curieux tempérament…

Nous étions partis. J'avais toute son attention. Maintenant, j'envisageais avec confiance une soirée heureuse et un lendemain plein d'une certitude ailée.

32

Le dîner était terminé. Certains des premiers arrivés dansaient dans la salle de bal.

— Promettez-moi de vous amuser, m'implora Mary Ann, dans la respectable pénombre de l'entrée.

Oncle Ulick passa sous une arche et se dirigea vers moi. Mary Ann sourit discrètement à chacun.

— Je veux que vous passiez une merveilleuse soirée.

Oncle Ulick avait deux carnets de bal pendouillant au bout de leurs crayons qu'il tenait dans sa main gantée de blanc.

— Je me suis inscrit pour les danses numéros un, trois, sept, neuf et onze, dit-il d'un ton vertueux. Après quoi, je rentrerai me coucher. Je ne sais ce qu'il en est de vous, moi, je ne vaux rien pour les danses modernes, mais Mary Ann sera déçue si nous n'essayons pas. Voulez-vous danser ?

« Quel est le titre de cet air ? me demanda-t-il quand nous eûmes fait trois fois le tour de la salle, nos pieds s'agitant dans un monde tout différent de celui de la musique.

— *La Naissance du blues*, lui dis-je.

— Eh bien, dit-il, fort heureusement cela semble en être aussi la mort. Voulez-vous prendre un verre ? Oh non, pas au bar.

Il me poussa vers la pièce où nous avions pris le champagne avant le dîner. Si Oncle Ulick m'avait emmenée au bar, j'aurais pu m'intégrer à la fête et entendre les mots magiques : Voulez-vous m'accorder cette danse ? Mais non. Il m'entraîna vers la porte la plus éloignée, où un domestique montait la garde.

— Nous serons bien ici, dit-il, loin de ce tapage. Maintenant, puis-je vous offrir ce que certains nomment un cognac ?

De retour dans le premier salon, antichambre de la vie et de la danse, je trouvai une fille que je connaissais – quelqu'un à qui parler. Elle bavarda avec moi, avec plaisir et naturel, jusqu'au moment où un homme lui effleura le bras.

— Notre danse, dit-il, et ils partirent danser, me laissant monstrueusement seule.

Un gentil vieillard boiteux s'approcha et me posa avec bonté des questions sur la santé de Papa.

— Je ne suis pas grand danseur, dit-il, mais si vous permettez…

À mi-circonférence, nous trouvâmes le refuge béni de deux chaises dorées.

— Je ne tiens vraiment pas la distance, haleta-t-il pour s'excuser.

Plus tard, je vis Kenny Norton en grande conversation avec deux hommes. Il fallait qu'il me voie. Mais il ne leva pas les yeux. Et Oncle Ulick ne parut pas pour la danse suivante.

Je souriais, je chantonnais, debout dans l'entrée qui se vidait au profit de la salle de bal, et j'attendais, mais seulement Oncle Ulick. Puis je pris le parti d'aller aux toilettes des dames, éternel refuge des délaissées. Je redescendis en courant, espérant donner l'impression qu'un cavalier attendait mon retour. J'avançais, souriante, compassée, submergée sous la politesse ; souffrant de mon isolement ; brûlant d'être seule ; d'être loin ; d'être à demain ; en train de lire la lettre de Richard, peut-être ; l'attendant en chair et en os. Mais la réception qui évoluait autour de moi ne me laissait aucun répit. Ravissantes créatures, que des mains d'hommes non seulement touchaient mais guidaient, dont je voyais les dos passer pour aller danser et revenir pour aller boire. Heureuses créatures, ignorantes comme un troupeau d'antilopes. Elles m'apparurent comme chéries et élues. Je vis Kenny entourer de son bras une fille petite et laide comme un poney d'enfant. Je détournai les yeux. Un gentil couple d'âge mûr m'offrit un verre et soupira sur Papa avant de s'éloigner pour jouer au bridge, et de me laisser espérant presque le retour d'Oncle Ulick.

Il revint à temps pour la numéro sept, et, tandis que nous dansions bravement, sa main monta résolument le long de ma colonne vertébrale. J'en eus la chair de poule.

— Nous reposerons-nous pendant la suivante, mon petit ?

Nous n'allâmes pas jusqu'aux bouteilles. Dans le second salon, il m'abandonna sur un canapé près du feu.

— Je reviens tout de suite, dit-il.

Il avait le front couvert de sueur, et il s'éloigna, comme naviguant précautionneusement au-dessus du parquet. Je me demandai s'il était saoul.

Seule, mais attendant un homme, ardent bien que vieux, je me sentis plus naturelle, plus détendue que depuis des heures. Je suis avide de luxe et, seule dans ce salon, je me vis immergée dans le fin du fin de ses raffinements. Je notai certaines idées que je pourrais peut-être adopter dans une maison qui serait à moi ; les pâles coussins de satin lisse sur le brocart plus rugueux, ça me plaisait, et les grands bassins pleins de jacinthes blanches, aux clochettes égales, toutes ouvertes au même stade. Je perçus une autre odeur sous le parfum entêtant des jacinthes. Je me mis à rôder dans la pièce et je découvris ce que je cherchais. Dans une longue boîte de verre, un stephanotis reposait au milieu de ses feuilles charnues. Je le sentis, et il me souffla son odeur au visage, comme un animal. Un trouble s'empara de moi : la vigueur que donne la pleine lune.

Je cessai mes recherches et je revins à mon fauteuil près du feu. Ici, j'étais à l'abri pendant que jouait la musique – à l'abri de la solitude et de la pitié. Bientôt, Oncle Ulick reviendrait. Bientôt, je pourrais le décourager. Je me penchai sur la table toute proche, couverte de numéros de *Tatler*, *Country Life*, *Bystander*, *Punch* ; je choisirais parmi ces magazines. J'allais me mettre à lire tranquillement ; si un couple passait, je ferais semblant de ne pas le voir. Je choisis le *Tatler* et l'ouvris aux pages montrant les aristocrates inconnus qui chassent avec les Quorn et les Belvoir, et qui dansent au Bal de la chasse dans les grands manoirs anglais.

Une photo pleine page me fit passer de la séduction fugitive de la chasse et du bal à la contemplation méditative du mariage et de la maternité tels qu'on se les représente dans une famille anglaise convenable. Près d'un bassin ornemental, une jeune mais vigoureuse mère était assise sur un banc de pierre, un enfant blond blotti contre elle, un autre assis à ses pieds. Elle partageait son siège de pierre et ses genoux avec trois terriers et pékinois. Estompée dans le lointain, au-delà des pelouses et des terrasses, la façade néo-grecque d'une grande demeure occupait tout l'arrière-plan. Je regardai, et je subis un retour au passé qui me coupa le souffle. Je m'étais déjà trouvée là, on m'avait déjà raconté cette scène. Où et quand ? Puis la réponse se présenta, claire et amicale : aux jours heureux de Mme Brock et de ses histoires de lady Grizel, des petits garçons joyeux et des chiens.

Derrière cette photo existait en effet un certain passé, et aussi un avenir, quand l'amour m'enfermerait dans des lieux semblables. Ce moment ne pouvait pas durer éternellement. Je repris mon souffle et je tournai la page.

Ah, Newbury. Les courses de novembre prochain, très vraisemblablement. J'y serais avec Richard, saluant froidement Kenny Norton ; invitant Mary Ann, gentiment, si gentiment, à séjourner à Stoke Charity ; allant avec désinvolture de la tribune au paddock, les derniers jours du Horse Show revenus pour ne plus jamais finir. Maintenant, je pouvais regarder sans envie la photographie d'une fille comme moi, vêtue du même manteau que Richard m'avait donné. Elle était assise, bien en équilibre sur une canne-siège, ses bottes Newmarket, rustiques et élégantes à la fois, bien en évidence. Elle portait à ses yeux une énorme paire de jumelles ; l'homme debout derrière elle devait les lui avoir prêtées, bien qu'elle en eût une paire suspendue autour du cou. J'avais l'impression qu'il les lui reprendrait brusquement pour suivre la course. Je ressentis un élan d'amitié et de sympathie pour ce jeune couple élégant et oisif. Puis je lus la légende : « À la recherche d'un gagnant – Monsieur Richard Massingham, fils aîné du Major "Wobbly" et de lady Grizel Massingham, et l'honorable Alice Brownrigg, qui viennent d'annoncer leurs fiançailles. »

Pendant une minute, je n'y crus pas. Je m'interdis de vérifier. Je posai le magazine. Je me surpris à le cacher. Quand ce fut fait, je sus que c'était vrai, mais je ne pouvais pas l'accepter. J'étais assise par terre, tête penchée, et me berçant dans mon refus ; j'étais une chose enracinée, secouée par une terrible tempête.

Aucune larme, mais la souffrance s'empara de moi, me broyant et me liquéfiant les entrailles. Je ressentis le besoin impérieux d'aller aux toilettes. Même dans cette effroyable détresse, cette absurde nécessité ne m'était pas épargnée. Traversant lentement la grande pièce chaude, j'eus l'impression que la lumière avait changé, comme par les courts après-midi d'hiver, et que le salon et ma vie étaient maintenant saupoudrés de sable et de sel.

De retour dans l'entrée où l'animation battait son plein, je me frayai un chemin jusqu'au pied de l'escalier au milieu des invités qui buvaient en bavardant – la foule aussi inaccessible à la distraction que l'est celle des courses, où des visages connus et inconnus vous croisent, absorbés et indifférents. C'est ainsi que je vis, sans un salut ni un sourire, M. Kiely debout au milieu de quelques amis. Je n'avais pas à savoir qu'il était là. Je continuai. Kenny Norton posa sa main sur mon bras.

— Venez danser, dit-il.

Le miracle arrivait trop tard.

— Désolée, je suis épuisée, dis-je.

Je le sentis me suivre d'un regard stupéfait tandis que je montais en toute hâte chercher un refuge dans les toilettes. Il fallait que j'y arrive ; de nouveau, la douleur me tordait les entrailles, avec la terreur enfantine qui me soufflait : je vais vomir – vomir dans la cuvette. En partie dans la vasque, en partie sur ma robe, dans mes souliers, par terre, je vomis. Il me fallait m'enfuir avant qu'on s'en aperçoive, il fallait que je trouve mon manteau et que je parte, avec ce goût dans ma bouche et cette odeur sous mon manteau.

Dans l'entrée, la foule s'était éclaircie. La musique jouait, et des bienheureux dansaient, séparés de moi, lointains et étrangers. J'étais à la porte de l'entrée, presque partie, mais la porte était fermée à clé. Je tournai violemment la poignée. C'était la dernière cruauté ; il fallait que je sorte. La porte cloutée me dominait de sa masse menaçante. Je secouai la serrure à deux mains. Une voix dit à côté de moi :

— Je crois que Jody Kenny a la clé, au bar.

Je tournai les yeux et les abaissai sur M. Kiely, immaculé dans son habit noir, son nœud papillon blanc un peu trop grand.

— Vous êtes seule ? me dit-il quand il m'eut ouvert la porte sur la nuit glaciale et miséricordieuse.

— Oui. Je suis venue dîner.

— Ah. Et vous ne vous êtes pas amusée ?

— Bonsoir, dis-je, la voix calme et hautaine pour me défendre contre sa familiarité et son aide. Merci beaucoup.

— Soyez prudente, me recommanda-t-il. Les routes sont toutes verglacées.

Il rentra dans la maison et son gouffre de lumière.

Je m'évadais. Je fuyais la terrible gentillesse de Mary Ann, je fuyais Oncle Ulick bavard et peloteur et qui m'avait abandonnée ; je fuyais l'indifférence qu'on m'avait manifestée pendant des heures, rythmées par le nombre de danses que je n'avais pas dansées, sans pouvoir me cacher. Maintenant, j'allais être seule avec ma peine. Je l'emporterais avec moi à la maison, au lit, et j'en souffrirais éternellement car elle ne changerait jamais, je le savais. Le chagrin me possédait tout entière, mais je savais me tenir et je me tiendrais. Pas de larmes, pas de jérémiades.

Enfin, je me trouvai dans la voiture, m'enveloppant dans la couverture. Endroit familier. Bientôt, je me déshabillerais et me mettrais au lit ; il ne me restait plus que ça.

Et pas même cela, semblait-il, parce que je n'arrivais pas à démarrer la voiture. Je sanglotais avant d'avoir renoncé. J'attendis – j'essayai encore, j'attendis, espérai, désespérai. Aucun domestique au milieu des voitures ; il n'était pas encore l'heure des départs et des pourboires. J'allais essayer la manivelle, bien que cela m'effrayât. Et à juste titre ; le retour faillit me casser le bras quand le moteur se mit à toussoter, puis se tut.

— Ah, ma pauvre petite, quelle malchance, dit une voix près de moi. Vous avez failli vous blesser.

La voix ne me plut pas ; ce fut ma première impression avant de reconnaître M. Kiely avec son pardessus, son chapeau de tweed et son épouvantable écharpe.

— Asseyez-vous dans la voiture, dit-il, et j'obéis, bien qu'il y fît aussi froid que dehors.

Au bout de dix minutes, il renonça.

— J'ai bien peur, dit-il, que vous ne passiez la nuit ici.

— Oh non !

Je savais que je ne pourrais jamais me représenter devant eux. Même s'il fallait que j'attende dans la voiture jusqu'au matin.

— Ou, si vous préférez, je peux vous reconduire chez vous.

— Oh, vous feriez cela ? Vraiment ? Cela vous fait un immense détour.

— Allons donc.

Il prit la couverture sur mes genoux et l'étendit sur le capot.

— Je dirai au garage de venir chercher la voiture demain matin.

Il pensait à tout. Dans sa voiture, je m'assis aussi loin de lui que possible. Et quand nos corps et nos haleines eurent un peu réchauffé l'atmosphère, je perçus la petite odeur aigrelette sortant de sous mon manteau et de sous ma couverture. Il m'offrit une cigarette et s'en alluma une, l'odeur avait dû flotter jusqu'à lui. Il fallait que je dise quelque chose pour détourner son attention.

— Quelle réception merveilleuse.

Ma voix tremblait.

— Vous trouvez ? Je ne sais pas.

— Vous ne vous êtes pas amusé ?

— Non. Et vous ?

— Oui. Terriblement.

Il attendit.

— Kenny Norton était là, dit-il inopinément.

— Oui. J'étais à côté de lui au dîner. J'ai refusé une de ses danses.

C'était presque vrai. C'était vrai. Cela semblait impossible.

— C'est lui qui montera Seamonster à Leopardstown.

— Kenny ? Tiens.

— Voulez-vous que nous allions voir cette course ensemble ?

Comment lui répondre avec politesse ? Personne ne pourrait me traiter de snob, mais certaines situations ne promettent que de l'embarras. Les amis de Papa et les gentilles Mary Ann me croiseraient en ne m'adressant qu'un mot, dans les meilleurs des cas. Aucun d'eux – aucun de nous – ne connaissait M. Kiely.

Tandis que je me recroquevillais dans mon coin, hésitant à prononcer le refus définitif, je revis deux autres images : la jeune fille vive et détendue de Newbury, attendant les courses avec impatience, et la calme jeune femme assise au bord de l'eau avec deux enfants merveilleux. Ce soir, pendant une minute hors du temps, j'y avais vu des images de moi-même, dans un monde à moi, dans un monde perdu pour moi.

À l'idée du mot « perdu », ma douleur m'écrasa. Qu'avais-je perdu ? Rien, car je n'avais rien, et mon cœur crevait pour rien. Mais il creva, et à gros sanglots.

— Je suis désolée, m'excusai-je, en un murmure, tant j'avais honte.

— Vous vous sentez mieux ?

Il murmurait, lui aussi, en rajustant la couverture sur mes genoux.

— Ce qu'il vous faut, dit-il en baissant un peu sa vitre, c'est un homme qui s'occupe de vous. Qu'en dites-vous ?

Assise à côté de lui, je ne le voyais pas, mais sa voix n'avait pas le grain qu'il fallait, la couleur qu'il fallait ; elle sonnait à mes oreilles comme une fausse note en musique. Honteuse comme j'étais, sa sympathie me semblait répugnante, alarmante, même. Il arrêta la voiture devant les grilles de Temple Alice et posa une main sur mon genou.

— Quand vous aurez besoin de quelqu'un, penserez-vous à moi ?

Une phrase de Maman me revint à l'esprit, et je la prononçai du même ton :

— Vous devez avoir perdu l'esprit, dis-je, repoussant sa main d'une tape.

Malgré mon chagrin et mes larmes, j'étais quand même Aroon St. Charles, et je ne l'oubliais pas. Il ne répondit pas, et quand nous arrivâmes à la maison, il ne descendit pas pour m'ouvrir la portière. Il ne répondit même pas à mon « Bonne nuit ». Peut-être l'avais-je vraiment blessé ?

Dans l'entrée glaciale, grande créature au chagrin sans bornes, je me fis peur. J'ôtai mes souliers avant de monter. Pas à pas, silencieuse, je passai furtivement devant la porte de Maman. Audessus de ma tête, le dôme en forme de citron moulait à la perfection l'air hivernal, comme il avait moulé la lumière et l'haleine des soirs d'été. Dans ce creux de froid et de vérité, je renonçai à mes rêves, leur cœur de vérité, leurs ailes d'espoir se recroquevillant jusqu'à l'absurdité : je savais que je resterais ainsi à jamais, inchangée, fille véritablement mal aimée.

Un rai de lumière sous la porte de Papa mettait dans le noir un trait d'argent. Il mit aussi un petit changement et un petit espoir dans mon cœur... S'il était réveillé, il devait avoir besoin de quelque chose, et j'étais là pour le lui donner, quoi que ce fût. Je posai mes souliers et mon sac, et tournai à deux mains la poignée, doucement au cas où il se serait endormi, sa lampe allumée.

Il ne dormait pas. Il était renversé en arrière, dans le creux de son mur d'oreillers. Ses paupières étaient baissées sur ses joues, et dans son expression se voyait la concentration du plaisir. Rose était assise à côté de lui, la tête penchée comme si elle lui murmurait quelque chose, la main passée sous ses couvertures, pour réchauffer son pied – son pied fantôme qui sentait le froid autant que son pied réel. Rose retira vivement sa main, et Papa ouvrit les paupières et leva les yeux sur elle, d'un air étonné et interrogateur. Il ne me vit pas, debout sur le seuil. Seule Rose me vit, et ses yeux étincelèrent de rage.

— Ses pieds sont gelés.

Elle parla d'un ton curieusement confus, comme si je ne voyais pas, ou ne comprenais pas, qu'elle lui réchauffait les pieds. Papa n'essaya même pas de dire bonsoir quand je m'en allai. Il se souleva un peu sur ses oreillers, se tournant vers Rose autant qu'il en fut capable. Avant de refermer la porte, je perçus dans l'air une bouffée de whisky.

Que dois-je faire, pensai-je, revenue dans ma chambre, que dois-je faire maintenant, demain et à jamais ? Je posai la main sur mon lit, à l'endroit où gisait ma bouillotte, froide comme un poisson. Je devais faire quelque chose, m'accorder quelque chose, ou je n'arriverais jamais à m'endormir.

Passant devant la porte de Papa, je détournai les yeux du rai de lumière ; passant devant la porte de Maman, je retins mon souffle. Puis je m'engageai dans l'escalier, d'où je tournai dans l'escalier de service, avec ses relents d'odeurs ménagères. Dans la cuisine, ma bougie expulsa la lumière des étoiles et l'ombre des arbres entrant par les fenêtres nues ; elle projeta sur les murs son ombre en forme de girafe. J'avais une légère impression d'aventure, l'impression de me venger de Rose, dans cette cuisine qui était son domaine. Je retirai le rond de la cuisinière et posai la bouilloire plus près du feu. Quand l'eau bouillit, j'eus envie d'une tasse de thé. Pourquoi pas ? Je trouvai la boîte cabossée où ils conservent le thé, et près de la fenêtre, une cruche de lait décorée de roses passées. Je m'assis sur une chaise près du feu, attendant une minute que le thé infuse.

Pendant cette attente, je me trouvai réunie avec un moment plus proche que le présent, un moment où les souris s'ébattaient dans leur cage, et je crus sentir l'odeur familière du lait chaud avec des biscuits. L'amour et la confiance s'épanouissaient alors autour de moi, et il y avait aussi la nonchalance fantaisiste exprimée par un chapeau couvert de roses humides de rosée. L'espace d'un souffle, je me retrouvai dans cet autrefois, avant que l'amour et la confiance ne me trahissent. Maintenant, comme autrefois, ce moment se résolut en laideur et en terreur.

C'était Rose, qui fonçait dans le couloir, criant et pleurant ; elle s'abattit sur la table de la cuisine en hurlant ; dépossédée de toute autorité, créature affolée, exactement comme l'avait été Mme Brock le soir de sa noyade.

— Il s'en va… il ne me reconnaît plus… haleta-t-elle.

— Que lui avez-vous fait ?

— Ah, il a eu une petite attaque, c'est tout.

Sa façon de minimiser les faits était effrayante ; elle ne se plaçait pas au même niveau que sa douleur. Elle cachait quelque chose.

— Vous l'avez tué.

Je la dominais de toute ma taille ; elle avait la tête sur la table entre ses deux bras étendus.

— Il le voulait, dit-elle.

— Je vous avais dit que le whisky le tuerait. Je vous l'avais dit, n'est-ce pas ?

Elle me regarda, lointaine.

— Oui, dit-elle, vous me l'aviez dit.

Elle dit cela avec gratitude, comme si mon accusation constituait pour elle un soulagement.

Nous retournâmes ensemble à sa chambre. Il respirait avec effort, en gémissant. Debout, elle le regardait. Elle avait été son infirmière, elle l'avait lavé et habillé comme une poupée, elle l'avait assis et couché. Maintenant, elle restait à l'écart des difficultés apportées par la mort, acceptant la lutte qu'il livrait et la souffrance qu'il ressentait comme nécessaires avant le trépas ; rien ne pouvait plus le soulager, alors elle restait à l'écart, le regardant mourir comme on regarde mourir une bête. Je ressentais la même chose. Il avait changé. Et, d'instant en instant, il changeait et régressait de l'humain à la chose. J'étais d'accord avec elle ; il était vain de tenter de l'asseoir ou de le réconforter. En fait, j'avais peur de le toucher, et Rose, penchée à l'autre bout du lit, regardait, attendant la fin. Une demi-heure plus tôt, elle lui donnait du whisky et lui réchauffait les pieds.

— Maman ? murmurai-je. Ne devrions-nous pas prévenir Maman ?

Elle secoua la tête.

— Il n'aimerait pas.

Je savais qu'elle avait raison. Papa faisait tout pour épargner la moindre contrariété à Maman.

— Je vais chercher le Dr Coffey.

J'avais parlé plus fort pour dominer ses râles. Puis je me souvins que je n'avais pas de voiture.

— Tommy peut y aller, dis-je. Je vais le réveiller.

Je tournai le dos à Papa. J'étais à la porte quand je sentis le changement derrière moi – un silence qui emplit toute la pièce. Je me retournai et regardai Rose. Je ne voulais pas regarder Papa.

— Il est mieux, n'est-ce pas. Il respire mieux…

— Il est parti.

La voix de Rose n'avait plus que la moitié de son volume. Elle restait loin de lui, cramponnée au pied du lit. Puis, comme s'il s'agissait d'une nécessité immédiate, elle se rua vers la fenêtre la plus proche du lit, tirant les rideaux avec brusquerie, et ouvrant toute grande la fenêtre. Comme si elle ouvrait un chemin vers nulle part pour livrer passage à quelqu'un. Si Papa avait un esprit, elle lui donnait la liberté. Je savais qu'il s'agissait d'une vulgaire superstition catholique, et je la ressentis comme un affront. J'aurais voulu penser à quelque chose pour remettre Rose à sa place. Mais tout ce qui me vint à l'idée, c'est que ce serait elle qui annoncerait la nouvelle à Maman.

— Je le lui dirai en lui apportant son thé, dit Rose avec fermeté, quand j'aurai fini la toilette.

Elle détourna les yeux de moi comme si je ne comptais pas, et regarda Papa avec, pensai-je, une sorte d'impatience. Je me demandai ce qu'elle allait lui faire, maintenant qu'il était tout à fait sa poupée. Je devais lui être reconnaissante de sa compétence ; de la force avec laquelle elle avait surmonté la douleur qui l'avait terrassée sur la table de la cuisine. Maintenant, son habileté était un radeau sur l'immensité de la mer. Je n'avais pas besoin de penser à ce qu'elle aurait à faire à Papa.

Revenue dans l'obscurité du couloir, seule avec l'idée de mon lit glacé, je me sentis prise de nausée. Je pensai au bruit que ça ferait si je tombais, et je souhaitai presque un accident qui attirât sur moi quelque pitié. Mais il ne fallait pas y songer. La Mort ne tolérait que les bonnes manières. Alors je m'assis par terre avant de m'écrouler, et j'attendis que le malaise passe, immobile. Mon chagrin pour Papa et mon amour perdu pour Richard se fondirent en une seule douleur. Seul Papa avait su que nous étions amants. Maintenant, la moitié de mon désespoir restait mon secret. Personne ne pourrait me l'enlever, ou le diminuer, ou le raconter. Mon grand corps avait été béni par l'amour. Vrai. C'était vrai. La vérité implacable s'était tenue prête à me crucifier de son démenti. Il fallait m'enfuir, garder toute la vérité pour moi seule. J'entendis Rose s'affairer, d'un pas décidé, derrière la porte de Papa, et l'idée qu'elle irait bientôt à la salle de bains chercher de l'eau me poussa à me relever.

En me relevant, je pensai au thé en train d'infuser sur la cuisinière, et le désir que j'en eus me parut coupable dans ces circonstances tragiques. Mais plus je trouvais l'idée inconvenante, plus mon désir d'une tasse de thé chaud augmentait, avec, peut-être, une tranche de pain beurré, et ma bouillotte – comment avais-je pu l'oublier ? C'étaient trois nécessités, et j'en fus heureuse. Il existait quelqu'un que je pouvais aider, même s'il ne s'agissait que de moi. Mais j'étais soulagée à l'idée qu'il n'y aurait personne pour me regarder boire mon thé et beurrer une tranche de pain.

33

Maman était bien décidée à observer une conduite exemplaire. Elle prenait son petit déjeuner quand j'entrai dans la salle à manger. Elle posa son couteau pour écrire quelque chose au dos d'une enveloppe ouverte.

— Il y a tant à faire.

Elle parlait de sa voix de tous les jours.

— Tellement de choses à se rappeler. Il faut être organisé.

Elle nota quelque chose.

— Et éteins le réchaud, dit-elle, quand tu auras assez mangé.

Œufs au bacon, café, porridge des chiens, soleil entrant en longs rayons pentus par les hautes fenêtres –le monde s'était arrêté de tourner, pourtant tout était comme à l'ordinaire.

— Qu'y a-t-il à faire ce matin ?

Il me fallait interrompre les sons indécents que je produisais en engouffrant mes œufs au bacon ; j'avalais avec un bruit énorme.

— J'ai… j'ai envoyé Tommy prévenir le Dr Coffey, dit-elle. Rose dit que c'est la première chose à faire. Après, il pourra se rendre à Kildeclan chez votre ami le notaire qui nous aidera pour…

Elle regarda autour d'elle, incapable de prononcer le mot « obsèques » ou « cercueil ». À la place, elle ajouta :

— Dommage pour la voiture. Mais tu ne dois pas te faire de reproches. Vraiment pas.

— Elle ne démarrait pas, Maman. Il gelait.

— Bien sûr, dit-elle, cela n'aurait peut-être rien changé. On ne sait jamais, n'est-ce pas ? (Elle nota quelque chose sur son enveloppe.) Il paraît que quelqu'un veut me voir.

Elle pressa la petite sonnette en nacre posée sur la table, et quand Breda parut, gonflée d'importance et de réserve, elle dit :

— Que voulais-je dire ? Qui veut me voir ?

— L'intendant, madame.

— Ah oui. Dites à Foley que je suis prête à le recevoir. Dans l'entrée.

Elle se leva et sortit d'un pas résolu et affairé. Elle avait oublié l'enveloppe et le crayon à côté de son assiette. En me levant pour prendre une seconde tasse de café, j'y jetai un coup d'œil pour voir ses plans de la journée. L'enveloppe était couverte de griffonnages et de mots isolés sans queue ni tête. Plutôt infantile.

Quand je traversai l'entrée pour appeler les chiens et leur donner leur petit déjeuner, je trouvai Rose, non pas Maman, en conversation, non pas avec Foley, mais avec M. Kiely. Elle avait posé sur la table le bloc-notes de la cuisine, et je vis qu'elle y avait inscrit une liste des choses à faire, soigneusement numérotées 1, 2, 3 – rien à voir avec l'enveloppe de Maman. Je lus : 1. Près de M. Hubert. Pas dans le caveau. 2. Rayon chapeaux, Switzers, Grafton Street. Envoyer trois chapeaux de feutre noir à l'essai. 3. Couronne du personnel.

— Bonjour.

M. Kiely avait l'air très alerte dans son élégant petit pardessus.

— J'ai appris la triste nouvelle, et je suis venu voir si je pouvais vous aider pour les... formalités.

C'était un soulagement que d'entendre quelqu'un parler d'une voix normale – la première que j'entendais depuis le matin, à part celle de Maman. Le ton très homme d'affaires semblait un discret reniement de nos relations de la veille. Peut-être m'étais-je imaginé des choses, j'avais été tellement malade et bouleversée.

— Merci infiniment, dis-je. Vous nous aiderez beaucoup.

Rose reprit son bloc et s'approcha un peu.

— Madame est très reconnaissante à M. Kiely d'être venu si vite, dit-elle avec superbe, et j'ai cette liste à lui donner où il trouvera inscrits tous ses désirs concernant la situation présente.

M. Kiely détourna les yeux de Rose et me regarda.

— Vous pourriez peut-être venir à mon bureau pour téléphoner ? suggéra-t-il.

C'était comme s'il avait dit à Rose de ne pas se mêler de tout cela. Il lui prit doucement la liste des mains, et me la lut à voix haute, enlevant par là tout sens à sa présence, et cela me plut. Debout à côté de lui, je regardai la page en faisant quelques suggestions.

Rose nous quitta, sans faire de bruit, comme le doit une servante, mais elle revint quelques minutes plus tard, encourageant, guidant et presque contraignant Maman à traverser les froides étendues de l'entrée pour nous rejoindre. Elle resta debout derrière Maman, comme pour la soutenir, ou lui suggérer ou rappeler discrètement une réponse si besoin était.

Maman donna à M. Kiely le bout de ses petits doigts bien tendus et inclina brièvement la tête à ses condoléances.

— Rose pense qu'il y a encore quelques questions à régler pour demain.

— Pas demain, Maman, dis-je. C'est trop court.

— Peut-être, Aroon, devrais-tu me laisser discuter de cela avec M. Kiely. Voulez-vous venir à la bibliothèque ?

Elle fit demi-tour, pensant qu'il allait la suivre, mais il se tourna vers moi.

— Je me suis arrangé avec le garage pour qu'ils aillent chercher votre voiture…

— Ma voiture. Très gentil de votre part, dit Maman, le corrigeant et l'approuvant à la fois.

— … et qu'ils envoient la facture à mon bureau, termina M. Kiely, s'adressant toujours à moi.

— Si seulement nous avions eu la voiture hier soir, dit Maman, comme si on lui arrachait chaque mot avec des pincettes. Enfin, ajouta-t-elle, mieux vaut ne pas y penser.

Je restai atterrée de cette remarque, donnant à penser que Papa aurait vécu, n'était ma stupide incompétence ou ma négligence en matière de voiture. Si j'avais été chercher le Dr Coffey quand Rose était entrée en hurlant dans la cuisine, Papa serait quand même mort dans l'heure. Il y eut un silence, puis Maman reprit :

— Rose, voulez-vous venir avec nous et apporter votre liste ?

Rose me jeta un regard poli et apitoyé en fermant la porte de la bibliothèque.

Parce qu'elles m'avaient mise à l'écart, j'étais encore debout dans l'entrée, ruminant furieusement mes griefs, quand arriva le Dr Coffey.

— Ma chère enfant, cela n'aurait pas fait la moindre différence si j'avais passé toute la nuit à son chevet.

Au lieu de sa hâte habituelle à passer au malade suivant, il semblait avoir tout son temps devant lui pour écouter ce que j'avais à lui dire.

— Je sais qu'elle lui donnait du whisky, insistai-je. (Il fallait bien que je le dise.) Je vous avais prévenu, n'est-ce pas ? C'est ça qui l'a tué, n'est-ce pas ?

— Quoi qu'elle lui ait donné, dit le Dr Coffey, cela n'a rien changé. Et s'il est mort heureux, n'est-ce pas préférable ?

— Il n'est pas mort heureux. Sa respiration – si vous aviez été là…

— Il était inconscient, ma chère enfant.

Il prit mes mains qu'il serra fortement dans les siennes.

— Nous avons tous fait tout ce que nous pouvions pour lui. Dieu ait son âme, c'était un homme merveilleux.

— Pourriez-vous dire à Maman que cela n'aurait rien changé si la voiture avait été là ?

— Mais oui, naturellement. C'est la pure vérité. Et essayez de ne plus penser au whisky. Il est mort de causes naturelles, et Rose a été une infirmière admirable.

— Oh, je sais. Elle était assise à côté de lui pour réchauffer son mauvais pied quand je suis rentrée cette nuit, enfin, ce matin, je ne sais plus.

— Il est mort de causes naturelles, répéta le Dr Coffey d'un ton définitif.

Il ne parla plus de Rose. Je venais de reconnaître explicitement son dévouement, et cela semblait lui avoir coupé la parole.

— Je vais monter voir le Major, dit-il, comme s'il s'agissait d'une visite habituelle.

Je m'attendais presque à ce qu'il sortît une couple de bécasses de sa voiture. Il faisait un temps idéal pour les bécasses, pensai-je. Les chiens s'approchèrent de moi sans enthousiasme tandis que je frissonnais dans le froid familier de l'entrée. Ils semblaient laids et découragés. Je réussis tout juste à empêcher l'un d'eux de pisser sur le rideau en serge – leur urinoir préféré par temps froid. Ils évoquèrent à mes yeux une image de moi-même, claire et nette : la fille célibataire qui ne joue pas au bridge, et qui passe sa vie à sortir les chiens. Maman et Rose disposeraient de moi, de Temple Alice, jusqu'à ce que je sois vieille ou, au mieux, que j'atteigne l'âge où le passé n'aurait plus guère d'importance pour moi. Et elles allaient peut-être m'affamer aussi – l'idée me paniqua. Maman ne mange rien, et Rose ne cuisinera pas que pour moi. Elles prendront plaisir à m'affamer. Cela s'appellera économiser. Les filles qui vivent chez leurs parents sont censées s'occuper des fleurs. Maman s'occupe des fleurs…

M. Kiely sortit à ce moment-là. Quelqu'un ferma la porte derrière lui. Sans doute Rose, qui nous surveillait par l'une des fenêtres qui encadraient la porte d'entrée, un renard derrière sa vitre. Comme s'il avait compris, il pressa le pas vers sa voiture.

— Tout est réglé, je crois.

Je ne pouvais pas être ignorée, une fois de plus. Il fallait que je sache, pour ne pas avoir à demander à Rose.

— Jeudi. Quatorze heures. Je vais téléphoner au *Times* et au *Irish Times* et j'enverrai les autres télégrammes… Switzers… fleurs… et vous, vos fleurs ?

Ainsi, elles avaient oublié de m'inscrire sur la liste du fleuriste.

— S'il vous plaît, dis-je, pas de chrysanthèmes.

— Pas de chrysanthèmes, nota-t-il. Je m'assurerai qu'ils envoient quelque chose de très bien.

Plus tard dans la matinée, la voiture qu'on nous avait ramenée devint l'objet d'une lugubre hostilité. Trop tard maintenant, semblaient dire tous les yeux. Les têtes se tournaient vers moi, accusatrices, apitoyées. À mesure que le jour se traînait, je me sentais lésée, plus chagrinée, plus rejetée que jamais. Mon chagrin pour Papa et mon agonie pour Richard ne faisaient qu'un. Je ne voyais aucune fin possible à mon malheur. De plus, je fus en proie à une faim dévorante pendant toutes les heures précédant le déjeuner. Et, quand le déjeuner arriva, je sentis tout au long les yeux de Maman, attristés et incrédules, braqués sur mon assiette. C'était du poisson. Délicieux. Rose apporta à Maman un œuf brouillé dans un minuscule pot en grès. D'ordinaire, c'était Breda qui servait à la salle à manger, mais aujourd'hui tout était désorganisé ; les domestiques chuchotaient, ravis de ces tristes changements.

— Essayez de manger, madame ; c'est un œuf de la poule naine.

Rose regarda d'un air accusateur mon assiette à moitié vide.

— Je savais que vous n'arriveriez jamais à avaler le poisson du Major.

J'eus l'impression d'être une cannibale, une cannibale affamée, et très antipathique. Je terminai mon poisson, sous leurs regards pleins d'une dérision satisfaite.

— Je n'ai rien pu avaler, dit Rose. À part une tasse de thé. De thé léger.

Le lendemain, les télégrammes affluèrent. Des garçons se relayaient pour les apporter de la poste, par paquets. Rose les empila sur le secrétaire de la bibliothèque, trouvant une sombre satisfaction dans le nombre de ces tributs. Maman considéra le tas de télégrammes avec un dégoût non dissimulé.

— Il faut les ouvrir, je suppose ?

— Voulez-vous que je le fasse ?

Une partie de l'affection et de la sympathie m'appartenait, et c'est toujours agréable d'ouvrir des enveloppes.

— Non, merci.

Elle s'assit devant le secrétaire, puis je l'entendis déclarer d'une voix tranchante et définitive :

— Certainement pas – c'est bien la dernière personne que j'aie envie de voir.

— Vous n'avez aucune obligation envers personne, n'est-ce pas ? Ils comprendront.

— Lui ne comprendra pas. Il a l'intention de rester. Lis.

Elle me tendit le télégramme.

« Arrive pour obsèques. Wobbly. »

Wobbly – le père de Richard. L'ami de Papa. Je me sentis rougir du désir de le voir.

— L'ami le plus infantile que votre père eut jamais, dit-elle d'un ton patient. Sa blessure (même maintenant, elle ne parlait jamais de la jambe de bois de Papa) – il a été blessé à cause d'une folle escapade de Wobbly pendant la guerre. On lui doit aussi Mme Brock. Et puis Hubert…

Elle porta le revers de sa main à sa bouche, en grand danger de manquer aux bonnes manières, mais elle se rattrapa à temps.

— Je vais simplement lui télégraphier : NE VENEZ PAS. (Elle nota.) Porte cela pour moi à la poste.

Ce fut la première et la seule mission qu'elle me confia, et cette mission signifiait la perte d'un dernier contact. Dans la pénombre de la poste, je recopiai le message sur un formulaire, et je pensai soudain qu'il serait bien facile de remplacer NE VENEZ PAS par VENEZ, mais je surmontai la tentation. On découvrirait la vérité. D'ailleurs, cela n'aurait rien changé. Tard dans l'après-midi, un autre télégramme arriva, disant : « VENEZ ME CHERCHER LIMERICK TRAIN MARITIME JEUDI MATIN. WOBBLY. »

— Que dois-je faire ? dit Maman à Rose qui avait apporté le télégramme.

Quand elle posait une question à Rose, c'était comme si elle se déchargeait d'un fardeau.

— Il viendra aux obsèques, décida Rose, mais il ne restera pas. Quand il aura vu la chambre jaune, il s'arrangera pour reprendre le train de nuit.

Leurs yeux se rencontrèrent. Quelque chose comme de la méchanceté fulgura entre elles.

— Ce serait peut-être le mieux, acquiesça Maman. Et Mlle Aroon pourra aller le chercher au train – ce serait moins cher qu'un taxi. Non que l'essence soit bon marché. Et tous ces télégrammes dont le port doit coûter des livres et des livres.

— Ah, ne vous inquiétez pas, madame, dit Rose. Cela sera pris sur la succession.

Je gardai le silence. J'avais trop peur que toute marque d'approbation de ma part ne les poussât à modifier leur décision. Quelque profonde que fût ma souffrance, le désir brûlant d'entendre parler de Richard, de garder le contact, pulsait en moi comme les élancements d'un panaris. De plus, voir le compagnon des escapades de jeunesse de Papa, c'était explorer un moment triomphant de sa vie, un endroit où je pourrais le voir, bien différent de la poupée docile qu'il était devenu. La poupée avec laquelle je n'avais pas eu le droit de jouer. J'avais lutté pour préserver mes droits sur lui, et avais à l'évidence perdu. Plus clair que le souvenir de sa course à travers champs pour me sauver quand le cheval d'Hubert s'était emballé, se leva un autre souvenir : sa trahison lors de ma dernière visite, sa soumission docile à la dérision muette de Maman. Fantômes et relents de perfidie surgirent du passé, évoquant la pitié, non l'amour.

La nuit de sa mort, quand, dans ma détresse, j'étais entrée pour trouver un peu de réconfort à l'aider, Papa n'avait besoin de personne, que de Rose – Rose qui l'avait tué avec ses gâteries et son whisky. Moi, je lui aurais donné n'importe quoi sauf du whisky. Certainement qu'il aurait dû avoir plus besoin de moi.

34

Debout en compagnie de voyageurs inconnus, j'attendais le train dans le froid de la gare lugubre. Des plumets de vapeur s'élevèrent, fortifiés par le sifflement de l'eau sur la cendre et le fer chauds. Une petite locomotive placide fit un suprême effort et démarra, tirant son train et ses rares passagers à l'air important. Les rails déserts prirent une sorte de magnificence. Au-dessus de ma tête, les poutres en fer et les arcades sonores de la gare vide se fondirent avec le vide de mes espaces intérieurs. J'attendais, dans le froid refuge qu'ils m'offraient, me passant de temps en temps la langue sur les lèvres, les mordillant. C'était un soulagement. C'était une occupation.

Pour le moment, les activités journalières qui se déroulaient sans me prêter la moindre attention me calmaient : le cérémonial qui entoure les trains, par la distance même qui le séparait de ma vie, m'égayait un peu. Un magnifique contrôleur, comme empaillé, avançait sur moi sans me voir, très loin de la vie réelle, comme un grand pantin. Je sentis que c'était le moment de m'informer de l'arrivée du train. Il se contenta de secouer la tête, porteur d'un mystère insondable.

— Il est en retard.

Voilà tout ce qu'il me dit.

Le train aurait aussi bien pu franchir des kilomètres de steppes, poursuivi par les loups ; il n'en répondait pas. Je décidai que j'avais le temps d'aller aux toilettes, et c'est de là que j'entendis le fracas du train qui s'arrêtait, crachant de la fumée, et le claquement des portes qui s'ouvraient et se fermaient, les appels aux porteurs, les réponses, les chariots cahotant sous les fenêtres givrées des toilettes, les pas se dirigeant résolument vers leur but. Dominant ces bruits ordinaires, une voix, aussi directe qu'une voix d'enfant, s'éleva et flotta dans l'air :

— Le bar est-il ouvert ? demanda-t-elle.

— Naturellement, monsieur.

— Ah, parfait. Pouvez-vous me dire à quelle heure part le train de cinq heures et demie pour Cork ?

— À cinq heures et demie, monsieur.

— Ah, parfait. C'est bien ce que je pensais.

— On vous attend, monsieur ?

— Je l'espère. Surveillez cela pour moi, voulez-vous ? Et gardez l'œil là-dessus. N'y touchez pas. Surveillez-le, c'est tout. Je ne veux pas l'emporter au bar…

La voix ne pouvait appartenir qu'à l'ami de Papa. Quand je sortis, je vis son porteur immobile à côté d'une luxueuse valise en cuir, avec une couverture en poil de chameau et un pardessus noir soigneusement pliés dessus. Sur le tout, comme sur une tombe fraîche et rebondie, une énorme couronne d'orchidées, renforcée de fil de fer et de mousse, et doublée d'une haie de houx. Des orchidées pour Papa, pensai-je ; quelle revanche. Avec les orchidées, se leva une claire image de Papa aux bals de la chasse, entouré d'admiratrices exotiques. Il ne pouvait plus danser à cause de sa jambe, il n'avait jamais beaucoup parlé et maintenant il ne parlerait plus jamais, mais son rayonnement enchanteur était impérissable.

Des larmes me montèrent aux yeux, larmes pour lui, non pour sa mort. Je les ravalai avant que le Major Massingham, l'ami interdit de Papa, celui qui avait autrefois fouetté Richard, et qui, de sa lointaine magnificence, avait paralysé et effrayé Mme Brock, ne se ruât vers moi. Je vis un gentleman vieillissant en pardessus de tweed, coiffé d'un chapeau mou marron clair incliné selon un drôle d'angle absurde. Il me prit la main.

— Comme c'est gentil de venir m'attendre. Vous… ? Vous êtes… ?

— Je suis Aroon.

— Naturellement. Dieu vous bénisse, ma chère enfant. Quel jour terrible pour vous. En fait, c'est la fin d'une époque pour nous tous. Mettons mes bagages dans votre voiture, voulez-vous, puis nous prendrons quelque chose pour calmer nos nerfs. ATTENTION, cria-t-il au porteur qui prenait les orchidées et le houx. Mon ami, ne tenez pas cela ainsi. Vous allez la faire tomber et tout gâcher.

Il manipula la couronne avec précaution.

— J'ai pris une cabine particulière pour elle cette nuit, dit-il. Une seule couchette dans la mienne. Qu'en pensez-vous ?

— C'est magnifique.

— Oui, c'est aussi mon avis.

Quand nous eûmes refermé la porte de la voiture sur la couronne et les bagages, et qu'il eut donné au porteur un petit pourboire (il ne faut jamais exagérer en rien) nous retournâmes au bar.

— Donnez-moi du porto et du cognac, dit-il d'un ton décidé, et je vais vous faire une de mes spécialités. Avez-vous un citron ? demanda-t-il à la serveuse derrière le comptoir. Brave enfant. Parfait. Maintenant, il nous faut une bonne dose de cognac et une petite bouteille de ginger ale. C'est essentiel. Indispensable. Maintenant, dites-moi si vous aimez.

— Oui, beaucoup, dis-je.

Nous nous assîmes près du feu, devant une table en marbre à pieds en fer.

— Nous reviendrons à temps pour le train de cinq heures et demie, n'est-ce pas, dit-il, regardant d'un air malheureux la pendule qui marquait onze heures trente. C'est loin, Temple Alice ? Et les obsèques sont à deux heures ? J'imagine qu'il n'est pas possible de presser un peu les choses ? Non, bien sûr que non. À quelle heure est le déjeuner ? Voilà la question. Quelle question !

N'ayant pas de réponse à sa question, je lui demandai s'il avait fait bon voyage.

— Ma femme était contre, dit-il d'un air distrait. Mon cœur, vous comprenez, mon vieux cœur. Et votre mère ne voulait pas que je vienne non plus. Elle a toujours dû penser que j'avais sur lui une mauvaise influence.

— Oui, dis-je.

Il me lança un regard de corneille.

— Il vous manquera beaucoup, ma pauvre enfant. Nous avons tous nos problèmes. Et Hubert. Tragique.

Il posa sa main sur le dos de la mienne et la retira aussitôt.

— Il faudra que je me change avant le déjeuner. Ne vaudrait-il pas mieux partir ?

— Il fait plus chaud ici.

Tout s'épanouissait pour moi. Une aisance nouvelle montait en moi, s'emparait de moi. J'allais le dire. C'était facile.

— Comment va Richard ?

Je l'avais dit.

— Oh, mon petit, mon petit.

Il me regarda ; il y avait des larmes dans ses yeux bleus veinés de rouge.

— Il est dans un pétrin épouvantable.

J'allais me montrer magnanime.

— Elle est ravissante, dis-je.

— Tout cela me dépasse, dit-il.

J'allais me montrer plus que magnanime.

— J'espère qu'ils seront très heureux.

— Si c'est là son idée du bonheur…

— Il doit être heureux.

Je voulais l'entendre le nier.

— Mal parti depuis le début.

Il secoua la tête et contempla son verre.

— Lire des livres dans les arbres, Nannie avait raison, c'est malsain ces choses-là. Puis il y eut cette gouvernante – nous l'avons renvoyée. Elle y est pour quelque chose. Drôle de personne. Elle retrouvait des objets. Elle nous avait quand même donné plusieurs gagnants, mais c'est allé un peu loin. Mme comment ? Je ne me rappelle plus.

— Mme Brock. Elle est morte noyée.

— Noyée ? Vraiment ? C'est bien triste. Puis le valet de chambre, assez innocent tout ça, bien entendu, mais nous l'avons chassé aussi. Nannie pensait qu'il avait une mauvaise influence – on fait de son mieux. Ennuis à l'école, mais qui n'en a pas après tout ? Passons, mieux vaut passer, je me dis toujours.

— Mais il sera heureux, maintenant, insista-je.

Il fallait que je l'entende me contredire. C'était mon droit.

— Comment le savoir ? Inutile de me le demander. Terriblement bouleversé pour Hubert. Quel malheur – nous espérions que ce safari ruineux l'aiderait à s'en sortir. Et puis, il revient à la maison avec des têtes et des cornes magnifiques, et il se met dans ce pétrin. Pauvre petite, elle est retournée.

Mon cœur ne pouvait plus contenir l'espoir qui le gonflait à se rompre. Comment demander ?

— Voulez-vous dire… ?

— Oui. C'est bien ce que je veux dire.

On aurait dit un bébé aux yeux bleus, furieux d'une souffrance qu'il ne sait pas exprimer.

— Il a rompu ses fiançailles, renoncé à son majorat, bouleversé sa mère, et il est reparti au Kenya faire de la culture avec Baby Kintoull.

Le triomphe retomba, l'espoir s'envola – rien ne changeait. Le courrier arrivait tous les jours, et pas de lettre pour moi. Je me passai la langue sur les lèvres, de nouveau seule. Baby Kintoull – je la voyais en pantalon de gabardine et chemise à col ouvert, blonde et bronzée. Autant savoir le pire.

— Elle est ravissante, j'imagine ?

— De l'allure, corrigea-t-il.

— Mariés ?

— Mariés ?

Il écarquilla ses yeux bleus.

— Je ne crois pas que vous m'ayez compris, dit-il doucement. (Puis, après un silence.) Ils partageaient une chambre à Eton. Prenons un autre verre, dit-il.

Il s'approcha du bar et me laissa seule sous l'immense voûte du ciel. Maintenant, je savais pourquoi le plafond de la gare s'élevait au-dessus des têtes en une arche triomphale ; pour que mon bonheur tout entier puisse s'y dilater. Quand il posa les verres devant nous, mon âme se pencha vers lui, comme penchée à la fenêtre de moi-même par un beau jour d'été.

— Merci, dis-je.

J'aurais voulu le remercier de m'avoir donné un moment de bonheur, uniquement comparable à ce moment ailé où Richard m'avait embrassée. Mais il fallait que je me contente de le remercier pour la consommation. Il but son troisième porto-cognac comme par devoir et regarda mon verre d'un air indécis.

— À quelle heure déjeunons-nous, m'avez-vous dit ? Il serait peut-être temps de partir.

— Nous avons l'éternité devant nous, dis-je.

Je voulais rester là, dans cet endroit chaud et accueillant, où le temps souriait, filait comme en rêve, où même les bouteilles sur les étagères semblaient plus que réelles, plus bouteilles que des bouteilles, véritablement elles-mêmes. La vérité était si facile à voir et à dire, totalement croyable quand elle se révélait. Mon coude glissa de la table. Je l'y reposai.

— Il va falloir que je me change avant le déjeuner.

— Vous savez (les mots sortaient tout seuls de ma bouche), ça m'étonnerait qu'un déjeuner soit prévu.

— Oh, j'ai du mal à vous croire.

— Et voilà autre chose que vous aurez du mal à croire (j'étais libre ; je pouvais dire tout ce que je voulais) – Richard m'aimait.

— Il faut absolument que j'attrape le train de cinq heures et demie.

— Vous ne me croyez pas ?

— Je sais que vous ferez tout votre possible pour me ramener à temps.

— Bien entendu.

— Alors, finissez votre verre, comme une enfant sage. Et partons.

Il n'avait pas compris ce que je lui disais ; un peu éméché, sans doute, après tous ces porto-cognac. Moi, j'avais toute ma tête, claire comme une cloche. On sonnerait la cloche pour Papa.

— Vous avez entendu ce que j'ai dit ?

— Je me demande s'ils nous prépareraient un sandwich au jambon ?

Je ne suis pas goinfre pour tout ce qui est nourriture ou boisson. Mais si c'est à ma disposition, autant en profiter, voilà ma devise.

— Quelle bonne idée, acceptai-je. Et vous me croyez ?

— Bien entendu. Absolument. Vous avez bien dit qu'il y a trente kilomètres d'ici à Temple Alice ?

— Vingt-neuf trois quarts ; nous n'en aurons pas pour longtemps.

Je parlai distinctement, répétant « trois quarts » en articulant bien, parce que je pensais vraiment qu'il n'avait plus toute sa tête. Il alla au bar, d'un pas mal assuré, me sembla-t-il ; encore heureux que je conduise. Il revint avec une assiette de sandwichs et un pot de moutarde, et posa l'assiette devant moi.

— Du carton. Et cette charmante jeune fille me dit que je peux me changer dans le bureau du chef de gare. Il y a un grand feu dans la cheminée, dit-elle, et le chef de gare acceptera avec plaisir. C'est ce qu'il y a de mieux à faire, n'est-ce pas ?

— Et vous n'aurez pas à voir Maman, ou à peine.

— C'est un avantage, aussi. Mangez comme une fille bien sage. Votre voiture est fermée à clé ?

— Je ne sais plus si elle ferme.

— Oh, mon Dieu, dit-il en me regardant. Ce n'est pas sérieux. Donnez-moi la clé, au cas où.

— Si j'arrive à la trouver... dis-je du ton responsable et pondéré convenant à la situation – je vous la donnerai. Mais ne la perdez pas.

Après une fouille en règle de mon sac, je me souvins clairement que la portière ne fermait plus depuis des années, mais je lui donnai la clé de contact car il avait l'air inquiet et je voulais que tout le monde soit heureux, maintenant que je savais que Richard n'allait pas épouser une fille ravissante. S'il devait revenir à moi du bout du monde, je l'attendrais pendant un millier de safaris.

Que dirait-il ? Maintenant, je me demandais ce qu'il dirait quand il viendrait me chercher. Je ne trouvai pas, mais je me vis distinctement dans une maison basse (quoique spacieuse) au toit de chaume, au pied du Kilimandjaro, entourée de domestiques qui s'inclinaient très bas, et faisaient une cuisine délicieuse. Quelques années de bonheur dans les montagnes et le soleil, puis, quand Maman mourrait – mon souffle s'arrêta un instant –, nous reviendrions (avec nos deux adorables petits garçons) à Temple Alice. Peut-être installerais-je Rose dans la loge du portier, mais je n'y ferais pas mettre les toilettes, et elle irait puiser son eau au puits et ramasser le bois mort pour son feu dans la frênaie. Je la vis, vieille femme accroupie sous les arbres gelés. Elle recevrait de moi un cardigan neuf tous les ans à Noël. Je me sentis planer au-dessus de l'avenir, tout l'entre-deux aboli. La pensée de Papa ne m'apportait que bonheur. Comme j'étais contente de lui avoir dit que nous étions amants, Richard et moi, surtout maintenant qu'il ne pouvait plus en douter ni me trahir.

— Voulez-vous m'en apporter un autre ?

La serveuse du bar sembla hésiter.

— Un petit cognac, mademoiselle ? dit-elle, incertaine.

Elle ignorait vraiment ce que je fêtais.

— Un grand cognac, s'il vous plaît. Et servez-vous-en un aussi.

L'envie d'être bonne envers tout le monde me terrassait.

— Soyez heureuse, lui dis-je. Je veux que vous soyez heureuse.

Elle posa le verre et une petite bouteille de ginger ale sur la table à côté de moi et détala nerveusement vers le bar. Avec soin, délicatesse et précision, je versai le ginger ale, juste assez, et pas une goutte de trop, dans le cognac, et étendis mes jambes devant le feu.

À ce moment, le père de Richard revint. Il se pencha sur moi.

— Pouvez-vous vous lever ?

— Inutile de crier.

Je ne voulais pas que tout le monde se rende compte qu'il était, comme disait Papa, un peu parti.

— Je ne suis pas sourde.

— Alors, venez, ma chère enfant ; nous allons manquer la cérémonie.

— Oui. Il ne faut pas manquer l'enterrement de Papa, n'est-ce pas ? prononçai-je lentement, très aimable.

Je le détaillai. Il portait un pardessus noir, si ajusté qu'il lui enlevait au moins dix kilos. Je pensai à Napoléon. Non. À un officier russe. Les minces rayures de son pantalon se rapprochaient et se séparaient sous mes yeux.

— Je suis contente que vous soyez si élégant.

— Votre tête n'est pas aussi solide que celle de votre père.

— N'insultez pas mon père. J'aime mon père.

Je n'arrivais pas à ressentir de la colère.

— C'est parfait – moi aussi. De tout temps.

— Et pour toujours. Dites-le.

Je posai ma main sur la sienne. Il s'en saisit et me remit debout. Je le dominais de toute ma taille, en riant. C'est drôle, ça ne me faisait rien d'être grande. Plutôt agréable. Mais j'avais quelque chose à faire. Payer ma consommation. Il fallait faire les choses dans les règles. Au bar, je donnai à la serveuse un billet d'une livre.

— Non, non, non.

Il ne voulait pas en entendre parler.

— Non, non, non. (À mon tour de le dire.) C'est moi qui ai eu l'idée.

— Ne dites pas de bêtises. (Il fourra le billet dans mon sac.) Vous vous sentez bien ?

Il semblait si inquiet que je me mis à rire. Étourdie de rire et de bonheur, je me retins à un pilier. La gare semblait chanceler ; elle avait besoin de support. À ce moment, j'aurais pu porter le monde sur mes épaules. Ma force et ma certitude étaient sans limites. Même quand je glissai et tombai sur une plaque de glace, dehors, je m'abattis en lui pardonnant sa traîtrise, et quand j'essayai de me relever, je riais et gémissais en même temps, à cause de la douleur lancinante de ma cheville.

— Nous voilà dans de beaux draps, dit-il. Je ne peux pas vous porter, n'est-ce pas ? Hors de question. Restez où vous êtes, je vais chercher un porteur vigoureux.

Je restai donc assise sur les pavés, immobile comme une souris, ignorant ma douleur, jusqu'à ce que j'entendisse sa voix qui se rapprochait.

— Mon amie n'a vraiment pas de chance. Elle a dû se casser quelque chose, ça ne m'étonnerait pas. Elle ne peut pas poser le pied par terre, et il est peu probable que nous déjeunions avant ou après ces obsèques.

— Il y a un wagon-restaurant dans le train de cinq heures et demie.

C'était une voix officielle. Le chef de gare me dominait de tout son haut, illuminé de galons dorés.

— Peut-être deux œufs pochés ? insistait le Major Massingham.

— Triste occasion pour des œufs pochés.

Le chef de gare pensait à Papa, je le savais, mais pourquoi parlait-il d'un ton si désapprobateur ?

— Merci, dis-je, il nous manquera terriblement.

Je parlais très distinctement.

— Pauvre enfant… dit le chef de gare, accusateur, au Major Massingham.

— Tout est de ma faute.

Je le trouvai très gentil de prendre sur lui toute la responsabilité du sol glacé et de ma chute. Très gentil.

— Si vous me soutenez tous les deux, chacun d'un côté, dis-je, je pense que je pourrai sautiller jusqu'à la voiture.

— Pourquoi pas ? dit le chef de gare.

Doucement, gentiment, ils soutinrent mes pas. J'étais pénétrée du réconfort de leur aide. Je m'appuyais sur chacun d'eux tour à tour, me distribuant aussi justement que j'en étais capable. Le Major Massingham sentait délicieusement bon. Le chef de gare sentait ce que sentait la gare : vapeur brûlante sur fer chaud, pieds chauds sur dalles froides. Je m'appuyai sur lui plus pesamment pour lui montrer que je n'avais pas de préjugés.

— Doucement, disait-il sans arrêt, doucement.

Quand j'eus sautillé jusqu'à la voiture, le Major Massingham m'abandonna dans les bras du chef de gare.

— Ce n'est pas un modèle T original, n'est-ce pas ? C'est impossible. Je n'en ai encore jamais conduit.

— Nous pouvons demander un garçon au garage.

— Oh non. Quel plaisir. Je vais conduire. J'en ai toujours rêvé.

— Le onze heures quarante-deux va arriver, il est midi dix.

Le chef de gare avait l'air décidé à nous quitter. Je le serrai plus étroitement.

— N'y pensez pas, lui dis-je. Vous avez été si gentil, si merveilleux.

Quand ils m'eurent assise dans la voiture, et enveloppée dans la couverture bleue à doublure de fourrure increvable, des larmes me montèrent aux yeux.

— Lâchez sa main ; il faut vraiment que nous partions.

Le Major Massingham s'installa au volant, tout excité.

— Lequel de ces trucs est l'accélérateur ? Ne me le dites pas, ne me le dites pas. Que c'est amusant. Changement de vitesse ? Ah, j'ai trouvé. Enfoncer pour la première ? Ne vous inquiétez pas, j'ai lu des articles. Frein à main ? Voilà. En voiture…

Les orchidées de Papa sautaient et tressautaient sur le siège arrière. « Ne jamais regarder en arrière », me disais-je, « et ne pas distraire le chauffeur. » Non que ce fût nécessaire. La douleur de mon pied s'était un peu calmée, et une tiédeur fiévreuse et sirupeuse m'envahissait. Comme s'il comprenait à quel point j'étais heureuse, le Major Massingham se mit à chanter en conduisant : « Murmurant pour vous »… il siffla la mesure suivante, et je me trouvai transportée dans le passé, par un beau soir de septembre… passé, avenir, et à jamais, que tout soit toujours comme cela, mon Dieu, que le temps s'abolisse et la souffrance et le doute.

— Allons, réveillez-vous, redressez-vous.

Il secouait ma tête tombée sur son épaule. J'ouvris les yeux. Les murs du domaine assombrissaient la route. Les arbres dénudés laissaient passer la lumière hivernale. Nous étions près de l'église et de la grille.

— Redressez-vous, insista-t-il. Je vous en prie.

Il avait été si gentil que je tentai de lui obéir. Je me redressai, très digne, nous passâmes devant la foule qui attendait devant l'église, et nous remontâmes l'avenue jusque devant Temple Alice.

— Nous avons réussi, dit-il. Je déteste être en retard. C'est grossier. Vous vous sentez mieux ?

— Très bien, dis-je. Merveilleusement bien.

Il arrêta la voiture à un bout de l'aire de gravier s'étendant devant la maison, puis se contorsionna pour attraper ses orchidées, descendit, et se mit au garde-à-vous, rigide et tête nue, m'oubliant complètement, les yeux fixés sur la charrette de la ferme, repeinte en bleu eucalyptus, avec les rayons de ses roues d'un beau rose vif dans la lumière. Le cheval placide émettait des nuages de buée qui planaient bas dans l'air, tandis que quatre paysans descendaient le perron en portant Papa ; lentement, maladroits comme de grands crabes, ils descendaient de côté, se donnant mutuellement des instructions de leur voix de tous les jours.

Le Major Massingham s'éloigna, bien décidé à déposer ses orchidées, et je faillis l'appeler pour m'aider, car je savais, bien que planant sur mon nuage, légère comme une plume, que ma cheville pouvait céder sous moi si je marchais seule, sans chef de gare d'un côté, sans étranger parfumé de l'autre. Mais je vivais dans une nouvelle réalité. Et je continuerais à y vivre, confiante en mon espoir. J'étais certaine que si je pouvais approcher de Papa, même atteindre la charrette avant qu'elle démarrât, il connaîtrait le bonheur qui m'embrasait, comme il l'avait connu quand je lui avais révélé que Richard et moi étions amants.

Mon poids, quand je me risquai à le faire porter sur mon pied, me sembla supportable ; j'aurais pu traverser tout droit l'aire de gravier n'était l'air froid et sec qui affectait mes mouvements et engourdissait bizarrement mes genoux. Les hommes me regardaient d'un drôle d'air, et je vis Wobbly poser précipitamment ses orchidées contre une roue de la charrette et revenir en toute hâte me soutenir sous le bras. Puis, je pus me cramponner à la charrette ; me soutenant contre elle, j'essayai de me rappeler ce que je voulais dire à Papa.

Mais il était trop tard pour le dire, car Maman sortait de la maison, s'interposant entre nous, comme toujours. Tandis qu'ils déposaient Papa dans la charrette tapissée de paille, elle resta en haut du perron, calme et réservée. Forte, attentive, et nette comme un paquet d'épingles noires, Rose se dressait derrière elle ; je vis derrière Rose M. Kiely et deux hommes vêtus de noir, chargés et enguirlandés de fleurs ; puis Maman, regardant par-dessus son épaule de son air le plus naturel, leur fit signe de la précéder avec leurs chargements de tributs soigneusement étiquetés.

Elle était maintenant au bas du perron, avec son nouveau chapeau noir qui s'arrondissait autour de son visage, suivant sa théorie de la parfaite inclinaison, et son voile semblait plus léger que l'air sur son visage froid. Sa main gantée de noir tenait le col de son vieux manteau bien serré sur sa gorge ; son deuil était parfaitement mesuré.

Toujours derrière elle, venait Rose, vigilante et dévouée. Sauf qu'elle ne portait pas de voile, elle était noire comme une seconde veuve. Sa tenue devait lui avoir coûté six mois de gages. Nous étions proches, maintenant ; le visage de Maman, douloureux et bouleversé, flotta jusqu'à moi, et le visage de Rose, bizarrement satisfait, vint se fondre avec lui. C'est à ce moment que ma cheville céda, et ni le soutien du Major Massingham, ni ma prise sur la voiture ne purent prévenir ma chute. Je me fis l'impression d'une maison qui s'écroule, et, tout en tombant, j'entendis une voix qui disait :

— Terriblement désolé, terriblement. C'est ma faute, absolument ma faute.

Et la voix de Maman, la voix avec laquelle elle me parlait tous les jours :

— Quelqu'un aurait-il l'obligeance de la transporter dans la maison ?

Les deux messieurs en noir s'avancèrent. Ils me soulevèrent, montèrent le perron et me déposèrent dans la bibliothèque, aisément, professionnellement ; sans doute avaient-ils l'habitude de manœuvrer des corps de tous les gabarits.

— Complètement saoule, la pauvre petite, entendis-je l'un d'eux dire à son compère comme si j'étais un cadavre.

M. Kiely plaçait un coussin sous mes genoux.

— Comme vous êtes gentils, dis-je, me rappelant Mary Ann.

Mais ils me tournaient le dos, ils allaient me laisser seule sur le canapé de la bibliothèque, loin de la fête. Non, pas la fête, bien sûr.

— Ne partez pas, dis-je en les retenant par la main.

— Faites un petit somme, et tout ira bien.

Je reconnus la voix de M. Kiely.

— Oui – allongez-vous, mon enfant, et dormez jusqu'à ce que ça passe. C'est ce que vous avez de mieux à faire, me conseilla le Major Massingham avant que l'angoisse de ses propres problèmes ne reprît possession de lui. C'est la fin d'une époque. La fin d'une époque.

Les voix s'éloignèrent, pour continuer à conspirer dans l'entrée. « ... et pas le moindre espoir de déjeuner... » Ce fut la dernière chose que j'entendis, avant d'embarquer avec le son des roues tournant lourdement sur le gravier. Je respirai à leur rythme, puis je m'endormis.

C'est le Dr Coffey qui m'éveilla, la main sur mon épaule.

Comme les gens étaient gentils. Ça ne durerait pas.

— Voyons un peu ce pauvre pied, dit-il.

Il m'ôta mon soulier tandis que je détachais gauchement mes jarretelles, et, en roulant mon bas sur ma jambe, je me souvins quel jour nous étions – celui où on enterrait Papa. L'après-midi tirait à sa fin, il était environ quatre heures. Une pluie épaisse obscurcissait les fenêtres. Le dégel était venu, et dans la lumière changée, je ressentis tout le vide solitaire du matin. Je savais que mon espoir était précaire. La certitude me quittait, comme si une personne aimée avait laissé retomber ma main avec indifférence.

— Comment était-ce ? demandai-je.

— Très froid.

C'est tout ce qu'il avait à dire sur l'enterrement de Papa ; il voulait que je pense que je n'avais pas manqué grand-chose. Il examinait ma cheville, et je serrai mon genou creusé de fossettes en prévision de la douleur attendue. J'espérais souffrir encore plus. J'espérais qu'il diagnostiquerait une jambe cassée.

— Simple petite foulure, dit-il, et je fondis en larmes. Ne pleurez pas, mon enfant. Nous ne faisons que passer sur cette terre.

Pensait-il à Papa, dehors dans le froid, ou pensait-il à l'avenir qui m'attendait, avec Maman investie de puissance, et Rose complice de sa puissance ? L'espoir, sur lequel je m'étais envolée le matin jusqu'au faîte du ravissement, s'écoulait maintenant de moi goutte à goutte. Ballottée par des courants descendants et contradictoires, je me retrouvais enfin sur terre.

— Ne faites pas attention à moi, dit-il.

Il me bandait la cheville. J'aurais voulu qu'il continue éternellement à tourner et serrer sa bande.

— Je me sens si mal, m'excusai-je.

— Ce n'est que le contre-coup, dit-il. On ne vous y reprendra pas.

— Je l'espère, dis-je. C'est à cause de cette plaque de glace.

Il me regarda d'un drôle d'air.

— Ils seront bientôt de retour. Ils rentrent à pied du cimetière.

— Sous la pluie ?

— J'ai pris de l'avance pour m'occuper de vous. Jim Kiely m'a dit que vous n'étiez pas bien.

— J'ai très mal à la tête. J'ai dû me cogner en tombant.

— C'est vrai. Vous pourriez avoir un léger traumatisme. Disons que vous en avez un. Bon, il faut que je m'en aille. J'ai une patiente en travail dans la montagne. (Il fit un pas vers la porte.) Allez-y doucement… Vous trouverez deux bécasses sur la table de l'entrée, pour vous et votre mère.

… Pour vous et votre mère… Mais Rose les préparerait-elle comme elle le faisait pour Papa ? Peau dorée et croustillante, chair rose – avec une goutte de sang perlant sur un toast ? Canapés beurrés, pommes chips et sauce au vin ? Je me le demandais. Maman ne supportait pas les bécasses.

J'eus la prémonition de ce que seraient à l'avenir les repas : spaghettis avec un peu de beurre fondu se figeant dans les profondeurs de la saucière, et quelques miettes de fromage râpé. Il y aurait des pommes au four à volonté, de la compote de rhubarbe avec du fromage blanc, du rosbif le dimanche, de la tarte aux pommes, ou de la confiture de l'épicerie avec des bouts de gingembre dedans. La maison deviendrait encore plus froide, parce que Maman ne sentait jamais le froid ; elle continuerait à peindre ses affreux tableaux, à frotter ses petites mains l'une contre l'autre, à bricoler dans le jardin avant de revenir à sa tapisserie. Mais qu'elle peigne, jardine ou brode, son aversion pour moi ne ferait que grandir à mesure que je vieillirais.

Nous continuerions à vivre à Temple Alice, et de temps en temps une corniche du plafond tomberait, ou un chien mourrait ; ce seraient les seuls intérêts et tragédies à marquer le passage des ans. Et à mesure que le temps passerait, on inventerait et on manigancerait de nouveaux moyens de me restreindre et de m'humilier. Je me voyais déjà affamée. Je garderais mon allocation pour mes vêtements afin de m'acheter à manger ; une idée secrète et réconfortante. Biscuits de carême, condiments au vinaigre, filets d'anchois, avec peut-être un paquet de sucre, pour un pamplemousse occasionnel, le tout entreposé dans ma chambre, avec une bouteille de sherry de temps en temps. Mais Rose trouverait mes provisions, et elles organiseraient une scène dont elles tireraient beaucoup de satisfaction. Je ne voyais aucun moyen d'échapper, à elles ou à moi même dans l'intervalle, et ce serait peut-être un très long intervalle, qui me séparait du retour de Richard, s'il me revenait jamais.

Avec l'impression d'être un rat pris au piège, et trop grande pour mon piège, je restais, immobile sur mon canapé, toujours vêtue de mon manteau, regardant mon pied bandé, en proie au découragement et à un embarras déconcertant lié aux excuses à demi suggérées par le Dr Coffey pour ma chute, ma double chute. Nous étions tombés d'accord que je devais m'être cogné la tête. Je me sentais encore légèrement traumatisée, et j'allais m'en tenir à cette vérité. « Le Dr Coffey pense que j'ai un léger traumatisme crânien », répétai-je en entendant des voix dans l'entrée, voix assourdies qui n'avaient pas encore retrouvé leur sonorité habituelle. Une seule voix sonnait, claire et naturelle, au milieu des chuchotements et des murmures.

— Mais je ne partirai pas sans lui dire au revoir. Elle doit se sentir bien mal.

Je sentis un silence désapprobateur derrière lui. J'allongeai ma jambe sur le canapé, regrettant de ne pas avoir aussi un bandage autour de la tête, ce qui m'aurait bien aidée.

— Alors, c'est passé après un petit somme ? dit-il. Bonne petite. Bonne petite. Quant à moi, tout va bien. Un monsieur très aimable, avec une voiture à la mode, dit qu'il m'amènera au train, au bateau même s'il le faut, ce qui ne m'étonnerait pas. Et votre charmante cuisinière me prépare quelques sandwichs. Tout ira bien. Ne vous inquiétez pas pour moi.

— Mais et moi ? (Cela sortit tout seul, en un cri de protestation.) Qu'est-ce que je vais faire ?

— Grande question. C'est la fin d'une époque tout ça, mon enfant. Mais la vie continue malgré tout, n'est-ce pas ?

Il avait l'air mal à l'aise. Il me quittait sans un mot qui comptât. Ne voulait-il pas avoir des nouvelles de mon traumatisme ? Avait-il oublié tout ce que nous nous étions dit ? Sur Richard ? Sur Papa ? Étais-je maintenant moins pour lui qu'un objet aperçu en passant d'un train en marche ? Il fallait que je coure à côté du train qui s'ébranlait, que je presse mon visage contre la vitre qui partait.

— Transmettez mon affection à Richard, dis-je, quand vous lui écrirez.

Il me regarda ; il rétablit la distance entre nous.

— Nous ne nous écrivons pas, dit-il.

Puis il se retourna à la porte, animé, chaleureux, pour dire quelque chose que je devais entendre, j'en étais sûre.

— Je dois reconnaître, dit-il, que mes orchidées étaient absolument magnifiques ; elles valaient bien toute la peine que je me suis donnée.

Maman entra seule. Elle paraissait grande, comme un petit chien peut parfois donner une impression de grandeur. Elle parlait à quelqu'un derrière elle, et je compris que Rose n'était pas loin.

— Je crois que nous devrions allumer les lampes. Il dit qu'il a quelque chose à nous lire… Il faut le faire entrer, je suppose.

Sa voix mourut, en une sorte d'obéissance lasse à l'égard du rituel, auquel il était plus facile de se conformer que de se dérober. Elle s'approcha.

— Suis-je très exigeante, ou bien quelqu'un n'aurait-il pas pu entretenir le feu ?

— Je dormais. Le Dr Coffey pense que j'ai subi un traumatisme crânien en tombant.

— D'autres personnes pensent, ma chérie, que tu étais ivre morte en tombant.

— Je suppose que c'est Rose qui le pense.

— J'ai bien peur que Rose ne soit pas la seule dans ce cas. C'était aussi l'avis du Major Massingham, et il est remarquablement bon juge.

— Maman, ce n'est pas vrai.

— C'est passé, et je n'ai pas envie d'en discuter. Pas aujourd'hui.

Je n'ajoutai pas : parce que vous me haïssez. Mais je le pensais. Je me contentai de la regarder.

Elle me rendit mon regard.

— Je t'en prie, dit-elle, tu exagères.

— Mais que dois-je faire ? dis-je.

— Ta place sera toujours ici près de moi, dit-elle d'un ton patient. Et autre chose – maintenant que toutes les responsabilités et décisions à Temple Alice m'appartiennent, j'espère que, dans les petites choses, tu te montreras plus, comment dirais-je ?, plus loyale.

— Maman, que voulez-vous dire ?

— Tu sais parfaitement ce que je veux dire – par exemple, plus d'arrangements personnels avec ton ami le notaire. Après tout, il n'est pas de notre monde.

Rose entra avec un carton rempli de petit bois. Elle s'arrêta près de Maman.

— Vous êtes glacée, madame, dit-elle comme si elle l'avait touchée.

Mais un gouffre de respect les séparait ; seule sa voix inquiète le franchissait.

— Oh, Rose, dit Maman.

Sa voix était assez changée. C'était comme un appel à une force extérieure, à une force à laquelle elle pourrait céder, sans se départir de la rigueur des bonnes manières. De nouveau, un cercle se formait – il était déjà formé. J'étais de nouveau dans la salle à manger par un beau soir d'été ou un chaud matin de septembre ; le cercle se refermait, et je restais en dehors. Maintenant, les flammes s'élevaient et crépitaient, triomphantes. Satisfaite de son succès, Rose balaya le foyer.

— Ce n'est pas à vous de faire cela, Rose. Où est Breda ?

Maman s'approcha du feu de Rose, en se frottant les mains.

— Il faudrait peut-être apporter les lampes. Il a quelque chose à nous lire, paraît-il.

Elle me regarda, assise hors de la chaleur du feu, la lumière hivernale s'assombrissant d'instant en instant derrière moi.

— Rose pourrait t'aider à monter dans ta chambre ; ce serait peut-être le mieux, enfin, si tu te sens assez bien.

Me hissant péniblement sur mes pieds, cramponnée d'une main au bras du canapé, je me dressai de toute ma hauteur, en apparence du moins, car je chavirais intérieurement dans mon univers et ma taille épouvantables.

— Si vous voulez bien m'apporter une canne de l'entrée, dis-je à Rose. J'y arriverai toute seule. S'il vous plaît.

Dans ma souffrance, je criai le mot « s'il vous plaît ».

Rose passa un bras de fer autour de ma taille.

— Ah, une canne, quelle sottise, dit-elle. Appuyez-vous sur moi. Tout ira bien.

C'était une infirmière d'acier, une gardienne investie de sa puissance, elle aussi. Sa grande autorité était un refuge, mais je refuserais ce refuge, je résisterais à l'abîme du renoncement. Je me dégageai de son bras et me tins debout toute seule.

— Oh, tenez-la, Rose, dit Maman d'une voix plaintive. Elle va se casser l'autre jambe si nous n'y prenons garde.

— Venez.

J'aurais pu être un cheval qui refuse l'obstacle tant sa voix était impérieuse et impersonnelle.

— Au lit.

De nouveau, ses mains étaient sur moi.

— Laissez-moi, dis-je.

— Je devrais peut-être faire entrer M. Kiely ?

Rose regarda Maman, s'adressant à elle pardessus ma tête comme si je n'étais pas là.

— Elle accepterait peut-être de monter avec lui.

Maman hocha la tête, en muette connivence. Leurs yeux m'effrayèrent. J'étais debout entre elles, et mon avenir m'apparut comme un cauchemar dans la certitude de leur entente.

— Je vais le lui demander, dit Rose, et quand elle sera installée, j'apporterai les boissons.

— L'*autre* sherry, n'est-ce pas, dit Maman, pas celui que vous savez.

Elle ne parla plus quand Rose fut sortie, comme réfugiée dans son chagrin tranquille et bien élevé. Elle le gardait pour elle, caché sous les bonnes manières. Ses vêtements l'habillaient gracieusement, non d'un deuil flamboyant, mais distincts des vêtements de tous les jours. Quand M. Kiely entra, la voix inchangée de Maman interdit toute idée de lamentation.

— Ah, monsieur Kiely ? dit-elle, questionnant presque son identité, comme si elle reconnaissait un inférieur par pure bonté, réussissant à se souvenir de son nom, le mettant à l'aise. On m'a dit que vous avez l'obligeance de raccompagner le Major Massingham à la gare. Il ne faut pas lui faire manquer son train, n'est-ce pas ? Alors, faisons vite…

Elle regarda la serviette qu'il portait à la main.

— J'ai apporté le document, dit-il. Si j'avais une lampe, je pourrais vous le lire.

L'obscurité s'assombrit un peu plus à ces paroles, notre grandeur et notre pauvreté réunies dans notre inconfort.

— Oui, oui, bien sûr. On va apporter les lampes. Je me demandais si vous pourriez donner le bras à ma fille pour traverser l'entrée. Je pense qu'elle pourra monter toute seule quand elle sera arrivée à l'escalier et à la rampe. Ce serait très aimable.

— Bien sûr. Avec plaisir. Aucun problème.

Il ne me parla même pas. J'étais là, debout, comme un animal estropié, qu'il faut loger, soigner et cacher. Maman me regarda comme suppliciée par le dégoût.

— M. Kiely va t'aider, me dit-elle, et je compris à son ton qu'elle me congédiait.

Mais il me prit par les deux mains, comme quand on danse avec un enfant, et me reconduisit au canapé.

— Il y a quelques petits legs et cadeaux, dit-il, détournant les yeux de moi pour les poser sur la porte. Rose Byrne est mentionnée également. Il faut qu'elles soient là toutes les deux.

— Est-il vraiment indispensable de faire cela maintenant ? implora Maman, avec un mouvement de recul, posant les pieds à plat par terre et les mains sur les bras de son fauteuil, comme pour se lever et dire : « Au revoir, enchantée, mais nous verrons cela une autre fois. »

Mais avant qu'elle ait pu mettre le point final à sa technique de fuite, Rose revint avec le plateau d'argent chargé du sherry et des verres les plus petits, suivie de Breda portant la lampe en cuivre et la lampe en argent, allumées et fleurant légèrement le pétrole, et prêtes à s'introduire dans leurs paniers respectifs. Elles engendrèrent une pénombre différente dans la pièce, étouffant l'après-midi, tout en vacillant dans ces grands espaces de lumière que ne voilaient pas encore les rideaux.

— Laissez donc ces rideaux.

Maman avait parlé d'une voix tranchante à Breda qui exécutait son rituel du soir aussi consciencieusement que d'habitude. Elle redressa la tête comme une poule offensée.

— Laissez, c'est tout, reprit Maman, un peu radoucie. Nous verrons plus tard. Merci.

Rose aussi se tourna vers la porte, s'apprêtant à sortir avec dignité. M. Kiely, qui triait des papiers sous la lampe, leva les yeux, l'air interrogateur, mais avant qu'il eût pu prendre la parole, la voix de Maman arrêta Rose.

— Restez avec nous, Rose. Il y a un message pour vous.

Rose se retourna, attendant respectueusement sans manifester aucune curiosité, son sens des convenances en tout point égal à celui de Maman. J'étais la seule à contrevenir au code. De grosses larmes, expulsées de mes yeux par des spasmes d'angoisse, rebondissaient sur mes joues et tombaient lourdement sur mes mains. Mon désespoir surpassait tout ce que j'avais pu éprouver en amour, pour Richard, pour Papa, pour Hubert. À ce moment, je me sentais totalement dépossédée. Le canapé craquait et protestait sous mes sanglots.

Maman consulta sa montre.

— Je t'en prie, Aroon. Si nous n'en finissons pas, il va manquer son train.

Elle s'en tenait strictement aux nécessités du jour ; les choses devaient être faites, masques contre l'intrusion vulgaire de l'affliction. J'avais l'impression d'être une enfant qui a fait pipi dans sa culotte à un goûter. Nul endroit où me cacher, nul refuge contre la honte. Rose fit un pas en avant.

— Mademoiselle Aroon, dit-elle d'un ton pressant, pensez à votre mère.

Je continuai mes sanglots et mes hoquets, indifférente à tout.

Maman renonça et dit à M. Kiely :

— Eh bien, si vous arrivez à vous faire entendre...

M. Kiely était debout près de la lampe, avec les papiers qu'il avait remis dans l'ordre ; il avait besoin de la lumière, qui s'intensifiait maintenant sous l'abat-jour en perles. Sa redingote noire étroitement boutonnée, il avait l'air d'un prêtre en soutane, et je ne lui prêtai pas plus attention qu'à un ecclésiastique ronronnant dans une église froide et familière. Je sanglotais encore à gros hoquets quand il s'arrêta. Dans le silence, je retins mon souffle. Quelque chose venait de se passer. Le silence n'avait rien à voir avec les bonnes manières. C'était un silence stupéfait. Incrédule. Rose avait aboli les distances. Elle se dressait derrière Maman, comme pour l'abriter.

— En fait, disait Maman à M. Kiely, il doit y avoir une erreur stupide dans tout ça, ne pensez-vous pas ? Parce qu'il se trouve que Temple Alice m'appartient en propre.

— Vous en avez fait donation à votre mari il y a cinq ans, n'est-ce pas ? J'ai l'acte à mon bureau.

— Il ne s'agissait que d'une disposition temporaire. C'est un malentendu regrettable, qui doit être rectifié.

— Je suis désolé, madame St. Charles. Tout ce qu'il possédait au moment de sa mort, à l'exception des petits legs qu'il vous fait à vous-même et à Rose Byrne, il le laisse à sa fille, Iris Aroon.

— C'est mon nom, dis-je.

— Oui. Comprenez-vous ? Il vous a tout laissé.

J'eus peur de ne pouvoir continuer à respirer, tant je fus transportée d'extase. Deux fois de suite cette euphorie d'amour m'avait soulevée tout entière ; mon corps était son hôte. Puis la vision changea ; c'était comme si mon ancien univers s'était détourné de moi – globe en révolution –, je regardais un monde transfiguré, où j'étais une personne transfigurée, où mon amour était reconnu et vengé. À travers les longues inspirations qui suivirent mes sanglots, je respirai la vérité : c'était moi que Papa aimait le plus. Des profondeurs de mon souffle, comme des algues ancrées loin sous la surface de la mer, je sus que pour moi la marée se retournait. L'amour et la confiance m'étaient restitués, présents et entiers comme ils l'avaient été un jour par un bel après-midi d'été. Inexactement présent, inexactement perdu, le souvenir me quitta comme un phoque glisse à l'eau avec une confiance absolue dans son élément. Le remous de l'eau se referme, et il ne reste plus rien. Je désirais tout spécialement que Rose réentende cette lecture. Je réclamais ce qui m'appartenait – son amour, son amour absolu. Je voulais qu'elles comprennent que c'était moi qu'il avait le plus aimée.

— Voudriez-vous relire ce passage, celui qui me concerne ?

Maman bougea soudain dans son fauteuil. Comme si elle essayait d'avaler quelque chose qui ne voulait pas passer.

— Ne relisez pas. Je comprends parfaitement. J'expliquerai tout à ma fille – plus tard, quand elle sera calmée.

M. Kiely se détourna d'elle comme s'il ne l'avait pas entendue.

— À ma fille bien-aimée, Iris Aroon, je donne et lègue…

Rose s'approcha de plus en plus de Maman pendant sa lecture. Je pensai qu'elle allait lui poser les mains sur les épaules, mais c'est seulement son souffle que j'entendis quand M. Kiely s'arrêta. Son haleine formait comme une ombre autour de Maman. Elles devaient être affreusement contrariées. Investie de puissance par l'amour de Papa, je serais bonne avec elles. Maintenant, je possédais le doux et merveilleux pouvoir de dispenser ou de réserver ma bonté. Je les considérai, le regard attentionné et compréhensif.

Maman consulta sa montre.

— J'ai terriblement peur que vous ne manquiez ce train.

Sa voix débordait d'une inquiète considération, mais elle le congédiait, c'était évident à sa façon de se lever en lui tendant le bout des doigts avec réticence. Je me levai aussi. La douleur de ma cheville avait disparu, sans doute à cause du bandage. Je m'avançai vers le plateau des boissons.

— Vous prendrez bien un verre de sherry ? (Puis, à Rose :) Ce sherry ne vaut rien. Voulez-vous nous apporter le Tío Pepe ?

— Non, merci, pas maintenant, dit-il, refusant de prendre un verre. Il faut que je m'en aille, vraiment. Venez me voir au bureau et nous réglerons vos affaires.

Je lui tendis la main, assez chaleureusement, parce qu'il était maintenant mon employé. Puis je m'avançai nonchalamment vers la cheminée, grand poumon qui soufflait vers moi sa chaleur. Debout, j'attendais que Rose fût sortie pour dire quelque chose de noble à Maman. Elle s'attardait, comme si sa présence était nécessaire, quand je me souvins des bécasses du Dr Coffey.

— Nous les mangerons ce soir, lui dis-je. Vous pouvez prendre un verre de sherry pour votre sauce. C'est mieux que rien. Avec des pommes chips et une salade d'oranges, qu'en pensez-vous, Rose ? Et voulez-vous dire à Breda de nous apporter le Tío Pepe ? Je sais que c'est votre préféré, dis-je à Maman quand elle fut sortie.

— Je n'en veux pas, merci.

Maman avait sombré dans son fauteuil. Elle semblait avoir rétréci, et ses yeux aussi. Son joli chapeau, d'un équilibre impeccable, avait perdu sa parfaite inclinaison.

— Mais si, buvez. Cela vous fera du bien.

Quand Breda apporta le sherry, je remplis le verre de Maman à ras bord, et, traversant la pièce d'un pas résolu, je me plantai devant elle, la dominant de toute ma hauteur, elle, ratatinée dans son fauteuil, et je lui dis, d'une voix que je ne me connaissais pas – d'une voix tout humide de bonté :

— Buvez cela. Et sachez que je ne vous abandonnerai jamais.

Elle prit le verre et leva les yeux sur moi sous l'absurde inclinaison de son chapeau ; curieusement, ce regard me rappela celui d'un enfant qui craint les coups.

— Non. Jamais, la rassurai-je avec autorité.

Cet ouvrage a été achevé d'imprimer par
CPI Bussière à Saint-Amand-Montrond (Cher) en mai 2014
pour le compte des Éditions de La Table Ronde.

Dépôt légal : mai 2014.
N° d'édition : 255808.
N d'impression : 2009842

Imprimé en France.